戦後国語教育を歩み拓く

―浜本純逸初期論集―

浜　本　純　逸《著》
浜本純逸初期論集編集委員会《編》

溪水社

目次

戦後国語教育を歩み拓く

——浜本純逸初期論集——

はじめに

松崎　正治

一　ふたつの志向性

本書は、一九六二（昭和三七）年から一九八七（昭和六二）年までの二六年間にわたる浜本純逸の論考を集めたものである。二五歳の広島大学時代から始まり、福岡教育大学時代を経て、五〇歳の時の神戸大学時代に及ぶ。四つの柱で、編集した。①文学教育論の源流、②国語教育論の源流、③平和教育への希求、④ソビエト教育学に学ぶ。

これらを社会や時代の背景と関連させると、ふたつの志向性があるといえようか。第一は、戦争と人間の真実の問題、あるべき社会への希求としての国語教育である。第二は、学問としての国語教育学樹立への努力である。

二　戦争と人間の真実の問題、あるべき社会の希求としての国語教育

浜本は、一九三七（昭和一二）年一一月に、愛媛県今治市に生まれた。日本が国外での戦争を本格化していく時代である。この年の七月七日に起こった盧溝橋事件から、日中戦争が泥沼化し、日本は太平洋戦争へ突き進んでいった。浜本は、一九四四（昭和一九）年に、国民学校に入学している。この年の七月にサイパン島、八月にテニアン島の日本軍玉砕。これらの島から、今治へは焼夷弾を、ヒロシマ・ナガサキへは原爆を搭載したB二九が飛び立つ

ことになる。そして国民学校二年生の一九四五年六月に、沖縄戦が二〇万人近くの戦死者を出して終結、米軍占領下に入った。その頃のことを浜本は、ある教師の記憶と共に回想している。

「ぼくの家族は父といっしょに（福岡県）田川市の後藤寺という炭鉱の町にいた。父が戦時徴用で鉱夫として働いていたのである。……受け持ちの先生が急に泣き出したことがあった。……みなさん、沖縄がアメリカにやられました。……悔しくないですか。……『これからは、みなさんが日本を守るのです。』と言われたことばだけは厳粛な気持ちで聞いたことを憶えている。[1]」

その間、故郷の今治市は三度の空襲を受けている。一九四五年四月二六日、五月八日、八月六日。死者計五五一人を数え、市街地の八〇％が焼失したと言われる。浜本は、敗戦直後を次のように回想している。

「ぼくの生まれた今治に帰ったとき、今治は全くの廃墟であった。……半年ほど前に焼けたという町はまだぶすぶすと燃えくすぶっているかのようであった。／学校では、机のない板間に正座して、新聞紙のような教科書で授業をうけた。焼け残った一つの校舎を三校の生徒達が使う三部授業であった。[2]」

こうして、浜本の戦後は始まった。戦争中の無理と虚偽と擬勢と不正が暴露され、飢寒、窮乏、インフレなどの苦難[3]、大人達の変節、社会の大変動が起こる中で、子どもたちの戦後民主教育経験が動き出した。浜本は、戦後の単元学習を、身をもって経験した。

浜本は、朝鮮戦争が始まった一九五〇（昭和二五）年に新制中学校に入学し、朝鮮戦争の休戦が成立した一九五三（昭和二八）年に新制の今治西高等学校に入学した。東西冷戦、特に核兵器開発競争が激化し、アメリカの水爆実験によって、一九五四年三月に、ビキニ環礁で焼津のマグロ漁船第五福竜丸が死の灰を浴び、久保山愛吉氏が亡くなった。当時高校一年生の浜本は、「僕は読売新聞を配達していて、……配達すべき新聞を受け取った時にその事実を知った[4]」という。しかし、「異常な驚き以上には出なかった」この核兵器認識は、一九五六年（昭和三一）年の広島大学教育学部高校教育課程国語科入学後に、変わっていく。

浜本は、大学一年生の六月に、学生自治会主催の原水爆実験抗議集会に参加し、デモの一員となり、自治会の末端の一員として走り回るようになった。そして、「集団活動に参加することの中に、生きているということの充実感のようなものを感じたことはたしかである。」という。[5] しかし、原水爆実験禁止のスローガンは、「新聞がそう書いているし、友人たちや自治会の役員たちもそう言うから、そう繰り返していたにすぎなかったようである」という。時代は、六〇年安保の政治の季節の到来を告げていた。

そういう浜本が変わったのは、一九六〇（昭和三五）年に、広島大学大学院教育学研究科教育学専攻修士課程に入学して、下宿を移ってからである。下宿のおばあさんと四方山話をする中で、高校生の孫娘が被爆者で健康不安を抱えていること、おばあさんの原爆投下直後の恐怖に満ちた惨状と苦しみの体験を知っていった。それまでの「自分の軽薄な広島理解がくずれていった」[7]という。

浜本は、修士課程修了後の一九六二（昭和三七）年二五歳の時に、いったん広島大学教育学部教務員になった。二年間勤めた後、一九六四（昭和三九）年二七歳の時に、広島大学大学院教育学研究科教育学専攻博士課程に入学した。その頃から、広島大学でソビエト教育学を専門にしていた、三歳年上の藤井敏彦の紹介で、山下会という被爆体験記を綴る婦人の会に参加していく。[8] 胎内被爆者の家庭を訪れ、聞き書きを続ける中で、浜本は「山下会の人びとの……地を這うようにしてねばりにねばって原水禁運動を持続しようとする姿は、小さな『セクト』の次元を越えて『人類』の次元で将来を見通す崇高なものさえ感じさせた。」という。[9]

こうしてみると浜本は、日中戦争から太平洋戦争、朝鮮戦争から核兵器開発競争に走る東西冷戦と、ずっと戦争を背景に成長し、ヒロシマという被爆地で多感な青年期を過ごしたことが改めて分かる。二〇世紀は戦争の世紀であった。そして日本の戦争では、内務班での非人間的なシゴキ、特攻、人肉食、絨毯爆撃や原爆による市民の大量殺戮、捕虜の人体実験、外地での棄民、抑留や強制労働など、行き着くところまで行った。これほどまで残虐かつ非道なことができる戦争とは、人間とは何か。命の重さとは何か。こんな事が起こる社会をどう変えるべきか。考えざるを得なかったであろう。だからこそ、浜本の最初の論文群は、「戦中・敗戦・戦後の乱世の中において、『人間の真実』を、『生命の根源』を見ぬきえた作家たち」[10]を対象に書かれなければならなかった。本書の第一章「文学教育論の源流」に取り上げられている坂口安吾、武田泰淳や、梅崎春生、椎名麟三、大岡昇平らである。そして、こんな戦争を起こさないように、新しい社会を創り上げていくために必要なものが、教育、とりわけ第三章の平和教育論であり、第二章の国語教育論であった。

三　学問としての国語教育学樹立への努力

浜本が、大学に入学した一九五六（昭和三一）年に出会ったのは、広島高等師範学校に一九四八（昭和二三）年に赴任して以来八年の経験を積んだ三六歳の若手助教授としての野地潤家［一九二〇（大正九）年〜二〇一六（平成二八）年］であった。

野地の著作目録の第一に挙がっているのは、一九四五年一月に陸軍特別甲種幹部候補生として仙台陸軍飛行学校に入校する前に書かれた「遺書」である。[11]飛行学校では、修了した先任は次々と戦地へ赴き、特攻に飛び立つ者も多かった。野地も死を覚悟していた。幸いにして野地は十か月に短縮された教育期間中に軍曹として終戦を迎え、復員し得た。[12]しかし、学びの地広島で交流があった方々の死に向き合わねばならなかった。遺書を著作目録の第一に挙げるというのは、一度は死を覚悟した、今は生かされた命を国語教育にかける、という気持ちであろうと私は受けとめる。多くの無念の死の上に成り立っている偶然の命。したがって、野地の国語教育学樹立にかける学問態度は、命がけである。

一九七〇年頃の野地の整理による国語教育学の樹立の時期区分は、次のようになっている。(13)

①準備・模索の時期……一九世紀後半にあたる明治の三〇年余
②基盤・探索の時期……二〇世紀に入ってからの三〇年間（明治三四年から大正期をへて、昭和五、六年に至る）
③昭和戦前期の盛行期……一九三〇年代
④昭和戦後期の大学に国語教育講座が設置された頃……一九五〇（昭和二五）年頃

それぞれ、代表的な国語教育学者を大きく二世代に分けて記すと、次のようになるであろう。

第一世代＝①上田萬年［一八六七（慶応三）年〜一九三七（昭和一二）年］、第二世代＝②保科孝一［一八七二（明治五）年〜一九五五（昭和三〇）年］、③垣内《カイト》松三［一八七八（明治一一）年〜一九五二（昭和二七）年］、④西尾実［一八八九（明治二二）年〜一九七九（昭和五四）年］

大正期に国語施策や国語教育に活躍した頃の保科孝一に関して、教え子の石井庄司［一九〇〇（明治三三）年〜二〇〇〇（平成一二）年］が次のように回想している。

「東京高師教授や、東京帝大助教授というような栄職にあるものが、国語問題や国語教育などに深入りするのはけしからぬとか、そんな問題（国語）に飛びついているのは、身の程を知らぬ大ばかものであると、ののしるものもあり、いやしくも帝国大学を卒業したものが、小学校の国語教授法などを研究するのはもっての外であると、かげ口をたたくものあり(14)」

また、全国の新制大学に国語教育講座が設置された一九五〇年に、西尾実は次のように記している。

「国語教育は、……国語学・国文学の準備学習か、従属学習になっていた。したがって、国語学や国文学を専攻して、大学や高等学校や中学校等で国語教育に従事している人々も、何かというと、『教育のことはわたくしには、よく分からないが。』ということが、当然のようになっていた。そうして、そこには、無知の告白よりも、むしろ、『自分は、教育をやってはいるが、本領は学者である』ということの自負があった。国語教育は、それほど、不当な位置におかれてきた。(15)」

小学校教師になることは「三つ子の魂であった」という西尾実の静かな怒りが伝わってくる。

浜本も、「野地潤家先生が国語教育の研究に本格的に着手された一九四八年頃は、まだ教科教育研究は学問と見なされていなかった。……国語教育研究を科学にするにはまずその歴史が解明されなければならなかった。」と率直に述べ、野地の『国語教育学史』の「まえがき」に「国語教育学樹立へのはげしい意志を読み取ることができる」と、深い共感と共に記している。(16)

野地の「命がけ」は、上の二つの世代が背負ってきた国語教育学の余りにも「不当な位置」に対する第三世代としての戦いであった。この世代は、石井庄司・望月久貴・井上敏夫・山根安太郎らが、主に歴史研究を行った。その次の第四世代としての浜本は、比較国語教育学研究に取り組んだ。ソ連・フランス・ドイツ・イギリス・中国・アメリカなど先進各国の研究が、この世代の研究者によって始められた。第四章の「ソビエト教育学に学ぶ」は、浜本の比較国語教育学研究の一端である。

こういう比較国語教育学研究は、安易な輸入をするためではないと浜本は断言する。「比較国語教育として認識の学に徹するべきであろう。そうすることによって、ある国の国語教育を絶対化することから免れるのである。そのことは、当然、自国の国語教育の相対化をも意味する。そこからわが国の国語教育の自立が導かれ、改善と向上の意欲もおのずから湧いてくるであろう。(17)」

比較国語教育で鍛えられた相対化の目によって「国語教育の自立……改善と向上」のヒントになる論考が、第二章の国語教育論である。

四　希望の学としての国語教育学

大量虐殺をもたらす現代の戦争とそこから露わにされる人間の本質の問題、国語教育が置かれてきた余りにも「不当な位置」。この背後には、何世代にもわたる、声をあげられない死者、弱い立場の人々の声が渦巻いている。これらの人々の声に耳を傾け、あるべき未来の姿を研究の場で代弁してきた論考が、本書にまとめられている。その意味では、本書は、希望の学としての国語教育学を創造する、世代間のリレーの書なのかもしれない。

注

（1）浜本純逸「戦争についての小さな記憶」『あさ』第二号　山下会　一九六六年、引用は浜本純逸『遠くを見る―ことばと学び・四十年―』教育企画コヒガシ　二〇〇一年　三〇九～三一〇頁
（2）注1に同じ。三一二頁
（3）「発刊の辞」『世界』第一号　岩波書店　一九四六年一月　四頁
（4）浜本純逸「「原水爆禁止運動とわたくし」覚え書き」『あさ』第四号　山下会　一九六七年、引用は浜本純逸『遠くを見る―ことばと学び・四十年―』教育企画コヒガシ　二〇〇一年　一〇八頁
（5）注4に同じ。一〇九頁
（6）注4に同じ。一一〇頁
（7）注4に同じ。一一一頁
（8）浜本純逸「平和教育の展望」『平和教育理論と実践』第五集　藤吉教育問題研究所　一九七八年、引用は浜本純逸『遠くを見る―ことばと学び・四十年―』教育企画コヒガシ　二〇〇一年　一三一頁　本書にも所収。
（9）注8に同じ。一三三頁
（10）浜本純逸「戦後文学の軌跡を辿る」『函』八号　函同人会発行　一九六五年
（11）大槻和夫編『野地潤家先生に学びて』同先生御退官記念事業会　溪水社　一九八四年

（12）野地潤家「野地潤家先生年譜」『国語教育研究』第五五号　広島大学国語教育会　一九八〇年一一月

（13）野地潤家『国語教育学史』共文社　一九七四年

（14）石井庄司「保科先生と国語教育」東京教育大学国語国文学会『国語』第四巻第三号　保科孝一先生追悼特輯　一九五六年　一八頁

（15）西尾実『国語教育学の構想』筑摩書房　一九五一年　二八六頁

（16）浜本純逸「実証性と物語性―野地潤家先生の国語教育史研究―」中西一弘編『〈野地潤家著作選集　別巻二〉野地潤家国語教育論を読む』明治図書　一九九八年　三四～三五頁

（17）浜本純逸「ソビエトの国語教育⑥」『国語の授業』第四八号　一光社　一九八二年二月　一二七頁

註記

原稿を書き直していく中で、浜本純逸先生から、「論文から『浜本先生』の『先生』を取ってください」というお話がありました。論文の客観性を高めるためだと、私は受け取りました。そこで、本文ではもともと「浜本純逸先生」「浜本先生」「先生」としていた表現を全て「浜本純逸」「浜本」にしました。同様に「野地潤家先生」「野地先生」を「野地潤家」「野地」にしました。

以下各章の「解説」「おわりに」も同様です。

第一章　文学教育論の源流

第一節　古典理解の方法―本文批判・注釈・解釈―〈抜萃〉（一九六二年／二〇〇四年）

宣長は、形式を重んずる当時の観念的な合理主義の儒学思想を排撃し、人間を「あるがままの姿」において見出そうと努めた。そして、彼は古代的人間の中にその理想像を認め、古代の生き方を明らかにすることを念願していた。彼は、『古事記』の中に、古代人の意《ココロ》も事《コト》もすべて記録されていると考えている。「意《ココロ》」（思想）も「事《コト》」（行為）もすべて「言《コトバ》」にそのまま表現されうると考える言語観を持っていた。

「此記は、いさゝかもさかしらを加《クハ》へずて、古ヘより云ヒ傳ヘたるまゝに記されたれば、その意も事も言も相稱《アヒカナヒ》て、皆上ッ代の實《マコト》なり、是レもはら古ヘの語言《コトバ》を主《ムネ》としたるが故ぞかし、すべて意も事も、言を以て傳フるものなれば、書《フミ》はその記せる言辭《コトバ》ぞ主《ムネ》には有ける」(1)

古典を道の書《フミ》としてみた彼は、言《コトバ》をとおして、古代人の意《ココロ》や事《コト》を把握しようとする。その時、彼は、言葉の内容を実感しながら受けとめようと心がけている。

古典の中へ入り込む手段として、彼は真淵を引き合いに出しながら、

「すべて萬ッの事、他のうへにて思ふと、みづからの事にて思ふとは、淺深の異なるものにて、他のうへの事は、いかほど深く思ふやうにても、みづからの事ほどふかくはしまぬ物なり、哥もさやうにて、古哥をば、いかほど深く考へても、他のうへの事なれば、なほ深くいたらぬところあるを、みづからよむになりては、我ヵ事なる故に、心を用ること格別にて、深き意味をしること也、さればこそ師も、みづから古風の哥をよみ、古ぶりの文をつくれとは、教へられたるなれ」(2)

と、「作る」体験の有意義なことを説いている。
　また、注釈を勧めて次のように言っている。

「書をよむに、たゞ何となくてよむときは、いかほど委く見んと思ひても、限リあるものなるに、みづからの者の注釋をもせんと、こゝろがけて見るときには、何れの書にても、格別に心のとまりて、見やうのくはしくなる物にて、それにつきて、又外にも得る事の多きもの也[3]」

すべてみずから体験をとおして理解することを勧めているのである。宣長の現実的な経験主義者の一面が現われている。注釈を試みる人に対して、

「かの集（新古今集―筆者注）のころの哥人も人、われも同じ人なれば、たえて及ぶまじきやうやは有べき、萬のわざは、天つ空にもかけりてむと、はじめより、こゝろを高くつよくつかひて、おこたらずつとめぬれば、つひにほど〳〵に、なしえぬわざはなきものぞよ[4]」

と、古人も人間、我々も人間、おなじ人間の至りえた地点へ至りえない筈はないという人間の自覚のもとに、いっそう学習へ精を出すようにはげましている。そして、簡単に解けない時は、

「萬葉集中難解之義は、先ヅ其分に被二捨置一、ひたすら數返御覧被レ成候へば、自然と段々相分り候様に成申候事に御座候。初めゟ悉く解せんとするは悪しく候也[5]」

とくり返し、時間をかけて読むことを教えている。実際は、宣長自身にも解けないことは多くあり、そのような時には、弟子たちと四苦八苦して討論しながら古典の解明に努力したようである。
　以上、古典に向かう時の態度について述べてきたが、次に宣長のとった古典解明の方法について考えたい。
　宣長には、その方法論を展開した著述はない。そこで、彼の多くの注釈書からその方法をとり出し、私なりに一応分類し、体系づけてみたのが、次頁の表である。

古典解釈の手順と方法

手順	方法
i 校合	①異本参照 ②書紀・万葉集・祝詞・宣命参照 ③他の例文との比較（誤字・脱字・増字想定）
ii 訓み決定	④用例より帰納 ⑤古言・雅言・俗言・漢籍語 ⑥音韻（約・延） ⑦用字法（假字・正字・借字・三種混用・特殊） ⑧仮字の清濁 ⑨特殊仮名遣い ⑩漢文の訓み参照
iii 語義決定	④用例より帰納　⑤古言・雅言・俗言・漢籍語 ⑪語源追求 ⑫ことばの歴史的認識（変化） ⑬文法（活用） ⑭一種の解釈文法 ⑮文脈の中で語義推定
iv 文意理解	⑯テ、ニ、ヲ、ハの用法（係り結びの用法） ⑰語の配列（「語の筋」—続、断、かかり） ⑱口語訳
v 事実解釈	⑲事実の解釈・文献学的な解釈
vi 鑑賞批評	⑳評釈

著書	年	歳
「古事記傳」	一七九八	69
「神代正語」	一七八九	60
「訂正古訓古事記」	一七九九	70
「後撰集詞のつかね緒」	一八〇一	72
「出雲國造神壽詞後釋」	一七九二	63
「大祓詞後釈」	一七九五	66
「萬葉集問目」	一七六八	39
「萬葉集玉の小琴」	一七七九	50
「神代紀髻華山蔭」	一八〇〇	71
「紫文譯解」	一七五八	29
「草菴集玉箒」	一七六七	38
「源氏物語玉の小櫛」	一七九六	67
「古今集遠鏡」	一七九七	68
「紫文要領」	一七六三	34
「新古今集美濃の家つと」	一七九一	62

一番上に手順を書き、その手順内の方法をその下に、さらにその下には、その方法によってなされている著書を記している。もっとも、これは、ここに分類した中のある一方法によってその著書の注釈の方法がすべて統一されているという性質のものではない。一つの古典の注釈にこの六段階がすべて踏まれているものもあるわけである。

彼はまず最初に、多くの①「異本参照」をし、脱字や増字を想定しながら、本文を定める。ついで、漢字で書かれている文や歌は、その字句や文の訓みを多くの④「用例より帰納」する。

「正説と云ものは、たしかなる證文あるが第一の正説なり(6)」

と、文献による用例を何よりも正しい理解の根拠とするのである。古代人の書物によって古代人の書物を明らかにしようとするのである。（中略）

訓みが決定すると、ⅲ番目に「語義決定」である。ことばの意味が求められる。

宣長のユニークな方法の一つは、語義を求めるにあたって、

「大かたいにしへの言は、然いふ本の意をしらむよりは、古人の用ひたる意を、よく明らめしるべき也、用ひたる意をだに、よくあきらめなば、然いふ本の意は、しらでもあるべき也(7)」

と述べて⑮「文脈の中で語義推定」をする方法であろう。それまで、多くの語源遡求をもって万事足れりとしていた注釈や好事的な研究に対して、明らかに新しい研究の方法を提出したことになる。文章をよりよく理解しようとする意欲のあらわれである。

故其弟《カレソノイロト》。破御佩之十拳劍《ミハカシノトツカノツルギヲヤブリテ》。作五百鉤雖償《イホハリヲツクリテツグノヒタマヘドモ》。不取《トラズ》。亦作一千鉤雖償《マタチハリヲツクリテツグノヒタマヘドモ》。不受《ウケズテ》。云猶欲得其正本鉤《ナホカノモトノハリヲエムトゾイヒケン》。

○猶は、左右《カニカク》に償《ツグノ》ふを聴《キカ》ずして、其《ソレ》は猶《ナホ》不欲《イナ》、といふ意より云る言にして、押《オシ》てひたぶるに乞ッ意になるなり、「俗言に、是非《ゼヒ》とも、どう有《アツ》てもと云意になるなり、さて物語文などに、物を彼此《カレコレ》といろ〳〵に試み考へて、他《ホカ》は何《イツ》れも宜しからず、猶此《ナホコレ》こそ宜しけれと、終《ツヒ》に一ッに思ヒ定むる處に云る猶《ナホ》も、是なり」また云ノ字の上にある

意として猶云《ナホイフ》と見ても通《キコ》ゆ、〔其時は、よのつねの猶《ナホ》なり(8)〕

猶という副字一字の解を定めるのにいかに文意に沿うように解すればよいかと苦心していることがよく分かる。ここでも語意をより明らかにするため、④用例より帰納する方法、⑤古言・雅言・俗言にふるい分けて考える考え方がとられる。さらにときには⑪語源追求も行なわれる。古典に多く接していた宣長は、ことばの意味が時代によって変遷していたことをよく知っており、歴史的な配慮のもとに語意を決定する方法もとっている。（中略）

語義が大体判明すると、iv番目に、文あるいは文章の意味が問われる。文意が把握されると、その中の個々の語義がいっそう鮮明になってくることがあり、その点からは、iii「語義決定」、iv「文意理解」の手順は、当然交錯している。

この段階では、⑯「テ、ニ、ヲ、ハの用法」に、注意が向けられる。

たとえば、『源氏物語』の

「むすびつる心も深きもとゆひに濃きむらさきの色しあせずば」

を解して、

「哥むすびつる云廿九のひら三句のにもじは、結句の下へふくめたる意有て、そこへかかれるてにをは也、ふくめたる意は、紫の色しあせずは、仰せのごとく、もとゆひに長き契をこめ奉らんといふ意也、かくのごとく見ざれば、にもじ聞えがたし」(9)（傍線―引用者）

とされる。

三句めの「に」に着目し、「あせずは」の下に「長き契をこめ奉らん」というくらいのことばが隠されていると見て、「に」はそこへかかるてにをはであると説いている。このことを図示すれば、

むすびつる心も深きもとゆひに
　濃きむらさきの色しあせずは（長き契りをこめ奉らん）

となるというのである。

この文の中で、「かかり」をみる方法は単に「てにをは」だけでなく、連体詞、副詞、形容詞、形容動詞等にも注意され、用いられている。

たとえば、

「白妾恒通海通《アレツネハウミツヂヲトホシテ》。欲往來然《カヨハムトコソオモヒシテ》。伺見吾形是甚作之《アガカタチヲカキマミタマヒンガイトハズカシキコトトマチシテ》即塞海坂而《スナハチウナサカヲセキテ》。返入《カヘリイリマシキ》。

○恒は、那泥波《ツネハ》と訓べし、今まではと云意にて、上に恒《ツネハ》無レ《リシニ》歎《スコトモ》とある恒《ツネハ》に同じ、さてこは欲《オモヒシヲ》と云フへ係《カヽ》る言なり、〔ツネニと訓て、往來と云フへ係《カケ》て、今より以後《ユクサキ》のこと、見るは、非なり〕(10)」

と解するのである。

㈠　妾は常に海道を通して通はんとこそ思ひしを
㈡　妾は常は海道を通して通はんとこそ思ひしを

と二つの場合が考えられるが、「かかり」かたを考えて、㈡とすべきであるというのである。

このような、⑰語の配列（「語の筋」――続《つづき》・断《きれ》・かかり）を重視する方法は、本居春庭に受け継がれ(11)、あるいは修辞学的に、あるいは文論として展開されていっている。これは、センテンスメソッドなどといわれる近代的な「読解」方法の萌芽とも考えられる。

古典を、できるだけその内実に入って理解しようとし、また多くの人に体感的に理解されることを欲した彼は、「さとびごとに譯《ウツ》したるは、ただにみづからさ思ふにひとしくて、物の味を、みづからなめて、しれるがごとく、いにしへの雅言《ミヤビゴト》みな、おのがはらの内の物としなれゝば、「うたのこまかなる心ばへの、こよなくたしかにえらるることおほきぞかし(12)」
と考えて、次のように口語訳もしている。
「心あてにをらばやをらむ初霜のおきまどはせるしらぎくの花
アノヤウニミ初霜ガオイテ　花ヤラ霜ヤラシレヌヤウニマガウテ見エル　白イ菊ノ花ハタイガイスイリヤウデ
ヲラバ折リモセウガナカ〳〵ヘ見分ラルヽコトデハナイ(13)」
古歌を体感的に享受し、同時に第三者へも体感的に享受できるよう伝えるのである。宣長が口語訳を実際に示した意義は大きいであろう(14)。　（中略）

以上のような理解作業の最後のものとして、宣長が『新古今集美濃の家づと』などに試みている『評釈』をⅵ「鑑賞批評　⑳評釈」として位置づけられると思う。もっとも、このⅴとⅵは手順としては入れ替わっていることもある。


古典の内実へ迫る方法として、宣長は「あぢはひよむ」ことを次のように述べて勧めている。

「たゞ注釈にのみすがりて、事の意の聞ゆるをよきにして、やむべきにはあらず、なほこまやかなるところを、おく深く尋ぬれば、えもいはぬあぢはひのあるふみぞかし(15)」

この考えにたって、『新古今集』の評釈を行ったのである。

「散ぬればにほひばかりをうめの花ありとや袖に春風のふく
めでたし、詞めでたし、二の句のをもじ、なる物をといふ意なり、散ぬればとは、手折て持たる梅花の散しをいふ、さやうに見ざれば、袖にといふことよせなし、心をつくべし、手折持たることは、詞に見えねども、本歌にをりつれば袖こそあるにて、おのづからさやうに聞ゆ、かゝる所、此集のころの歌のたくみなり、本哥のとりざまおもしろし(16)」

この評言をみると、「めでたし」「ことばめでたし」「本歌のとりざまおもしろし」と、評言のしかたあるいは評言技巧に力点をおいている。哥の本性を「ことばのあやある」ところに見出していた宣長の和歌観にしたがって歌の評釈が進められていることがうかがえて興味深い。

宣長は理想とする古代人の生き方を古典をとおして明らかにしようとするのであるから、その方法はすこぶる慎重であり、古典のそれぞれに応じたあらゆる接近の方法を試みている。古典を可能なかぎり体感的に理解しようとしている。さらに体感を経た上で、客観化しようとしているのである。

その方法を大別すれば、努めて客観的に理解しようとする『古事記』『祝詞』に向かうときと、自己の感性を柔軟に働かせて、味わいながら理解しようとする『源氏物語』『古今集』『新古今集』に向かうときのそれぞれの二つの方向に分かれるようである。晩年の著『うひ山ふみ』においては後者が前者を理解するための階梯として位置づけられるようになる。

注

（1）増補本居宣長全集　第一　四頁「古事記傳」
（2）同前書　第九　四九四頁「うひ山ふみ」
（3）同前書　四九二―四九三頁
（4）同前書　七〇一―七〇二頁『鈴屋集』中里常岳に答えたる詞
（5）『本居宣長翁書簡集』一三七頁　千家俊信　寛政四年十月十五日
（6）本居全集　第三　一二七頁「あしわけをぶね」
（7）増補全集　第八　二一七頁「玉勝間」
（8）同前書　第二　八二六頁「古事記傳」

（9）同前書　第七　六〇七頁「源氏物語玉の小櫛」
（10）同前書　第二　八六八頁「古事記傳」
（11）同前書　第十一　「詞八衢」参照
（12）同前書　第七　二三八頁「古今集遠鏡」
（13）同前書　二九六頁
（14）時枝誠記氏は、この宣長の功績について、成章の業績を参酌しつつ、次のように述べている。
「古文献の解釋の為に、種々なる研究が派生して、或いは用字法の研究となり、次第に古語が理解せられて、古代の文物精神の眞相が明かにされて來たが、古語の眞の理解は、これを生得の言語に翻譯することによって、始めて知的理解より、體験的理解に到達する。右のごとき新しい見解が、本居宣長、富士谷成章等によって提唱された。」（時枝誠記『國語學史』一二七頁　昭和十五年十二月二十五日　岩波書店）
（15）増補全集　第七　四七一頁「源氏物語玉の小櫛」
（16）増補全集　第七　五七頁「新古今集美濃の家つと」
（修士論文「近世国語教育史研究―本居宣長を中心に―」からの抄出。『本居宣長の国語教育―「もののあはれをしる」心を育てる―』第二章「『文学』の教育」一（溪水社、二〇〇四年）所収）

第二節　坂口安吾研究—準備と形成—（一九六三年）

一

昭和23年の後半に伊藤整は「戦後文學について」において次のように書いている。

「若し日本の小説において、ヨーロッパ的方法を行はうとするならば、あの意志と戒律の人横光利一の晩年の祈祷僧的な行きづまりを笑ふことは決してできない。…（中略）…戦争が終るまでは、石川淳と坂口安吾の原稿を喜んで買はうとするものはゐなかった。私自身のマンシンソウイは論の外として。つまりこのやうなものが日本文學におけるヨーロッパ的なものの影響、あるいは犠牲の例である。(1)」

いわゆる戦後派の作家たちが、その出発からヨーロッパ的方法を駆使して作品を生み、しかも世に迎えられている姿を見てのいくぶんの皮肉をこめた感慨である。石川淳・坂口安吾・伊藤整たちは、彼らなりにヨーロッパ的方法によって創作をつづけていたにもかかわらず、当時の文学界の傍流であった。そして、「ヨーロッパ的偏向！」をした戦後の文学界においてもなお傍流であった。伊藤整自身にとっては、苦笑せざるをえない現象であったろう。

それでは、伊藤整にとって、感慨をもって引きあいに出された坂口安吾は、戦争が終わる以前に、どのような文学観を形成し、どのような作品を生んでいたのであろうか。ここでは、坂口安吾の文学者となるまでの準備と形成の過程を明らかにし、その文学の実質がどのようなものであったかなどについて考察をすすめたい。

二

坂口安吾が最初に書いた小説は「木枯の酒倉から」（昭和6年1月）であった。

この作品は、「僕」なる人物が木枯の荒れ狂う一日、武蔵野に居を卜そうと、ただ一人、村から村を歩いていくところから始まっている。「僕」なる人物が「武蔵野が真紅に焼ける夕暮れという時分に途方もなく気に入った一つの村落を発見し」快心の笑みをもらしたとき、一人の黒い影が転がるように「僕」に近づいてくる。その男に貸家の有無についてたずねたことから、その男の独白を「僕」は聞くことになる。この小説の実質的な内容は、この『蒼白なる狂人の独白』にある。

独白は、「俺の行く道はいつも茨だ。―茨だけれど愉快なんだ。茨よりほかの物を、俺には想像ができなかったから。(2)」に始まっている。茨は苦痛の象徴である。生き行く道の茨は、あくまで茨であって苦痛以外のなにものでもないはずである。それなのに安吾は狂人に「茨だけれど愉快なんだ。」といささか強引に茨を愉快としていいくるめさせている。この茨を愉快と表白させるところに安吾の人生観の一里程標があった。おそらく処女作「木枯の酒倉から」の主題もこの独白の冒頭文に関係があると思われる。

坂口安吾は、雪国・越後の旧家に生まれた。十三人兄妹の末男で、下に妹が一人いた。彼の生まれて育った家は、「昔は坊主の學校であったという建物で、一見寺のような建物で、二抱えほどの松の密林の中にかこまれ、庭は常に陽の目を見ず、松籟のしじまに沈み、鴉と梟の巣の中であった。(3)」

彼の父は、十回ほど代議士に当選し、加藤高明、若槻礼次郎らの政友であった。政党の地方支部長のようなものをしていてむやみに忙しく、彼が父を見るのは墨をすらされる時だけであった。その父は子どもの安吾を見てもにこりともせず、墨をこぼしたりするといらいら怒るだけであった。安吾はただ癪にさわっていただけであった。安吾自身は父について「私は父の愛などは何も知らないのだ。」といっている。

安吾の母は、家計の算段に苦しみ、膀胱結石という持病に昼夜悩まされ、しかも後妻であったため、いくつも年のちがわぬ先妻の三人の娘との仲が悪く、その娘たちを怖れさえしていた。それらの精神的な無理を子どもたちに当たることによって解消していたらしい。のちに、安吾が母の立場に理解を持ちうる年令に達したとき、安吾は母の苦しみを納得し、母も安吾の気質を理解するのであるが、子どもの頃は、極度に母を憎んでいたらしい。安吾は「私と母との關係は憎み合ふことであった。」という。ある時、母が安吾に〝お前は私の子供ではない、貰ひ子だ〟といったとき、安吾はかえって喜んだほどである。「そして寝床へはいったとき、どこかにいる本當の母を考えて、いつも幸福であった。」のである。この感情はいつまでも安吾の心の中にあり、後年、愛・生命・寛大等の母らしきもの一般へのあこがれへと転化し、ふくらんでいった。安吾が「私はいつも空の奥、海のかなたに見えない母をよんでゐた。ふるさとの母をよんでゐた。そして私は今も尚よびつづけてゐる。(4)」と書くとき、母ということばは、母につながる母らしきもののすべての象徴として使われている。生命に慰めを与えるもの、生命への愛を注ぐもの一般を象徴するものとして母へのあこがれを終生､心に抱いていたといえよう。このような家ならびに父と母の間で、小学校へ上がらぬうちから新聞を理解し、おもしろがって読むほどの知能を持っていた安吾は、気質として「あらゆる物を突き放して」みる「驚くべき冷めたさ」を形成していく。

六才のときすでに、幼稚園へ行く途中遊んでいて道が分からなくなり、ふらふらと知らない町へ当てどもなくさまよいこむような悲しさに憑かれていたのである。中学生時代は､先生の手に負えない不良少年として過ごしたが、その心には、いつも「怖れ・恋ふる切なさ・逃げ・高まりたい切なさ(5)」を抱いていたのである。そして、安吾は、しだいにそのような自己に目醒めていったとき、この「素朴な切なさ」を人生の心棒にまで据えていた。

東京に出たこの少年は、20才のとき（大正14年）、中学校を卒業して、世田谷の下北沢（当時、荏原郡）で小学校の代用教員をした。20才の安吾は武蔵野の自然に融けこみ、麦畑を渡る風と光の香気の中で至高の歓喜を味わった。しかも、安吾には、その歓喜の中にもやがて心のうちに住む「切なさ」が打ち消しがたく意識にのぼってくる。「やはり麦畑の丘や原始林の木暗い下を充ちたりて歩いているとき、ふと、私に話しかける私の姿を木の奥や木の繁みの上や丘の土肌の上に見るのであった。彼等は常に静かであった。言葉も冷静で、やわらかかった。彼等はいつも私にこう話しかける。君、不幸にならなければいけないぜ。うんと不幸にね。そして苦しむのだ。不幸と苦しみが人間の魂のふるさとなのだから、と。[6]」

「逃げ・高まりたい切なさ」は、青年の日の性急な求道の心と、感傷的なあこがれに支えられて、安吾に「悟り」を得ることへと駆り立てた。安吾は、1年間の変に満ち足りた教員生活を捨てて、仏教の世界にはいることを決意し、大正15年（21才）東洋大学印度哲学科に入学した。この時の気持ちは、のちに折にふれて、次のように回想されている。

「僕が坊主にならうといふのは、要するに一切をすてる、といふ意味で、そこから何かを掴みたい考へであり、孤獨が悟りの第一條件だと考へてゐた。[7]」

「私が二十の年に坊主にならうと考へたのは、何か悟りといふものがあって、そこに到達すると精神の圓熟を得て、浮世の卑少さを忘れることができると發願したのである。[8]」

「私はこの不良少年の中学へ入学してから、漠然と宗教にこがれていた。人の命令に服することのできない生れつきの私は、自分に命令してそれに服するよろこびが強いのかも知れない。然し非常に漠然たるあこがれで、求道のきびしさにノスタルジイのようなものを感じていたのである。[9]」

「私が教員をやめるときは、ずいぶん迷った。なぜ、やめなければならないのか。私は仏教を勉強して、坊主になろうと思ったのだが、それは『さとり』というものへのあこがれ、その求道のための厳しさに対する郷愁めくものへのあこがれであった。[10]」

そのときどきによって、いくぶんニュアンスのちがう契機を思いだしているが、共通するところは、〝悟ることによって、何かを掴み、生きていくための確固たる信念のようなものを得たい〟という「高まりたい」願いである。

しかし、この「悟り」への願いは、当時の安吾にとっては、けっして「漠然たるあこがれ」とか「求道のための厳しさに対する郷愁めくものへのあこがれ」ということばから連想されるほどのんびりしたものではなかった。宗教的な行為につきまとうファナティックな行動にすぎないといえば、それまでであるが、「悟り」への努力は、およそ次のような熾烈なものであった。「睡眠は一日に四時間ときめ、十時に寝て、午前二時には必ず起きて、ねむたい時は井戸端で水をかぶった。冬でもかぶり、忽ち發熱三十九度、馬鹿らしい話だが、大マジメで、ネヂ鉢巻甲斐々々しく、熱にうなり、パーリ語の三歸文といふものを唱へ、讀書に先立って先づ精神統一をはかるといふ次第である。[11]」睡眠四時間を一年間つづけて彼は、神経衰弱になった。それほどの努力にもかかわらず、彼は何ひとつ「悟る」ことができなかった。得たものは「倶舎だの唯識だの三論などといふ佛教哲学を一應知ったといふだけ、悟りなどといふ特別深遠なものはないといふ幻滅[12]」であった。

その後、ヴォルテール、ポーを好み、モリエール、ボーマルシェを熱愛して、昭和3年（23才）にアテネ・フランセに入学した。昭和5年（25才）東洋大学印度哲学科を卒業した。

「木枯の酒倉から」における『蒼白なる狂人の独白』は、禁酒を声明しながらも禁酒をなしえない「俺」なる人物の〝禁酒することがなにゆえになしとげにくいか〟の独白である。

毎年、夏近くなると「俺」は酒倉へサヨナラをする。「――酒は頑としてサヨナラじゃよ。と、そこで俺は憤然として酒倉を脱走するのだ。[13]」すると、酒倉の亭主「痩せさらぼうて樹下岩窟に苦行し百日千日の断食を常とするかの輩《ともがら》です。業成れば幻術の妙を極めて自在《ジジ》を得るところの」瑜伽《ヨーギン》行者が「俺」によびかける。「木枯が吹いたら又おいでよ。」と。憤然と脱走したにもかかわらず、木枯が吹きはじめると、俺は、ついたまりかねて、ふっと酒倉を思いだしてしまう。「こうして俺、聖なる呑んだくれは、武蔵野の木枯が真紅に焼ける夕まぐれ足を速めて酒倉へ急ぐのだが、――すると酒倉の横っちょには素裸の柿の木が一本だけ立っているのだ（君は勿論知るまいが――。）この柿は葉が落ちても柿の実の三つ四つをブラ下げて、泌むような影を酒倉の白壁へ落しているのだが――俺は毎日このまっかな柿の実へ俺の魂を忘れて、ふいと酒倉へもぐるのだ――と、こう思うのがせめても俺の口実なんだ。だから俺は安心して、あれとこれとは別物だけれど、まるで魂を注ぐように、酒樽にとびかかると、ぐいぐいぐいぐいと酒と魂を呑んじまうんだあ！」

寒い冬の木枯を孤独の比喩と考えれば、柿の実の三つ四つは孤独の風に吹きさらされる作者の魂の比喩とも考えられよう。瑜伽行者のすすめる酒は、「悟り」という幻術の世界へ導く煙幕である。「何かを摑みたい」という考えで、「自在《ジジ》」を求めて「悟り」の境地へ到達しようと願い、四時間の睡眠しかしないで惨憺たる苦行を重ねた作者の経験を、酒に入りびたって魂を失う姿によって描いたのである。幼稚園に通うころからの心の内に芽生えていた「悲しみ」が、日常生活のある時強烈に心のうちでうねりかえると、安吾は、もう、それをおさえきれなくなって、それを克服し、超越して精神の円熟に達するために「悟り」を求めた。その心の移り行きを「かたち」に表わせば、まさに「木枯が真紅に焼ける夕まぐれ足を速めて酒倉へ急ぐ」姿であったであろう。

けれども、「悟り」は、安吾にとっては、蒼白なる独白者のいうごとく、人間の理性を痺らせる酒にすぎなかったのである。安吾のみた「悟りの実体」は安吾に幻滅をもたらしたのであった。「悟り」への旅は、やはり、人間の「悲しみ」「切なさ」につながっていた。一年半を賭して求めた結果が幻滅であることを知ったときの安吾の徒労感は、癒すべくもなく心の奥深く沈澱していったであろう。その反面、行為としては、「自在」を得ようとした自分への弾劾とならざるをえない。安吾のばあい、それは、自己そのものへの幻滅を認識させるとともに「悟りの実体」への糾弾となって現われた。

坂口は、蒼白なる独白者の口をとおして、酒なる「悟り」を糾弾している。

「余は断じて酒をやめるぞよ。と俺はその場で声明した。ひたすらに理性をみがき常に煩悶を反芻して、見よ煩悶の塊と化するぞよ。…（中略）…せっぱつまれば常に英雄の如くニタニタと笑いつつ、余は理性を鉾とし城として奮然死守攻撃し、やがて冷然として余の頭をも理性もてくびくくるであろう。見よ。」

さらに、煩悶する理性をくらませるために酒をすすめる瑜伽行者をも告発する。

「――かかるが故に尊公は又人間能力の驚嘆すべき実際を悟らずして徒らに幻術をもてあそび、実は人間能力の限界内に於て極めて易々と実現しうべき事柄を恰も神通力によってのみ可能であるなぞと、笑うべき苦行をするのじゃ。見よ。余の如きは理性の掟に厳として従うが故に、ここに酒は茨となり、木枯はまた頭のゼンマイをピチリといわせるのだけれども、余は亦理性と共に人間の偉大なる想像能力を信ずるが故に、尊公の幻術をもってしては及びもつかぬ魔訶不思議を行い古今東西一つとして欲して能わぬものはないのじゃ。」

かくて、坂口が努力の結果得たものは、「精神の円熟」ではなくて、理性によって認識した「人間能力の驚嘆すべき実際」であった。安吾は、それを「煩悶」ともいっている。この「人間能力の実際」＝「煩悶」の現実は、そのまま苦悶の連続である。「茨」の道であることはまちがいない。その茨の現実の中で、その苦痛を苦痛のままに引き受けて生きていこうとするのである。「さればこそ乃公の行く手はいつも茨だが、目をつむれば茨は茨ならずしてたちどころに虹となり、虹と見ゆれど茨は本来茨だから茨には違いないけれど亦虹なんじゃあ。」茨を茨として認めて現実の中に生きようとするとき、その決意に裏打ちされて「俺の行く道はいつも茨だ。――茨だけれど愉快なんだ。」という独白の冒頭文が生まれてきたのであった。

このようにして、現実を空飛して幻術の妙にはいることなく、安吾は、実際の人間の生活へ帰ってきたのである。実は、この作品では、作者は、独白者にこのような認識をさせながらも、独白の末尾を「酒倉の窓へ真っ逆様に転り込むと、何のたわいもなく、俺は気絶してしまったのだ。」と結び、ふたたび、独白者を酒倉の中へ転落させている。

けれども、これは、作者自身が、酒倉の中へ転落したのではない。このとき、作者は、独白者から離れて、独白者を観察しているのである。酒の灰色なることを知りながら、その灰色の中へめりこんでいく独白者の悲惨さを描くことによって、作者は酒倉の悲惨さ、「悟りの実体」の踏まえる礎石のない泥沼を描ききり、批判したのである。作者の精神は、このとき、酒（悟り）からの離脱の完了を証明したのであった。

坂口における、「悟り」への幻滅から現実への回帰は、このようにしてなされた。

現実を引き受けて生きようとしたとき、彼の支えとなり、次の足場を用意したものは、「人間の偉大なる想像力」であった。それは、現実の煩悶を煩悶として見つめ、すくいとっていこうとする彼の生き方を決定した。人間の想像能力をてこにして現実を見つめるということは、いいかえれば、文学の世界を信じることである。坂口は、以後、文学の世界を信じるというかたちで現実との関わりを保ったのであった。現実の人間世界をそれとして認めることによって、文学の世界へはいっていき、そのことをとおして、「精神の圓熟」を達成しようとする宗教家としての生き方を放棄したのであった。あるいは、「悟り」へのあこがれに幻滅することによって、「地上の現実」の煩悶を認識しつつ生きる文学者としての出発を準備したのであった。

ここまで、彼の精神の遍歴の軌跡を追ってくると、「悟り」からの離脱は、つまりは「精神の圓熟」などというものはなく、ただ人間の「煩悶」のみ、ということを悟ることではなかったか、ともいえる。ことばの遊戯ではなくて、実際に、彼は〝世の中に悟りなどというものはない〟ということを悟ることによって、現実生活の中に生きる根拠を見いだしたともいえるのである。これをしも、一つの「悟り」であるというならば、たしかに「悟り」である、とはいえよう。安吾のひたぶるな「何かを求めて」の求道心は、文学という邪教への門へ通じていたのである。

安吾が、「逃げ・高まりたい切なさ」に導かれて、人間の現実に帰っていったとき、安吾にとって求めるべき「人間の現実」は、彼が、その生命を賭けて求めつづけた惨憺たる「悟り」への行程そのものにほかならなかった。安吾は、まず文学への道を踏みだすにあたって、その自己の「悟り」への行程と離脱の体験とを「安吾の現実」として見つめ、糾弾し、告発せざるをえなかったのであろう。

「木枯の酒倉から」は、アテネ・フランセの友人達と作った同人雑誌「言葉」に昭和6年1月に発表された。このことから考えて、この作品は、昭和5年、東洋大学印度哲学科を卒業した年、あるいは、それ以前に書かれたであろうことが想像される。「木枯の酒倉から」は、「悟り」へはいろうとして惨めな努力をしたあとの「悟り」なるものへの糾弾の書であったのである。ここに、坂口安吾が「木枯の酒倉から」を処女作として出発した原因があった。

もっとも、安吾が見いだした「地上の現実」は、「煩悶」と同義語であったごとく、けっして明るいものではなかった。だから、「地上の現実」へ帰るということは、「茨の道」へ帰ることであった。それは「茨よりほかの物を、俺には想像ができなかったから。」である。それは、「悟り」への願いを生じた基盤「悲しさ」「切なさ」への回帰でもある。けっして明るくはない。安吾が自ら引き受けた煩悶は、「悲しさ」「切なさ」をいまいちど反芻することであったろう。安吾の文学者としての悲願は、そのような「悲しさ」「切なさ」に満ちた「茨の道」を「虹」にまで輝かせることであった。

「悟り」から「地上の現実」へのドラマをとおして文学者としての一歩を踏みだした安吾は、昭和6年5月に第二作「ふるさとに寄する讃歌」を発表している。

この作品においては、ふるさとは、一人の少女と姉とによって象徴されている。一人の少女を求めて主人公は帰郷する。「何か求めるものはないか?私は探した。いたずらに、熱狂する自分の体臭を感ずるばかりだった。私は思い出を掘り返した。そして或日、思い出の一番奥にたたみこまれた、埃まみれな一つの面影を探し当てた。それは一人の少女だった。それは私の故郷に住んでいた。……(中略)……私は追われるように旅に出た。煤煙に、頬がくろずんでいた。私はふるさとに帰りついた。[14]しかし、彼が求めていた少女はいなかった。「彼女の家に、別の家族が住んでいた。幼かった少女が、背をもたせて電線を見ていた門は、松の葉蔭に堅く扉を閉じていた。三角の陽が影を切った。」そして、主人公は、空しくふるさとの風景との訣別を行なう。「しきりに帰心の陰が揺れた。東京の空がみえた。置き忘れてきた私の影が、東京の雑沓に揉まれ、揉みしだかれ、粉砕されて喘いでいた。限りないその傷に、無言の影がふくれ顔をした。私は其処へ戻ろうと思った。無言の影に言葉を与え、無数の傷に血を与えようと思った。虚偽の泪を流す暇はもう私には与えられない。全てが切実に切迫していた。私は生き生きと悲しもう。私は塋墳へ帰らなければならない。と。」風景の中へ人間を埋没させてしまうふるさとの風景から訣別したのである。作者は、主人公に「地上の現実」=「東京の雑沓」へ帰って行かせている。「生き生きと悲しもう。」とつぶやかせている。

この作品を読んで気づくことは、短いセンテンスをつぎつぎと繰りだして、自己の精神の現実をことばに定着していることである。短いセンテンスが強く引きあって、すがすがしいほどはりつめた生気のある文体を生みだしている。「悲しむ」ことを「生き生きと」引き受けようとする作者の決意がセンテンス間に緊張をあふれさせている。

しかも、はりつめた文体で作者のつづる「ふるさとに寄する讃歌」は、安吾の皮肉からであろうか、ふるさとを讃えることが、実は、その風物の否定となっている。「人間の現実」を風景に解消してしまう〝ふるさとの風景〟は讃えざるをえないが、讃えざるをえないほど「風景」の中に解消される自己の心情に引導を渡すのである。「虚偽の泪を流す暇はもう私には与えられない。」と。このときから、ふたたび安吾の「ふるさと」を求めての旅がはじまる。それは、幼少年のころ、「胸がはりさけ」るほどの「悲しみ」の中で求めた「ふるさとの母」を呼ぶ「素朴な切なさ」に根ざしていた。現実の母に「ふるさと」を感じることができなかった安吾は、現実の故郷にも「ふるさと」を感じることができなかったのである。故郷から、坂口安吾は、風景と切り離して「人間の悲しみ」「切なさ」のみを抱いて帰ったようである。

「木枯の酒倉から」において「悟り」へのあこがれからの離脱を描いたように、「ふるさとに寄する讃歌」におい て、安吾は、「風景」からの訣別を描いた。ともに帰るところは、「地上の現実」＝「煩悶」であった。「ふるさとに寄する讃歌」は、坂口安吾の「風景」への訣別の決意を表明した書であった。

三

「ふるさとに寄する讃歌」につづいて、坂口安吾は、昭和6年6月に「風博士」を発表している。「風博士」は、牧野信一によって激賞され、坂口は、次の「黒谷村」を書く勇気を得た。「黒谷村」も、牧野信一は待っていたように讃め、坂口は新進の作家として認められていった。(15)

「風博士」はつぎのような文章ではじまっている。

「諸君は、東京市某町某番地なる風博士の邸宅を御存じであろう乎？御存じない。それは大変残念である。そして諸君は偉大なる風博士を御存知であろうか？ない。嗚呼。では諸君は遺書だけが発見されて、偉大なる風博士自体は杳として紛失したことも御存知ないであろうか？ない。嗟乎。では諸君は僕が其筋の嫌疑のために並々ならぬ困難を感じていることも御存知あるまい。しかし警察は知っていたのである。(16)」

センテンスは、やはり短かく、たたみかけるようにつぎつぎと重ねられている。「諸君は」と語りかける口調ですべりだすことによって、「話しことば」のなめらかな速射をなしえている。演説口調であることが少々滑稽な独りよがりを滑稽なものとして読者に植えつける効果を生み、時局演説にみられる悲愴味さえただよわせている。

この作品では、つづいて風博士の遺書が紹介される。遺書は、源義経は成吉思汗となり、欧州を侵略し、南欧のピレネ山中最も気候の温順なる小部落バスクに隠栖を卜した、という世界平和に貢献した風博士の学説を、蛸博士が否定したので、それをなじっている。

「賢明にして正大なること太平洋の如き諸君よ。諸君はこの悲痛なる椿事をも黙殺するであろう乎。即ち彼は余の妻を寝取ったのである！而して諸君、再び明敏なること触鬚の如き諸君よ。余の妻は麗わしきこと高山植物の如く、実に単なる植物ではなかったのである！ああ三度冷静なること扇風機の如き諸君よ、かの憎むべき蛸博士は何等の愛なくして余の妻を奪ったのである。何となれば諸君、ああ諸君永遠に蛸なる動物に戦慄せよ、即ち余の妻はバスク生れの女性であった。彼の女は余の研究を助くること、疑いもなく地の塩であったのである。[17]」

一読ふき出さざるをえない。作者は、「笑い」を構成するために、蛸博士、警察、遺書、源義経、成吉思汗、触鬚、高山植物、地の塩、と日常性を超えている比喩を用いることに大わらわである。話の内容が、時局演説の悲愴味とはつりあわない、バカげた内容であるため、この説ききたり説き去る文体は、いっそうの「笑い」をもりたてる役割りを果たしている。

ところで、この作品が昭和6年に書かれた事実を考えあわせると、日本の近代小説としては異質な、いかにも奇妙な作品と思わざるをえない。具体的な日常生活のもろもろの事実からはまったくかけ離れている。これが果たして、坂口のいう「人間の現実」への帰行の結果なのであろうか、といぶかしくさえなる。風博士、蛸博士、などというのは、まさに子供だましの空想科学小説の設定と同巧異曲であるとも思われる。

坂口安吾は、たしかに、「地上の現実」＝「煩悶」の中へ帰ろうとした。「風景」と訣別し「生き生きとした悲しみ」に帰ろうとした。ところが、彼が、帰ろうとした塋墳＝東京の雑沓は、安吾を「生き生きとした悲しみ」に生きさせるほど、寛大な現実ではなかった。

昭和5年は、ニューヨークの株式市況にはじまる世界大恐慌が日本経済に波及した年であった。小作争議、労働争議が異常な高まりで激しさを示した。その日その日の生活に苦しむ者が多く、恐慌は慢性状態のきざしを見せた。そのような社会の混乱の中で、昭和5年11月浜口雄幸首相が東京駅頭で狙撃された。混乱の中で、昭和6年9月満州事変が勃発したのであった。当時のふつうの人々にはそれが恐慌の矛盾を解決するための手段であるとは理解できなかった。輪をかけられた混乱と貧困の中に人々は日々を過ごすばかりであった。

世情の混乱に対して、それを対象化し論理化して受けとめようとするこころみは、そのための有効な方法を掴めずにいた。昭和8年三木清は、当時のヨーロッパ思想界の先端の思想を足がかりにしつつ、人間生活の混乱を人間の「不安」として把握し、予見した。三木清は、プロレタリア文学、新興芸術派、新社会派、新心理主義の文学等に対し、反動期がやってきて、青年知識人の外部に向かっての活動は阻まれた、という。「外部に阻まれた青年知識人の心はおのずから内部に引込まれるであろう。社會的不安は精神的不安となり、しかも『内面化』される。我々はもとより歴史の類推を間違って行ふことを避けねばならぬ。歴史はつねに具體的である。しかしながら今や我が國においても『行動の悲劇』に『知性の悲劇』が従って來つつあるのではあるまいか、少くともその危険の近づいて來たことが豫感されるやうである。かくの如き危機は、單なる文化的危機と直ちに同一視することのできぬ一つの『精神的』危機である。そしてこの危機は、青年インテリゲンチャにとって魅惑的でなくはないだけ、一層危険である。[18]」そして、その『精神的』危機の特徴をフランスの場合をかりて、「流動主義的」であることと「相對的なものに魅了されて生きること」であると規定している。理智は「小さな光に過ぎな」く、「我々の存在を決定するものは」「我々の理智で捉へ得ぬもの」であると考えていくようになる、と危機の様相を解剖している。坂口安吾の帰っていった「地上の現実」には、このような流動主義・相対主義が待ち受けていた。一般の人々が「理智」への不信に捉えられようとしていたとき、安吾は「理性を鉾とし城として奪然死守攻撃し」ようと踏み切ったのである。

坂口は、まず「地上の現実」を対象化する方法を模索することからはじめなければならなかった。

当時、「地上の現実」をとらえようとしていた文学の方法に、プロレタリア文学運動があった。たとえば、昭和5年3月、蔵原惟人は、「ナップ藝術家の新しい任務」において、次のように述べている。「我々があるストライキを描くにしても、我々に必要なのは、ストライキの外面的な事件の單なる報告ではない。それらの外面的事件の描寫の中に、そのストライキが何ものによって如何に指導されたか、その指導部と大衆との關係はどうであったか、それの成功或いは失敗は何によって喚び起されたか、このストライキはその國の革命運動に於いて如何なる地位を占めているか、ということを、客観的に、しかも具象的（藝術的）に描き出すことが必要なのである。[19]」国民の貧窮がますますはげしくなっていく現実をマルクス主義的な見方によって、全面的・具体的にとらえていこうというのである。

坂口安吾は、この方法に対して、「當時隆盛な左翼文學に就いては、藝術的に極めて低俗なものであったから全く魅力を覚えなかった。[20]」と芸術的完成度の視点から魅力を感じず、はいっていかなかった。後年の回想によれば、実は、彼のばあい、ただ芸術的完成度のみから、左翼文学に共感を示さなかったのではない。その世界観・人間理解において異質であったのである。彼は「私の共産主義への動揺は、あるいは最も多く主義者の『勇気』ある踏み切りに就いてではなかったかと思う。[21]」とその勇気には、青年のヒロイズムへあこがれる心を動かされていた。しかし、彼は、「我々の短い一代に於いて、無限なる時間に対し、無限なる進化に対して冒涜ではないか…（中略）…自らのみの絶対を信じ不変永遠を信じる政治は自由を裏切るものであり、進化に反逆するものだ。[22]」と、未来へ働きかける政治に対して「人間の自由」の名において拒否している。このような二つの観点から、彼は当時のプロレタリア文学の方法を自分のものにしようとする方向をとらなかったのである。

方法を模索して、安吾なりの見とおしを立てた試論が「ＦＡＲＣＥに就て」（昭和7年3月）であった。この試論において、安吾は、従来の写実主義の方法を否定するために、その前半を費している。「単なる写実、説明としての言葉は、文学とは称し難い。なぜなら、写実よりは実物の方が本物だからである。…（中略）…単に人生を描くためなら、地球に表紙をかぶせるのが一番正しい。[23]」と、単なる写実の文学を否定している。当時、坂口が文学的出発をしようとしたとき、その文学への橋としてかかっていたものは、プロレタリア文学の他には、自然主義の方法であり、その方法を日本化した私小説であった。それは「実感」という文学評価の基準のもとに、自己の皮膚感覚に絶対の信頼をおいた方法であった。流動と相対の社会に生き、その現実を見ていた安吾は、彼の「地上の現実」は、私小説の写実主義ではとらええないことを認識していたのであった。

坂口が求めたのは、「言葉には言葉の、音には音の、そして又色には色の、各々代用とは別な、もっと純粋な絶対的な領域がある筈である。」とする言葉の純粋な領域であった。それは、流動する事実の世界に対応して浮動するのではない。言葉の純粋の領域を設定することによって、文学独自の表現をしようとするのである。坂口によれば、言葉の純粋さは、言葉を駆使する精神の高さから生まれる。「高い精神から生み出され、選び出され、一つの角度を通して、代用としての言葉以上に高揚せられて表現された場合に、これを純粋な言葉と言うべきものであろう。」当時の私小説作家たちが、自己の「実感」に固執するあまり、卑少な事実に拘泥し、押し流されていた事実を否定する対極として「精神の高さ」をおいたのである。

安吾は、「ＦＡＲＣＥに就て」の半ばにおいて、写実文学否定の論を次のことばでしめくくっている。「とにかく芸術というものは、作品に表現された世界の中に真実の世界があるのであって、これを他にして模写せられた実物があるわけではない。その意味に於いては、芸術はたしかに創造であって、この創造ということは、芸術のスペシアリテとして捨て放すわけには行かないものだ。」安吾は、写実に対する虚構を見いだしていたのである。虚構の創造によって真実の世界をとらえようとしていたのである。つまり、彼の「地上の現実」は、虚構の「創造」によってしか把えられない、と認識したのであった。

この文学論は何も目あたらしいものではない。二葉亭の「小説總論[24]」以来、つねに求められた文学観である。めあたらしくはない故に文学の本質を言いあてていた。

けれども、昭和5年から昭和10年にかけての日本の文学界においては、私小説が確固とした位置を占めていた。坂口は、その出発にあたって、虚構を生み出すためにいろいろな試みを行なっている。「木枯の酒倉から」においては、「狂人の独白」というかたちで「狂人」を設定することによって事実との密着を防いでいる。はじめから「幻想の場」を設定したのである。「ふるさとに寄する讃歌」においては「私はふるさとに帰りついた。」というかたちで主人公の生活の場を離れさせて、こまごまとした生活上の問題に拘泥する煩雑さをさけている。空間的に現実を離れさせているのである。「風博士」では、風博士、蛸博士なる空想的人物を仮構することによって、人間の属性を払いおとしている。のちの「紫大納言」などでは、過去にさかのぼることによって現実離脱を行なっている。時間的に事実の拘束から離れて、作者の創造の自由を得ようとしているのである。作者の「観念」を表現するためには、これだけの「からくり」をあえて設定しなければならなかったところに、坂口の「感じられる世界」を創造するための方法上の苦しみがあった。伊藤整が、「日本文學におけるヨーロッパ的なものの影響、あるいは犠牲の例」と歎かざるをえないゆえんである。

プロレタリア文学の方法、写実主義の方法をともに受け入れられないが故に、坂口は、「FARCEに就て」を書き、彼自身の文学を定着するための方法を模索したのである。

坂口安吾は、「A．悲劇とは大方の真面目な文学、B．喜劇とは寓意や泪の裏打ちによって、その思いありげな裏側によって人を打つところの笑劇・小説、C．道化とは乱痴氣騒ぎに終止するところの文学。[25]」と分類し、「C．道化」の文学は、日本にも多く、重視すべきである、として論述をすすめている。

「木枯の酒倉から」において、「悟り」に幻滅し、「想像の力」に人間能力の可能性を見いだした坂口は、「FARCEに就て」においても、「空想」＝「感じる世界」に人間の現実を見、それをとおして、人間の真実へいたろうとする。『感じる』ということ、感じられる世界の実在すること、そして、感じられる世界が私達にとってこれ程も強い現実であること、此処に実感を持つことの出来ない人々は、芸術のスペシアリテの中へ大胆な足を踏み入れてはならない。ファルスとは、最も微妙に、この人間の『観念』の中に踊りを踊る妖精である。」プロレタリア文学は、共産主義思想という「観念」によって現実を把握し、芸術的に対象化するものであった。坂口は、プロレタリア文学とは異質な「観念」によって「地上の現実」に迫ろうとしていた、とわたくしは思う。

「悟り」を否定したとき、坂口の前に横たわっていたのは、相対的にものごとを解釈し、流動に生きる人間社会であった。その中に、彼は「地上の現実」を見ようとした。そして、現実を肯定することによって、その中にはいって生きようとした。「ファルスとは、人間の全てを、全般的に一つ残さず肯定しようとするものである。」たとえば「此処は遠い太古の市、ここに一人の武士がいる。この武人は、恋か何かのイキサツから自分の親父を敵として一戦を交えねばならないという羽目に陥る。その煩悩を煩悶として悲劇的に表わすのも、その煩悶を諷刺して喜劇的に表わすのも、共にそれは一方的で、人間それ自身の、どうにもならない矛盾を孕んだ全的なものとしては表わしがたいのである。ところがファルスは全的に、これを取り扱おうとするのである。…（中略）…そして彼等の、存在として孕んでいる、凡ゆるどうにもならない矛盾の全てを、爆発的な乱痴気騒ぎ、爆発的な大立廻りによって、ソックリそのまま昇天させてしまおうと企むのだ。」つまり、坂口の認識した「観念」とは「人間それ自身の、どうにもならない矛盾を孕んだ全的なもの」である。それを表現するための方法として、ファルスを見いだしたのである。

その人間把握のしかたは、「いきおい人を性格的には取り扱わずに、本質的に取り扱うこととなり、結局、甚しく概念的となる場合が多い。そのために人物は概ね類型的となり、筋も亦単純で大概は似たり寄ったりのものである。」と類型的概念的となる。類型的な人間把握は、滝沢馬琴の読本におけるそれと一見似ている。けれども、坂口のばあい、人間の中に「どうにもならない矛盾」を見ていた点において、馬琴における勧善懲悪的理想主義とも異なる。坂口は、彼のいうファルスに該当する日本の古典の筆頭に「狂言」をあげている。

ファルスは、「空想と実際との食い違いの中に気息奄々として」生きる人間の「呆れ果てたる根気の程を」知りつくし、見つくし、しかもそれを肯定しなければ生きられない人間の文学の方法であった、といえようか。とにかく、坂口が模索して見いだしたものは、人間を類型的にとらえ、それを乱痴気騒ぎ、大立廻りによって表現し、真実の世界を創造する方法であった。

坂口安吾が「風博士」を発表したとき、このような「FARCE」への志向があったと思われる。「風博士」では、風博士の遺書の紹介のあと、風博士の自殺への顛末を「僕」なる狂言まわしに語らせている。しかも、その自殺の日が、風博士の結婚の日であったという構成になっている。風博士の花嫁は当年17才の大変美しい少女であった。安吾は、この少女を「無邪気であった」と概念語を用いて描いている。風博士は、少女との結婚式を失念して式場に現われなかった。「僕」が風博士を探しに行き、声をかけると、「燕尾服を身にまとひ、その膝頭にはシルクハットを載せて」いた博士は、「僕」の声に脅えて、突然扉の向うに消えていった。「偉大なる博士の姿が突然消え失せたのである。」風の如く自らの身を消した、つまり自殺したのであった。「諸君、偉大なる博士は風となったのである。…（中略）…諸氏は尚、この明白なる事実を疑ぐるのであろうか。それは大変残念である。それでは僕は、さらに動かすべからざる科学的根拠を付け加えよう。この日、かの憎むべき蛸博士は、恰もこの同じ瞬間に於て、インフルエンザに犯されたのである。」で、このファルスは結ばれている。

学説の争いに結婚式をからませ、その結婚式の日に「美しい少女」と結婚すべく期待に胸をふくらませていた「偉大なる風博士」に自殺をさせている。しかも、風博士は、憎しみのあまり、蛸博士に取り憑いたという大時代の結末となっている。まさに、安吾は、乱痴気騒ぎ、大立廻りを演じさせている。この大立廻りの描写を助ける方法が「動かすべからざる科学的根拠」などという極端なデフォルメによる表現であろう。また、「麗わしきこと高山植物の如く」などとする日常性を離れた比喩表現であろう。また、「偉大なる風博士」「憎むべき蛸博士」「大変美しい少女」と連体修飾語を使って概念を限定し、その概念を支えとして人間を働かせる類型的人間把握の表現方法であろう。

乱痴気騒ぎ、極端なデフォルメ、日常性を越えた比喩、類型的把握、がわれわれの「実感」を裏切る。つまり、私小説的な写実によるリアリティを完全に捨象したところに、この作品はリアリティを生み出しているのである。写実的なリアリティの捨象が、われわれにこの作品を一見空想科学小説のように見せかけたのである。日常生活において、事物と対応して生まれる情感を拒否しているから、すべての表現が乾燥している。われわれの情感に訴えない。われわれのある任意の一日を切りとったような私小説に対するときの親近感を、作品の乾燥した表現が拒否している。空想小説なのである。作者は、その空想小説を狙ったのであった。「風博士」は、写実主義に支えられた近代日本の小説とはまったく異質な小説であった。

安吾が、大立廻りやデフォルメや比喩を用いて創造した空想世界は、われわれに抱腹絶倒の「笑い」をもたらした。そして、読者の「笑い」が納まったところ、「笑い」を生んだ「乱痴気騒ぎ」の「阿呆さ」かげんが読者に理解される。名声に追われ、男と女のつながりに精神を疲れさせている人間の悲しみが静かに読者の心に広がっていく。読者は、一挙に人間の「切なさ」にとらえられる。憎しみのあまり、身を滅ぼしたり、結婚式の日時を失念したりする「人間のどうにもならない矛盾」に気づかせられるからである。

「風博士」はファルスの方法によって、「人間それ自身の、どうにもならない矛盾を孕んだ全的なもの」という観念を表現したのである。

作品のしくみと、作者の意図からみれば、いちおう、方法的にはファルスによって、坂口の「観念」を表現したといえよう。けれども、はたしてほんとうに、風博士は「ソックリそのまま昇天」しおおせたかというと、いささか疑念を残さざるをえない。「どうにもならない」名誉欲といっても、それは「妻を寝取られる」という私事によって支えられたひよわなものであり、男と女との悲劇といっても、それは、結婚式の日時を失念するという偶然的思いつき的な契機にすぎないのである。「笑い」のあとの切なさは、長く読者の心をとらえてはなさない、というほどの強さを持っていない。

ということは、彼の認識した「人間それ自身の、どうにもならない矛盾」が、この程度のものでしかなかったといわざるをえない点に原因がある、とわたしは思う。「切ない」といっても、涙とともに押し流せば押し流せそうである。万人の「悲しみ」をさそう「笑い」を生むためには、安吾は、いましばらく「地上の現実」を見つづけなければならなかったといえるであろう。「言葉の純粋さ」を生み出すためには、安吾自身の「精神の高低」に問題があったといえよう。

四

坂口安吾は、昭和7年2月、「蟬―あるミザントロープの話―」を発表した。

風景に訣別して、「地上の現実」を見つづけるということは、つまりは、自己を見つづけることである。少しばかりの世評に気をよくしていた彼ではあるが、自己を見つづけたとき、自分の〝精神の高さの度合い〃について気づかざるをえない。世評に有頂天になっているさなかに彼は自分の〝精神の高さの度合い〃に気づいていたのであった。

安吾は、「蟬」において、都会に下宿住まいをする戸張をとおして、自己の〝精神の高さの度合い〟への目醒めを語らせている。「分別は、いやらしいものである。軈て自分の才能や感覚に判然した見極めがついて何の特異さも認め難い時がくるとこれくらい興ざめた、落莫とした人生も類い稀なようである。いっぺんに周囲の気配が青ざめて、舌触りまで砂を噛むようにザラッぽいものだ。(26)」このように分別を自己に向けたとき、茫然自失するばかりである。下宿の主婦も、その倅も、となりの田代夫婦も、すべて騒音にしか聞こえない。それは、ジンジンと鳴きしきる蟬の声とあい等しく聞こえる。やりきれない虚しさが広がるのみである。「私は、この私へ襲いかかってきた尨大な空虚さを、どうすることも出来はしない。私が何事も思い知らずに耽っている静かな物思いの日に、ふとして、我知らず嵌り込んで遣り切れない此の真っ暗な、底の知れない深い崖は、どうすることも出来ないものだ。」

この「蟬」の主人公・戸張の声は、創作をかりての安吾自身の意識の表白であった。彼自身、自己の虚しさにうろたえ、茫然とする。「悟り」への上昇を拒否して「地上の現実」に帰ったにもかかわらず、その現実にすら、彼は失望してしまうことになった。「肯定しつづけて止まない根気」の裏に、否定の声を聞かねばならなかったのである。坂口安吾は、この虚しさを身にしみて感じて蒼ざめたのであった。「FARCEに就て」と「蟬」がほぼ同時に書かれたことを考えあわせると、青年の安吾は、このころ、現実の肯定と否定との両極の間をさまよっていたと思われる。「ファルスとは、否定をも肯定し、肯定をも肯定し…」と、人間の矛盾をそっくり肯定しようとする強引さは、蒼ざめていく自己の「虚しさ」をねじふせようとする安吾の祈りであった、と思われる。すべてを肯定して「高まりたい心」はすべてを否定する「逃げたい心」と表裏一体をなしていたのである。

「FARCEに就て」「蟬」を書いたあと、坂口は、同年3月、京都へ一ヵ月あまりの旅をした。彼は河上徹太郎の紹介で、大岡昇平に下宿の世話をしてもらった。その下宿で加藤英倫を知った。(27)その夏、東京へ帰って、加藤から、矢田律世子[28]を紹介された。坂口は、矢田と恋におちいった。それは「私たちは屢々会った。三日に一度は手紙がつき、私も書いた。会っているときだけが幸福だった。顔を見ているだけで、みちたりていた。別れると、別れた瞬間から苦痛であった。[29]」というほどの感情にまで高まった。しかし、矢田には、もう一人恋仲がいた。坂口は、そのために、自己の感情をすなおに表現することができなかった。その結果は、「本心とウラハラなことをせざるを得なくな」っていた。苦しみ「恋う」心を逆の「かたくな」になることによってしか表現しえなかった。少年の日に養われた「恐れ・恋ふる心」は、ここでも彼を動かし、彼の「恋ふる心」は「恐れ」に裏打ちされて表現されたのであった。四年間の交際の後、ただ一度の接吻を交わすことによって、二人は別れてしまった。「その接吻の夜、私は別れると、夜ふけの私の部屋で、矢田津世子へ絶交の手紙を書いたのだ。」もっとも心の触れ合うはずの時が破局の時であったのである。安吾は痛切に自己の孤絶を意識した。そして、愛する者へ「絶交の手紙」によってしか感情を表現しえない自己への不信を抱いて懊悩した。

この間の精神の動揺の所産が「小さな部屋」（昭和8年）、「麓」（同年）「姦淫に寄す」（昭和9年）「淫者山へ乗り込む」（昭和10年）であった。これらの作品において、坂口は、「表現された世界の中の真実」を描く方向を、まったく見失っている。動揺のままを、動揺の原因を見抜くこともせず、吐露してしまっている。あまりにも周囲の現実が彼自身に密着しすぎ、「ありのままの混沌」を対象化しうる「高い精神」は生まれるべくもなかった。不幸な恋愛は、彼の「尨大な空虚」をいっそう大きく深いものにした。

失われた自己は回復されねばならない。自己への不信と絶望への韜晦では、彼の「現実回帰」は完了しない。恋愛に懊悩する坂口ではあったが、自我をまったく失ってしまっていたのではなかった。自己を見つめる以外に作家としての生き方がないことは知っていた。「本音を割りだせば誰だって自分一人だ、自分一人の声を空虚な理想や社会的関心なぞというものに先廻りの邪魔をされることなく耳を澄まして正しく聞きわけるべきである。自分の本音を雑音なしに聞きだすことさえ、今日の我々には甚だ至難な業だと思う。[30]」と言いきることばは、彼自身をいましめる声でもあった。

坂口は、「悟り」からの現実回帰を「木枯の酒倉から」においてなしとげたように、自己の確認を、過ぎ去った恋愛を検討することによってなしとげようとした。彼は、昭和12年2月1、000枚ほどの原稿用紙をぶらさげて、ふたたび京都へ出かけた。京都では、その日暮しをしている貧しい人々にまじって下宿住いをしながら小説を書いた。600枚ほど書き、あと100枚から150枚ほどで終わるところで、彼は、まったく自信を失ってしまった。「私は坂口安吾といふ名前であることを忘れようとした。本當に忘れようとしたのだ。どうしても名前の思ひだせない人間で、どこから來てどこへ行く人間だか、本人にもしかと分らない人間で、一ケ月二十圓の生活に魂を賣った人間で、晝頃起きて物を食ひ、夕べに十二錢の酒に醉っ拂ってゴロリとねむる酒樽のでき損ひのやうな人間なのだ、と、どうしてそれを信じることが出來ないのだらう。事實それだけの人間ではないか。しかも、どうしてそれを信じることが出來ないのだ。」人間崩壊の寸前まで追いつめられたのである。彼は自己壊滅の線上をさまよいながら必死に自己の存在を検証しようと努めた。このような「底の知れない深い崖」の中で、一年あまりの狂おしいばかりの呻吟を経て、彼の自己を守るために描きあげた長編小説が700枚に及ぶ「吹雪物語」(昭和13年3月完成)であった。

「吹雪物語」は、雪国・越後を舞台にした恋愛小説である。坂口安吾を模した青木卓一は、はげしい吹雪の夜、4年ぶりにたずねてきた古川澄江に結婚を申しこむ。しかし、4年の歳月は、そのことばの裏に理知をしのばせる間隙を用意していた。またしても「分別」である。「怖れと不安。そして苦痛」＝「この愛情すらいつかはさめる」という分別。坂口は、卓一に次のように考えさせている。「昨日の愁いを今日はもう忘れることができるような、束縛のない青空へでよう。卓一は思わず心に叫ぶのだった。そこには昨日のとじこめられた切迫や暗黒を、今日も亦持たねばならない惨めな予約がないのである。そこには永遠の孤独があり、永遠の旅があるけれども、ああ旅愁のもつ揺籃の唄の愛を思わずにはいられない。卓一は心に繰返した。」坂口が、彼自身の懊悩の体験から導きだしたものは、魂と魂とのあい交わることのない「永遠の孤独」であった。そこに「揺籃の唄の愛」を思う心の安らぎを主人公に与えているのである。

「木枯の酒倉から」において鉾とし城とした「理性」は、ついには「人間の現実」を虚無と化し、その向こうに「永遠の孤独」を浮かび上がらせたのであった。

「吹雪物語」の末尾において、安吾は、一人の登場人物に叫ばせている。「ひとつ解決ができたとき、ひとつ謎がふえているにきまっているのだ。俺の知ったことではない、と。人の努力の虚しさが、彼の心を重くさせ、嘆きを与えずにいなかった。」坂口は、彼としては最大の長編の末尾にこのような文を添えたのである。「人の努力の虚しさ」を知りながら、700枚もの長編をしあげ、矛盾と知りながら「虚しい努力」をくり返す。徒労にも等しいくり返しを安吾はもはや否定しない。京都における自己壊滅寸前の苦しみを経て、すべての「虚しさ」をそれとして、肯定していく心の広がりを養っていったのである。ふたたび、坂口は、あの「永遠に肯定しつづけて止まない所の根気の程を、呆れ果てたる根気の程を」持ちつづけようと腰を据えた。

坂口安吾は、現実を「空虚」と見ることに耐えられず、動揺し、現実に足をさらわれかけた。しかし、その動揺の過程をふり返ることによって、「空虚」こそ「人間の現実」であると把えなおした。そして、その「空虚」に身をまかせて、「虚しい努力」をしようとする自己を肯定する。「一人ある」自己の孤独に気づき、その孤独をたじろぐことなく見すえることによって、それを「地上の現実」として受け入れた。

「吹雪物語」を書くことによって探りだした「永遠の孤独」を胸に鎮めていた安吾は、四年後に「文学のふるさと」(昭和16年8月)を著わして、それを文学の基盤として見定めたのである。

「絶対の孤独―生存それ自体が孕んでいる絶対の孤独」「私は文学のふるさと、或いは人間のふるさとを、ここに見ます。文学はここから始まる―私は、そう思います。[33]」

彼は、人間のどうにも救いようのない究極の地点の認識と自覚から文学を出発させようとする。彼は「ふるさとに寄する讃歌」において、「故郷」から別れて、雑沓の中へ帰っていったが、その「故郷」なき心の空洞は、雑沓の中で見いだした「絶対の孤独」を「ふるさと」として置いたのであった。

安吾が、父と母と家との接触から、幼少の時すでに得ていた「素朴な切なさ」はずっと「呼びつづけ」られて、いま「生存それ自体が持つ孤独」としてたしかめられた。

そして、それは「人間それ自身の、どうにもならない矛盾」を引き起こす根源のものでもあった。人間の踊る踊りは、すべて「孤独」という「観念」によるものでもあるといえよう。

さらに、安吾はつけ足している。「だが、このふるさとの意識・自覚のないところに文学があろうとは思われない。文学のモラルも、その社会性も、このふるさとの上に生育したものでなければ、私は決して信用しない。」いいかえれば、「絶対の孤独」に対して、「ふるさとの意識・自覚」のあるところに「文学のモラルも、その社会性も」生育するのである。人間精神の極地に立って、「人間の現実」を見るとき、そこに人間への愛が目覚める。「どうにもならない矛盾」につき動かされる人間の「切なさ」をそれとして受け入れるところに「精神の高さ」があらわれる、とわたくしは理解する。この高さに位置することによって、「人々の『いのち』となるような物語を、僕は書きのこしておきたいのです。[34]」という万人のための文学への志向も生まれたのであった。

坂口は、「絶対の孤独」に「文学のふるさと」を見いだすことにより事実を対象化する方法をとりもどしていったようである。事実に密着して動揺を重ねていたとき見えなかった事実の遠近が、「文学のふるさと」を踏まえることによって見えてき、対象化しうるようになっていった、と思われる。「蟬」における否定と「ＦＡＲＣＥに就て」における肯定との背反を包括するものがこの「絶対の孤独」であった。坂口は、一度見失った「地上の現実」をその極地において把えなおすことによって、自己の文学を形成する基盤を得たのであった。

以後、彼は、1説話的小説（「紫大納言」ほか）、2歴史小説（「二流の人」ほか）、3現代小説（「古都」「白痴」ほか）、4社会批評（「日本文化私観」「堕落論」ほか）、5歴史的・地理的探訪（「安吾新日本地理」ほか）などを発表していく。

五

「偉大なる人間の想像能力」を信じた坂口の文学は必然的に写実以外の方法を求めていた。「人間それ自身の、どうにもならない矛盾」を「全的に」とらえようとしたとき、方法としての「虚構」が想定されていた。それは、ヨーロッパ的方法というより、文学本来の方法であったというべきであろう。「絶対の孤独」を「文学のふるさと」とする坂口安吾にとって、作家として生きることに、伊藤整のようには、マンシンソウイの意識を持つことはなかったであろう。自己の文学の孤独は、彼の文学観の当然の結果として坂口安吾には受け入れられた、と思う。

ただし、坂口安吾の文学の文学史的孤独の意味については、別に論じられねばならない。

注

（1）伊藤　整「戦後文學について」『近代文學』　昭和23年11月　4頁
（2）坂口安吾『坂口安吾選集　第一巻』　創元社　昭和31年　6頁
（3）坂口安吾『いづこへ』　真光社　昭和22年　24頁
（4）同前　30頁
（5）同前　20頁
（6）坂口安吾『坂口安吾選集　第四巻』　創元社　昭和31年　47頁
（7）坂口安吾『白痴』中央公論社　昭和22年　364頁
（8）坂口安吾『欲望について』　白桃書房　昭和21年　176頁

(9) 同（6）41頁
(10) 同前　53頁
(11) 同（7）355頁
(12) 同（8）178頁
(13) 坂口安吾『坂口安吾選集　第三巻』創元社　昭和31年　8頁
(14) 同前　16頁
(15) 牧野信一『牧野信一全集　第三巻』人文書院　昭和37年　441頁
(16) 同（13）22頁
(17) 同前　24頁
(18) 中島健蔵・伊藤整編『現代文学論大系　第五巻』河出書房　昭和30年　221頁〜222頁
(19) 蔵原惟人『藝術運動』潮流社　昭和22年　76頁
(20) 同（8）176頁
(21) 同（6）100頁
(22) 同（6）100頁
(23) 同（2）110頁
(24) 二葉亭四迷『二葉亭四迷全集　第九巻』岩波書店　昭和28年　6頁〜7頁
(25) 葛巻義敏「坂口安吾のこと（承前）」『坂口安吾選集　第七巻月報』創元社　昭和33年3月「彼の唯一の翻訳、それ『だけはていねいにやった』コクトオの『音樂論』、『（補註）エリック・サティ』…（中略）…彼は、そこから『道化《ファルス》』『軽口』といふ『形式』を見つけだして来た。」したがって、「FARCEに就て」には、ジャン・コクトオの影響が考えられる。
(26) 同（13）
(27) 大岡昇平「京都の頃」『坂口安吾選集　第七巻　月報』創元社　昭和33年3月「この頃はみんな若気の過ちで、小説みたいなものを書いていた。そこで坂口とも意気投合ということになったのである。…京都へ坂口に下宿を世話したのは、昭和7年の3月だったと思う。僕は京大を卒業するところで、黒谷の前の、加藤英倫と同じ下宿に室を取っておいた。」
(28) 現代日本文学全集87『昭和小説集（三）』筑摩書房（昭和31年7月）に「神楽坂」が採られている。次に同書の年譜を要約しておく。「明治40〜昭和19年秋田県南秋田郡五城目町に生る。昭和7年上京後は新潮の『文学時代』等に短編小説を発表するようになった。

井上友一郎らの同人雑誌『櫻』の同人となったが、10年左翼のシンパ関係として戸塚署に検挙され、28日間留置されたことがあった。」

(29) 同（6） 80頁

(30) 同（2） 107頁

(31) 同（3） 110頁

(32) 坂口安吾『坂口安吾選集　第七巻』創元社　昭和32年　218頁

(33) 同（2） 82頁

(34) 同（13） 89頁

〔附記〕研究を終始ご指導くださった清水文雄先生・野地潤家先生に深く感謝いたします。

（『広島大学教育学部紀要第二部』第十二号（一九六三年））

第三節　武田泰淳小論（一九六八年）

一

武田泰淳には、人間が追いつめられたときに、意識を越え、道徳的感覚を越えて、行動を起こそうとする、その瞬間的状態における人間の存在に対する強い関心がある。ある状況に置かれた人間が、それまでの常識的な行動様式や態度決定によっては、行動をおこしえないとき、人間はどのような行為を選ぶか、と問うのである。彼は、その瞬間的状態に対して空白とよび、ゼロといい、あるいはまた真空状態ということばを与えたりもしている。

彼は、真空状態を通過した人間が、それ以前と以後とにおいて、あるいは大きく、あるいは小さく変化する、ということを知っていたのである。それは、変貌とか変身といってもいいし、展開、転換ということもできる。成長とよんでもいいであろう。

あの有名な『司馬遷　史記の世界』は、その第一篇「司馬遷伝」を司馬遷の記録者への変身の過程を語ることにささげている。「生き恥さらした男である」司馬遷が、世界を記録するという「徹底的に大きな事」をするまでに、いかにしていったかを、司馬遷の「任安に報ずるの書」を読むことをとおして物語っているのである。

「この事件（―李陵の禍）に於て、父が感じた憤りに、数倍する憤りを、司馬遷は感じた。彼のうけた屈辱は父の屈辱より、はるかに大きい。父の憤り、父の屈辱の後をうけたものであるから、それだけに、重い、深い、致命的な傷であった。もちろん、『太史公自序』には、この感情は、ひたすら、かくされている。しかし私たちは、すでに、『任安に報ずるの書』を読み終っている。私たちは、絶望が、彼を動かしたことをあの手紙で知った。あの手紙一つで、『史記を書く人』は、私たちの眼前胸中に復活した。今や、彼は無為自然に記録するであろう。それによって、あらゆる事をなすであろう。記録者は起ち上ったのである。」（傍点、引用者）単に第一篇だけでなく、『司馬遷　史記の世界』すべてが、記録することによって変貌を遂げていく司馬遷の姿を語るためにあった、といってもよかろう。

変身のありようにこそ、人間の真の姿を見いだしうると感じたのが武田泰淳であった。

二

泰淳の、人生における空白への問いかけは、まず、人間の生活において空白の状態が存在することに気づくことからはじまった。

彼は一九四二年に『司馬遷　史記の世界』を刊行したのち、一九四四年の六月に上海に渡り、中日文化協会に就職している。上海に渡る前に、彼は、『才子佳人』『呂太公遺書』『蘆州風景』『詩をめぐる風景』の四篇の小説を書いている。これらが、小説の面での、彼の処女作であるといってよかろう。

『蘆州風景』を、泰淳は、夫を戦争で失なった看護婦の水野雪江の手記のかたちで書いている。雪江が心ひかれた森医官は、現地雇いの気の強い看護婦の楊にひかれている。ところが、楊が中国の密偵であることにしばらくして森医官は気がつく。そこで森医官は雪江を誘って、楊には秘密にして部隊を変わって別れようとする。その別れの場面を、水野雪江は、つぎのように記している。

「別れれば、あとは空白が残るばかり。立去ればそれで、すべては知りがたい。その知りがたい空白だけが私たちの救いだったこと。その空白は永久に蘆州の姿を今日まででたち切り、風景はこのまま流れなくなり、人物はもはや動かなくなり、私はまたひとり新しい環境に移り、そこの人物となること。私は人生の持っている様々の空白の意味まで、この池に臨む亭の上でいちどきに悟ってしまったような、追いつめられて却って安心した自分をジッと持ちつづけていた。」

無言で別れていった雪江たちに対して、雪江が感じていたように、楊もわりきれない空白を感じたことであろう。雪江は楊が密偵であるというはっきりとした証拠をつかんだわけではない。森医官にしても、心にひかれていた看護婦の楊と別れる寂しさを、日本軍人という立場できっちりと整理して引き払ったわけではない。疑惑という心の翳りが、医官を、別れる方向へ押し出したのである。三人の心には、それぞれに空白が残り、時間は過ぎてゆく。舟に乗ってすべり出すという行為は、空白の中で決定されたのである。この空白の中において、人生の重い何かが、人間の意識をとびこえて、決定されるのであろう、と泰淳はつぶやいているようである。

以後、これと同じような状況を、泰淳は、くり返し描いていく。

四七年に書かれた『審判』では、クリスチャンである一郎が戦場で、心の真空状態に陥り、人を殺すのである。「その次の瞬間、突然『人を殺すことがなぜいけないのか』という恐ろしい思想がサッと私の頭脳をかすめ去りました。自分でも思いがけないことでした。今すぐ殺される二人の百姓男の身体が少しずつ遠ざかって行くのをジリジリしながら見つめ、発射の音をシーンとした空気の中で耳に予感している間に、その異常な思想がひらめきました。それが消え去ったあとに、もう人情も道徳も何もない、真空状態のような、鉛のように無神経なものが残りました。人情は甘い、そんなものは役にたたぬという想いも、何万人が殺されているなかのホンのちょっとした殺人だという考えも、およそ思考らしいものはすべて消えました。そしてただ百姓男の肉の厚み、やわらかさ、黒々と光る銃口の色、それから膝の上の泥の冷たさなどが感ぜられるだけでした。命令の声、数発つづく銃声、それから私も発射しました。」

　それまで、故なく百姓を殺すことができないと思っていたこの男が、人情も道徳も否定する真空状態の中で、発射するまでにいたるわけである。その発射するときの状態を、武田泰淳は、真空状態と表現している。彼は、追いつめられた。こういう状況において、人間がどのような行為をするか、に強い関心をもっていて、初期のばあい、それをモチーフに小説を書いていったのである。

　空白状態、真空状態を通過することによって人間は変わるのである。この変わることは、変貌といっても、成長といってもいいものであるが、泰淳は、その変貌過程の実相は、人間自身には、はかり知れないのではないか、という。

『ひかりごけ』の中の、人肉を食ったことで裁判にかけられている船長も、空白の中で変貌を遂げた人物であるといってよかろう。人肉を食った、船長から「校長への突如たる変貌」を遂げたのである。変貌の内面的な過程については、船長自身が語りえないのである。検事によれば、もと船長であった「被告は、我々の手きびしき追求によって、ようやくその犯行の一部始終を自白したのであるが、この恐るべき犯行を敢てした自己の感情に関しては、いまだ一語ももらしていない」のである。検事は「一語ももらしていない」といっているけれども、船長はもらそうにもことばがないのであろう。好奇心からとか、飢えをしのごうとかの理由を越えて何かに動かされて、人の肉を食べてしまったのであって、その心情の推移は、当事者にも分らないのではないか、と泰淳はいいたいのであろう。

　しかし、結果として、その、人肉を食ったという船長が、人望のある飄々とした中学校校長に似ており、時にはキリストの顔にまで似てきたりする。つまり、苦難を切りぬけて、ある平安に到達した人間に生まれ変わっているのである。顔つきだけでなく、内側から変貌している。武田泰淳は、この変貌の契機があの空白状態であり、真空状態の中を突きぬけて、船長が成長したのであると見ている。こういう変貌の過程に、泰淳は、人間の姿を見たのではなかろうか。

そして、人間は、いつ、真空状態に出あって変わるかも分らない、流動し、変わっていくものが人間であると、武田泰淳は認識したのである。常に自覚して、自己の意志によって何事かを為す、という人間観から、泰淳はぬけ出していったのである。

個性ある人間を浮き彫りにしようとした志賀直哉の時代の人間観からは、つかまえられない人間を武田泰淳は見ていた、といえよう。たえず変化しながら生を求めている人間をとらえうるような眼を泰淳は身につけていたといえよう。

人間の行為における、空白の部分に気づき、変貌を遂げるものとして人間をとらえるところに泰淳の眼の豊かさがあり、その眼が人間のより広いとらえ方を、彼に、可能にしたのである。

三

人間には空白の部分を通して行為がなされることがある、ということに気づくことから、武田泰淳の人間認識がはじまったが、人間はどうにでも変えられるし、どうにでも変わるものだという「変貌の哲学」は彼の戦争体験によっていっそう強固なものとなっていった。それは、戦争が彼にいやおうなく死へと直面させたことによる。

『メサの使徒』が、一九五〇年に書かれている。この作品には、グニャグニャの骨なしになって、いつどこでどう変わるか分からない、頼りない男になっている仙波という人物が出てくる。この人物が、作者とおぼしき、書き手に語る場面がある。仙波は、どういうことを契機として骨なしになってしまったかを語るのである。

「『第一の契機は戦災でございます』と彼はスラスラと答えた。…（中略）…区別がつかない、と仙波はつぶやいては、焼跡のひどい凹凸を越えてさまよい歩いた。家族も他人も区別がつかない、えらい奴か、馬鹿か、美しい女か、老いさらばえた爺さんか区別かつかない。ただどれもすっかりおんなじに、黒い塊になっていた。もしかしたら人間は生れた最初から死ぬまでも、何の区別もないしろものかもしれない。今まで自分の頭のはたらき、手足のうごきを支配していた判断のタガがバラバラにときほぐされ、執念も怨恨も失った幽霊のようにフワリフワリと仙波は歩いていた。そうやって歩いていると、密林に群をなしていた猿の一匹、只その一匹であるということ以外に、何の区別も等級も条件もない只の一匹として、この地上を歩いているような気がしてくるのであった。…（中略）…腹をたてようとすると、あの夜の区別のつかぬ黒こげの屍の列が、うかびあがって、彼の心を鉛のように無感動にした。」

仙波は、東京の戦災によって家族を焼かれてしまったのである。家族の屍を見て、全て人間はああなってしまうことを思い知ったのである。そして、だれもがすっかりおんなじに、黒い塊になるとすれば、肉体を持つ自分の個性などは何になるのだろうと考えていく。「もしかしたら人間は生れた最初から死ぬまでも、何の区別もないしろものかもしれない」とすれば、生きているということにどういう意味があるのか、と彼が自らに問うたとき、彼は、何ら根拠をもって人に腹を立てることもできないし、自分で何か目標を立てて行動することもできなくなっていたのである。

ここでは、仙波の体験として、フィクションの中で語られているが、死者となった人間が「すっかりおんなじに、黒い塊」に見えたのは武田泰淳の実体験として読みこんでもいいであろう。武田泰淳は、開高健との対談において、前線において死体を見たときの実感をつぎのように語っている。

武田　前線と後方はぜんぜんちがうわけですよ。最前線で野戦病院のないようなところはどうにもしようがない。軍医もほとんどいないな、衛生兵もいない。ただ民家へ持ってきて放っておくわけですよ。そうすると「おかあさん」とかなんとかいって死んじゃう。僕は輜重兵で坊主でしょう。ふつうの人は死骸を取扱うのはいやがるが、僕らは慣れて平気だから、穴へいれて焼くのですけれども、そのときだってだれもその人が死んだってことは、そこに居合せた人以外知らない。…(中略)あれはほんとうにかわいそうだった。同じ顔になっちゃうんですよ、黒くなって。どんな豪傑な顔をしたやつでも、どんなかわいい顔をしたやつでも同じ顔になっちゃう。

開高　どういう顔ですか。

武田　ガイコツの青いのに肉がちょっとついたような顔ですね。いうことも同じです。その人の性格とか勇気とかなんとかはぜんぜん問題にならない。

みんな同じ顔になってしまうということを武田泰淳は、戦争中に輜重兵として、たえず見てきていたのである。死ぬ時、顔つきも言うこともみんな同じになるということを見た人間の精神構造がどのようになるか、という一つの存在のしかたを、仮構の中に創りあげたのが『メサの使徒』の仙波である、とみていいであろう。

いま一つ、仙波には、「第二の契機」がある。

「『第二の契機はあなたがたでございます』と仙波は云った。『あなたがた、すなわち私を馬鹿にする、私よりうわ手の強者たちでございます』」

人間を、強者と弱者に分けて考える考え方が出てくる。仙波は、弱者に徹することによって他人に恐怖を与える。仙波は、誠実無比な議論や、国家権力の使者の税務官吏のことばの末尾に「……と彼は云った」とつけ加えることによって、他者のすべての発言を相対化してしまう。そうすると、「すべての勇ましい断言、甘いささやき、いかめしい主張はたちまちその熱と光を失い、どこかとぼけた灰色のつぶやきと化してしまうのだ。」だから、「つめ寄せたおそるべき敵、絶対の上位者は、彼の呪文によって客観化され、茶化され、彼の皮肉なうす茶色の色眼鏡を透して、つまらぬ一生物と化するまで、分析され、批判されてしまう。あたりは何となく安心で、けだるく、しかも無意味にぼやけてくる。」のである。すべての強者の力は、弱者・仙波によって、力を削ぎ落されてしまう。抵抗の手段として、弱者の意識化が行なわれている。

自分が弱いということを、逆に武器にして強い相手に勝つ人物は、戦後文学に共通する一類型である。椎名麟三の『自由の彼方で』に出てくる清作という弱い男は、武田泰淳流に言えば、骨なし男ということになろうか。清作はバーで働いていて、主人から殴られると、自分からガラスの中に倒れこんでいく。「清作はよろめきながら、数歩の距離にあるガラスの窓を見た。彼は、その方へよろめきつづけて行った。それから投身自殺でもするように、そのガラス窓へ勢よく頭からとび込んだ。ガラスがはげしい音をたててこわれ、清作の身体は、窓のなかへめりこんだ。新吉は、自分の平手打の、予想外の効果に驚きながら、呆れ果てた奇声をあげた。」こうして、殴った方の新吉は、ふるえあがってしまう。清作は、女たちの同情を得るのである。

こういう弱者の行動が、第一の契機をもった仙波によって起こされているところに、武田泰淳の創り出した人物の特徴がある。人間はいつ、どのように変貌するかしれない、ということを知った人間の、確固とした人間を信じられなくなった行動の様式が仙波の行為の中に具象化されているのである。

武田泰淳は戦争体験をとおして、死んでしまえば人間は同じものになるということ、個性とか人格とかの確固としたものにそれほど意味はなく、変質していくということ、を見抜いていったのである。戦争体験というような大きな枠でくくりたくなければ、さらにしぼって、死および死者に対する彼の認識をとおして、といいかえてもよい。このような人間観に基づいて、戦後の彼の創作活動がはじまり、小説が書かれていったのである。

四

小説は、人間が空白の状態において変貌していくことを認識していく、あるいは、こういう人間もこう変わると認識していくだけでいいのか、と問うとき、それを認識していく立場と、それを何らかの意味で超えていこうとする立場とが現われてくるであろう。武田泰淳は、この後者の立場に立つ作家である。何らかの方向を持たなければ、筆を動かすエネルギーが出て来ない、というであろう。方向性がなければ、認識することすらできない。ことばが形だけのものとなり、作者は生命を吹きこむことができないであろう。何らかの視点が定まり方向が見とおせるようになると、それまでふわふわしていた人間群の中から作品の人物たちが姿を現わしてくるであろう。ときには笑いによって包みこめる対象として、ユーモアをもって――椎名麟三は、それをしているが――描けるようになるであろう。

実際、仙波はユーモアをもって描かれている。『メサの使徒』において、作者は仙波になってわめいているわけではなく、書き手を仙波と切り離して、仙波を一つの客体として描いているのである。作者自身が、仙波のようにふわふわしていたのでは、小説は描けない。ふわふわした人物を登場させたとすれば、作者は、その人物のふわふわぶりをきちんと描かなければならないのである。武田は、それをなしている。それでは、彼は、人間の現実をとらえようとしたとき、群がり集まりまた拡散していくことばを、作品にまでどのようにして統御しえたのであろうか。われわれの心にひびく力を、どのようにしてことばに吹きこみえたのであろうか。

ここで、武田泰淳の方向性が問題になる。

戦後、武田泰淳が、小説家として世に出るきっかけをつくった作品が『蝮のすえ』である。杉という、上海で代書をしている詩人が登場する。そこへ女がたずねてくる。戦争中に軍部の情報部にいた辛島は、軍の権力をバックにして、病身の夫をもった女と関係していた。敗戦後、辛島は、軍の権力を失なって、陰で逃げまわるようにして生きていながらも、女を脅かしている。杉は、女から辛島を殺して欲しいと依頼される。杉は、この女に愛情を感じていて、辛島を殺そうとも思うし、殺す必要はない、その女のために辛島を殺してどういう意味があるのか、殺さずにこの三角関係なり四角関係なりがつづいていってもいいではないか、と思ったりもしている。敗戦によって、日本人と中国人の立場が逆になった混乱の中で、ふわふわと流れるように生きてもいいではないか、と思っているのである。

ところが、日本人の引揚げが上海で話題になりはじめたとき、杉には、この敗戦の混乱の中で、何事も為さずに生きている自分が空しく見えてくる。そして、この混乱の中から何ものかをつかもうと考えるようになる。

「このまま何事もなく帰っては、貴重な機会を失する、そんな気がした。重苦しい、涙や血で汚れた真実の塊りを、ギュッとつかんだ時の、戦慄が予感された。帰国前に、この上海で、そのグニャグニャした豚の内臓のように気味悪い塊りを握らなかったら、永久にそれは私の前から姿を消すであろう、と思われた。…（中略）…私はそれに向って試みようと思った。」。

杉自身の人生に向って、何事かを試みようと決心する。それは、いうまでもなく、辛島のような男を滅亡させることを試みることであった。杉は、武器を持って辛島を殺しに出かけて行く。

「もし私か何事もなくすみ、事件だけが進行するとしたら、私はゼロになるのであった。彼女が暴力で租界へ連れ去られ、病人は一人取残される。それを守るのが正義だと考えたのではなかった。私は正義が存在するのだとは思っていなかった。しかし、私は事件から身をひくことは自分がゼロになることであることに気づいていた。昨夜、辛島と会見した時、まだ自分は漠然とした反撥心しかなかった。しかし今日は自分が立っている位置がハッキリ、生れてからこの方経験しないほどハッキリ認知された。自分がその位置に生きて立っている以上、私はゼロになることはできなかった。私は只生きているだけだと考えていた。しかし只生きているだけにも、その形式と内容はかならず有るものであった。それが彼女の涙でしめった指先を握っているうちに、私には肉感となって、そこから認知された。私は自分がゼロになるのを拒否する人間だという発見に驚いた。」

辛島を殺すことを思いたつとき、「私はゼロになることはできなかった」といっているところに注目したい。彼が作品を書きはじめたころ見つめていたものは、空白の状態で人間の行動が起こされていく、ということであった。そして、さらに人間のありようを見つめていたとき、杉のことばでいえば、「ゼロになることのできない」人間を見いだしたのであった。そして、人間がゼロになることへの反撥を、辛島を殺しに行く、という杉の行為によってあらわしたのである。

武田泰淳は、人間が真空状態に陥り、そこから行為を起こすということを認めながら、そこだけで人間は終わるものではない、そこにとどまるだけでは一人の人間として生きられるものではない、という人間観を持つにいたったのである。

彼は、「ゼロになることを拒否する」という方向を見いだしたとき、作家としての出発が可能になったのである。この方向性は、また、仙波のような人物を描きながら、それを客観化し、自分から引き離して造型することを可能にした原因でもあった。

五

『審判』の二郎は、農夫二人を撃つことに参加したあと、さらに前線に出る。そして、家を焼かれても逃げもしないでより添って座っていた老人夫婦に出あう。ふたたびあの心の真空状態に陥る。

「私は老夫婦を救い出す気は起りませんでした。ただ二人はこのままもう死を待つばかりだろうと漠然と感じました。いつか私を見舞った真空状態、鉛のように無神経な状態がまた私に起りました。『殺そうか』フト何かが私にささやきました。…（中略）…もとの私でなくなってみること、それが私を誘いました。発射すると老夫はピクリと首を動かし、すぐ頭をガクリと垂れました。」

二郎は、真空状態の中で、「もとの私でなくなって」みたい、という誘惑にかられて老夫婦を撃った。みづからの手で、誰に命令されることもなく、人を殺したのである。

敗戦後、上海にもどった二郎は、婚約者の鈴子と楽しいひとときを持つ。しかし、二郎が、あるとき、二人の幸福な未来を想像し、鈴子と二人でともに楽しく老いていくことに思いいたったとき、ふと、前線で老夫婦を撃った体験がよみがえる。二郎は、自分たちを老夫婦と同じ立場において考えたのである。老夫婦を撃ったことが罪の意識となって二郎をとらえる。二郎は罪の意識にさいなまれるだけでなく、もし、法律や罪の存在しない社会に生きるようになったら、自分がふたたび人を殺すかもしれない、という自分自身への恐れと懐疑にひきずりこまれる。

この事実を鈴子に語れば、破約になるだろうということが分かっていながら、「深刻な感動」に衝き動かされて、二郎は告白した。そして、鈴子を失なう。しかし、そのとき、二郎には、明確な罪の意識が生まれていた。「罪の自覚、たえずこびりつく罪の自覚だけが私の救いなのだとさえ思いはじめました。それすら失ってしまったら自分はどうなるか、とその方の不安が強まりました。自殺もせず、処刑もされず生きて行くとすればよりどころはこれ以外にないのではないでしょうか。」と二郎は訴えている。

二郎は、鈴子との結婚を思いとどまっただけでなく、日本への引揚げも思いとどまる。

「私は自分の犯罪の場所にとどまり、私の殺した老人の同胞の顔を見ながら暮らしたい。それはともすれば鈍りがちな自覚を時々刻々めざますに役立つでしょうから裁きは一回だけではありますまい。何回でも、たえずあるでしょう。」罪の自覚を、日常生活の中で無感覚に拡散させてしまうのを惧れたのである。

二郎は、ゼロの状態になりきることを拒絶したのであった。かつてゼロの状態において人を殺した自分を許して生きることによって自分がゼロになりきることに、堪えられなかったのである。二郎は、鈴子との結婚をとりやめ、自分の犯罪の場所にとどまることによって、みずからに「審判」を下したのであった。それは、二郎にとっては、罪を引き受けるという行為のあらわれであった。

武田泰淳は、ゼロの状態になりきれない人物を杉や二郎において描いたのである。杉は、権力を用いて人間を操ろうとする辛島のような男を滅亡させるために、殺しに出かけた。二郎は、ゆえなく老夫婦を殺すことのできる自分を罰するために、異国の地に踏みとどまろうとした。彼らの行為には、人間はゼロの状態をいかにして超克しえるか、という泰淳の苦悩の軌跡がある。

『審判』の二郎は、命令によって農夫二人を撃つことに参加したのであるが、「兵士のうち四、五名は、発射しないか、発射してもわざと的をはずしていた」ことがあとで分かる。泰淳は、そのことをとりあげることによって、みずからの意志でなく、命令によって人を撃ったのであると言い逃れしようとする二郎に対して、その罪を顕在化させている。命令に従って農民を撃った二郎と命令に反して農民を撃たなかった兵士たちとを対比することによって、泰淳は、人間の行為の責任を問うているのである。あれは曹長の命令であったから、ということによって、二郎は責任を一応は免れることができる。しかし農夫は死んだのであり、二郎が撃ったことも事実である。もし、みんなの兵士が、「わざと的をはずして」いれば、農民二人は逃げのびたかもしれない。

二郎によれば、二郎自身は「私はもちろん自分が一生のうちに、自分の手で人を殺すことがあろうなどと思ってみたこともありませんでした」というような男である。この時の二郎は、それだのに戦争に駆り出されたから人を殺すはめに陥ったのである、と言いたそうである。つまり、二郎の眼からみれば、戦争という巨大な事件の被害者なのである。この論理でいけば、命令者の曹長も分隊長に命じられたから被害者なので責任はなく、ついで、分隊長は部隊長に命じられたので、とついには天皇にまで階段を登っていく責任体系によって、すべての戦争当時者の責任は無限に拡大されることによって、無限に拡散されてしまう。

しかし、みずからの意志で「的をはず」した兵士がいるとすれば、その事情は違ってくる。階段の第一段階の者にも責任がかぶさってくる。武田泰淳は、「的をはずした」兵士を登場させることによって、さりげなくそのことを衝いているのである。二郎のような末端の兵士は被害者づらをしながらも、殺される側からみれば、まったく加害者である。『審判』は、このような一人の加害者の責任をどう裁くかを問うた作品である、ともいえよう。

戦後文学の多くは、前線で銃を把る兵士たちをすべて、軍部上層部の命令によって踊らされた被害者として描いているようである。それら兵士を弱き被害者と規定するかぎり、強権に動かされる被害者は哀れながらも正義の味方の立場に立てたのであった。たとえば、梅崎春生の『桜島』や『日の果て』などは、このような被害者の側からの戦場の文学化といえよう。被害者の位置に主人公を置くことによって、軍隊という階級社会の悪を告発できたのである。

武田泰淳は、被害者としての兵士たちの中に、加害者を見い出したのである。被害者であると同時に加害者である人物たちの「悲哀」を多くの作品で描いている。たとえば、『悪らしきもの』においては、私、高木、神井、平野、という被害者であり同時に加害者でもある兵士たちの小悪党ぶりがあざやかに描かれている。

『ひかりごけ』において人間を食ったという罪で裁かれている船長の弁明も、この被害者にして加害者である者の悲哀の表明であろう。

「お前のやったことは、日本人の尊厳を傷つけることなんだぞ。国威を失墜させることなんだぞ、お前はこんなことをしでかして、天皇陛下に申しわけないと思はんのか」とはげしく迫る検事に対して、「人肉を食った者にだけ光の輪が現われ、しかも人肉を食った者には、自分ではそれが見えない」と言う。船長は、「光の輪のついた者には、見えないんですよ。あれをやった者には見えないんですよ。」と言う。検事も弁護人も裁判長も、人間を食っているに等しい行為をして生きている、と言いたそうである。

武田泰淳は、戦場において、人間の中に、被害者であって同時に加害者である姿を見い出すことによって、人間の認識をいっそう深めたのである。

六

武田泰淳は、人間が空白状態において変身を遂げていくことを見、そのようなゼロの状態に止まることを超えようと試みるところに彼の創作の方向を見出した。

そして、それは、作者主体から切り離したところで試みられる生の実験などではない。作者のなま身を方向づけ、彼自身の生の一歩を踏み出すための試みなのである。

彼は、『審判』の冒頭で、つぎのように述べている。「この青年の不幸について考えることは、ひいては私たちすべてが共有しているある不幸について考えることであるような気がする。少くとも私個人として、彼の暗い運命はひとごとではないようである。」

このように語られていく作品は、もはや、単なる認識の文学ではない。

戦後、解体し、流動していく世界を認識していく型を用意した作家に、織田作之助、太宰治、坂口安吾たちがいる。

たとえば、坂口安吾は、四六年に発表した『白痴』の中で、文化映画の演出家の伊藤に、空襲下の東京を白痴の女を連れて逃げ歩かせている。その末尾で、疲れた伊藤に語らせている。

「女の眠りこけているうちに女を置いて立去りたいとも思ったが、それすらも面倒くさくなっていた。人が物を捨てるには、たとえば紙屑を捨てるにも、捨てるだけの張合いと潔癖ぐらいはあるだろう。この女を捨てる張合も潔癖も失われているだけだ。微塵の愛情もなかったし、未練もなかったが、捨てるだけの張合いもなかった。生きるための、明日の希望がなかったからだ。明日の日に、たとえば女の姿を捨ててみても、どこかの場所に何か希望があるのだろうか。何をたよりに生きるのだろう。どこに住む家があるのだか、眠る穴ぼこがあるのだか、それすらも分りはしなかった。米軍が上陸し、天地にあらゆる破壊が起り、その戦争の巨大の愛情が、すべてを裁いてくれるだろう。考えることもなくなっていた。」

坂口は、混乱の中で、「すべてがわかりはしなかった。」と、人間を超えた力を認識させている。そして、「戦争の巨大の愛情が、すべてを裁いてくれるだろう。」というように考えさせて、眼前の全てのものを肯定させながら、人間の側からの判断をまったく放棄させている。つまり、ここには、判断放棄による全肯定の思考形式がみられるのである。

これに対して、武田泰淳は、この「分りはしなかった」状況の認識から、何とかして、一歩踏み出そうとして、ゼロの状態を超克する方向を模索したのであった。

武田泰淳のばあい、その模索の手がかりに戦争体験があり、革命をとおして変貌をつづけていく中国人民の生活があったのである。彼の作家としての歩みの中には、人間の罪の問題、人間の解放の問題という広い意味での価値志向があるのである。

竹内好が『武田泰淳論――「風媒花」について――』において、『風媒花』の志の低さについて口をきわめて非難したあと、「私は『風媒花』の否定面だけを取りあげたが、じつはそれとからんで、もう一つの積極面があることを忘れているわけではない。それは、武田の思想形成の根元になっている一種の罪の意識である。日本人の戦争責任の問題といってもいい。おのずから今日の生き方にもかかわる問題である。それを切ないほど喉をふりしぼってうたいあげている。死という想念が、現実性を帯びて読者にせまるのは、そのせいである。」と記さざるをえなかったゆえんである。

この価値志向は、また、泰淳自身が十数年もかかって秋瑾についての資料を集め、中国訪問に際しては、わざわざ淅江省まで、秋瑾の生地と処刑の地を見に出かける情熱と執念を支える根源のものである。泰淳は、『秋風秋雨天を愁殺す』において、案内人の製鉄労働者、胡万春さんに語りかけている。「私がなぜ秋瑾にこんな興味を持つのか、あなたには分らないかもしれない。しかも、彼女は辛亥革命の成功する前に、革命運動とは武装行動であると主張していたのです。あなた方の尊敬する魯迅先生も、革命運動とは武装行動であると主張していたではありませんか。だからこそ、魯迅は抗日統一戦線が結成された日に、毛沢東にむかって『あなたこそ正しい』と電報を打ったではありませんか。どうして魯迅だけを持ちあげて、秋瑾の名を忘れていいでしょうか。あなたも彼女と同じ淅江省の生れではないですか。」

誤解を恐れずに、敢て比喩的にいえば、泰淳は、秋瑾が、すべてを放擲して「革命」に身を投じたからこそ、その彼女の変貌の動機と変貌のあとの行動に執着したのであった。

武田泰淳の歩みは、人間の中の「空白」の認識からはじまって、「ゼロの地点」を超克する方向の模索の試みであったといえるが、一方それは、『空白の認識』と超克のための「価値志向」との間の揺れの歩みであつたともいえる。彼は「空白」の認識に情熱を傾け、同時に、超克の方向の模索に苦しんできたのである。今もって、その動揺の渦中にあるといってよかろう。実は、彼にとっては両極へ引っぱろうとするこの揺れをもたらす力こそが彼の旺んな創作意欲の源なのである。どちらかに身を固定したとき、泰淳の創作意欲は枯渇したであろうし、また、していくであろう。

七

現代のように多様化され、複雑多岐になった社会にあって、小説で「生」をとらえようとするとき、もはや、単に認識者の眼だけではとらえきれないのではなかろうか。流動していく世界は、ことばに封じこめようとしても拡散してしまって、ことばは空しく消えていくばかりであろう。

武田泰淳がそうしているように、「ゼロになる」地点を超克しようとする姿勢と、「ゼロの地点」を拒否する眼が必要なのではなかろうか。われわれは、何ものかを拒絶しようとし、何ものかを志向する視点から、現実の人間生活の中の、ある生を抽象して作品世界に形象していく以外に、方法はないのではなかろうか。単に描くだけでは、それは、もはや他人の心の中にはいっていくことのできない空しいことばの羅列に終わるであろう。真空状態に生きることを拒否し、何ものかを志向して動きはじめるとき、新しい現代の人間が、かすかに像をあらわすのではなかろうか。

現実の中で揺れ動きながら、判断放棄もしないで、人間の方向を洞察しようとしているところに武田泰淳の特質がある。この意味で、武田泰淳の模索の歩みは、再三たしかめてみるべきであり、またこれからも注目していく必要があろう。（一九六八・九・八）

（浜本方　函同人会『函』第十五号、一九六八年十一月五日）

第四節　安吾の第二次大戦期の作品―『波子』『古都』『真珠』を中心に―（一九七三年）

一

坂口安吾の文学に対する初期の方法意識は、一九三二年の『ＦＡＲＣＥに就て』における、ファルスは、人間の『凡有るどうにもならない矛盾の全てを、爆発的な乱痴気騒ぎ、爆発的な大立廻りによって、ソックリそのまま昇天させてしまおうと企むのだ。[1]」という考え方に表われている。事実を忠実に再現しようとする私小説の方法に対する批判をもって、坂口は虚構による小説を志向していたのである。

そのあと、彼は一九四一年に『文学のふるさと』を著わして、彼の文学観の或る確立を行なう。それは、文学のふるさとは「絶対の孤独――生存それ自体が孕んでいる絶対の孤独」にあるとし、

「アモラルな、この突き放した物語だけが文学というのではありません。否、私はむしろ、このような物語を、それほど高く評価しません。なぜなら、ふるさとは我々のゆりかごではあるけれども、大人の仕事は、決してふるさとへ帰ることではないから。[2]」

と考える考え方である。

この文学観をふまえて、ふつう多くの研究者は、坂口安吾の文学には、「絶対の孤独」を見つめることにより、そこからの「新しい倫理創造への意欲[3]」「相対的に上昇するという運動[4]」あるいは「その宿命を逆転してかえって

自己の特権と化[5]」する意図があった、と評価している。

ところが、婚期を迎えた娘の波子とその父と母のそれぞれのバラバラの状態を素材にして、人と人とのつながりのなさを主題とする『波子』（一九四一年九月）を、檀一雄氏は「まるでリルケの清澄な作品をでも、読み終ったような後味が感じられる。[6]」と感心して読んでいる。また、考えるということのない一日一日の生活をとにかく自己の欲望の充足を求めて平和に生きている人々の群を描いた『古都』（一九四二年二月）を、佐々木基一氏は「この作品は、よく人間の孤独の美ともいうべきものを造型しえているのである。いわば、造型的な美に静止するかわりに、生きることの切実さを直截に描くところに、この作品の美が生まれているのである。[7]」と評価している。「孤独」をそれとして描ききっているところにこの作品の価値があると考えている。

久保田芳太郎氏たちのいうように坂口が「孤独」から「新しい倫理の創造」「上昇するという運動」を意図していたとすれば、「孤独の美」に作品としての秀れた点を見いだしている檀一雄氏や佐々木基一氏はともに作者の意図とは異なったところに作品の価値を見いだしていることになる。檀一雄氏、佐々木基一氏の読み方が正しいとすれば、坂口の『文学のふるさと』における志向は、作品においては具現していなかったということになる。わたし自身の読後の印象もまた「新しい倫理」を求めているというよりはむしろ「孤独そのもの」を描いていると思われた。

事実、坂口はその後の『青春論』（一九四二年一一月、一二月）において「世に孤独ほど憎むべき悪魔はないけれども、かくの如く絶対にして、かくの如く厳たる存在も亦すくない。僕は全身全霊をかけて孤独を呪う。全身全霊をかけるが故に、又孤独ほど僕を救い、僕を慰めてくれるものはないのである。この孤独は、あに独身者のみならんや。魂のあるところ、常に共にあるものは、ただ、孤独のみ。[8]」と記している。

ここで考えられることは、坂口はその意図にもかかわらず、創作の過程において無意識的にか意識的にかひとりでに「絶対の孤独」に帰っていかざるを得なかったのではなかろうか、ということである。また、意図を具現しえないとすれば、方法に問題はなかろうか、ということである。

そこで、わたしは、坂口の文学観「大人の仕事は、決してふるさとへ帰ることではないから。」がそのとおりに作品に具現しているかどうかを検討したい。もし、それが実現されていれば日本の近代文学の狭さを克服し虚構による創造的世界の構築の基盤になるであろうとわたしは思っている。まず、彼の文学観が生きた時代としての戦争の時代にどのような意義を持っていたかを考察し、次に第二次大戦期の作品を検討することによって彼の創作の意図とその具現体としての作品との間にある方法上の問題点をさぐりたい。

二

『真珠』は、一九四一年十二月八日に真珠湾攻撃に参加した潜水艦乗組員九名の死を賭しての捷報を聞いたことを直接のモチーフにして書いたものである。坂口は、自己の生命の孤独を見つめるという立場から、その生と死を他者にあずけて死んでいった人々に対して「あなた方は非常に几帳面な訓練に余念なく打込んでいた。そうして、あなた方の心は、もう、死を視つめることがなくなったが、その代りには、あなた方の意識下の確信から生還の二字が綺麗さっぱり消え失せていたのだ。我々には夢のように掴みどころのない不思議な事実なのである。[9]」と疑念をさしはさんでいる。人間に死をすすめることが悪であるとすれば、坂口は当時の悪に対して疑念を投げかけたのである。

この作品を平野謙氏は「最近読んだ作品のなかでは、坂口安吾の『真珠』が群をぬいて立派だった。すこし誇張していえば、太平洋戦争勃発以来はじめて芸術家の手になる文学らしい文学を読んだ気がした。[10]」と絶賛している。もっとも、この平野氏の批評は末尾を「ひとすじ虹のごとくかがやく精神の張りつめかた、その練磨こそ文学者の職域奉公というものであろう。[10]」ともどかしく結んでいるように、文学的基準による賞賛というよりは当時の戦争遂行機関に対する抵抗のための戦術的な賞賛ともとれるからその点は考慮して読まねばならないであろう。ともあれ、この作品の感動を、平野氏は、若い人々が自ら死を求めその死を国家が賛めたたえているときにそのような死・そのような賛めたたえ方に対して坂口が作品をもって疑念を提出している点にみている。

事実「時局にそわぬとの理由で」[11]『真珠』は再版を禁ぜられている。「絶対の孤独」に人間の存在を見る坂口の見方が、彼に生命を軽んじる行為に対する抗議の書を生ましめたのである。

「絶対の孤独」を見つめることによって坂口は第二次大戦期の大状況、つまり人間否定の戦争休制から距離をおき自己を守ったのである。

しかしながら、この「孤独」を見る目は、同時に、日本軍の真珠湾攻撃を知って、「僕はラジオのある床屋を探した。やがてニュースがあるはずである。客は僕ひとり。頬ひげをあたっていると。大詔の奉読、つづいて、東条首相の謹話があった。涙が流れた。言葉のいらない時が来た。必要ならば、僕の命も捧げねばならぬ。一兵たりとも、敵をわが国土に入れてはならぬ。[12]」と感情的に書きそえる眼でもあった。このように書きそえるときの安吾の眼には、国土そのものと国土を破壊に導く戦争遂行機関としての国家との区別が見えていない。坂口には、国土への愛が戦争遂行機関への愛にすりかわっていくことに異和感を感じない感覚があった、といえよう。

「私の友人の数名が麻生鉱業というところに働いており（これは例の徴用逃れだ）私は時々そこを訪ねて荒正人と挨拶することがあったが、この男は『必ず生き残る』と確信し、その時期が来たら、生き残るためのあらゆる努力を試みるのだと力み返っている。これほど力みはしなかったが平野謙もその考えであり、佐々木基一もそうで、彼はいち早く女と山奥の温泉へ逃げた。[13]」と記す坂口には、坂口の周囲で、当時の大状況から自己を離しひっそりと信念を守っていた荒正人、平野謙、佐々木基一たちの生き方に対してはその真の意味を理解しえていないのである。

戦争遂行が一つの政治であったとすれば、それに対するもう一つの政治の共産主義に対しても「サーカスの一座に加入をたのむ私であったが、私のやぶれかぶれも、共産主義に身を投じることで騒ぎ立つことはなくなっていた。私は私の欲情について知っていた。自分を偽ることなしに共産主義者ではあり得ない私の利己心を知っていたから。[14]」と「私の利己心」を思考の軸とすることによって身を離している。このようなとき、「私の利己心」が軸に選ばれる点に坂口の「孤独」のありようがあったのである。

このことから言えることは、彼の「絶対の孤独」に帰りゆく姿勢が、自己の孤独に執することによってその内部価値を問わずすべての大状況から自己を守るかたちのものである、ということである。

だから、それは、戦後という建設期にあっても、その社会からはあいかわらず離れた地点に身を置く姿勢にならざるを得ないだろう、ということも容易に想像される。

けっきょく、坂口安吾の「絶対の孤独」を見る目は、第二次世界大戦という大状況にあって大状況に距離を置くことによつて、結果的に、生命を軽んじるものへの疑念を提出しえた、という意義を持っていたのである。

三

坂口が、創作の意図において文学は孤独のふるさとへ帰ることではないとしながら、その実現体の作品においてふるさとからの出発を具現しえていないとすれば、その意図を作品化する方法にも問題があったと思われる。

坂口は、『波子』において、父と娘の葛藤の頂点を次のように描いている。[15]

「御先祖御一同様の前で、あなたに頼みたいことがあります。」……（中略）……

「どうか、遠山さんと結婚して下さい。父の一生の、お願いです。」

父は、平伏しながら、叫んだ。ふりしぽったような声だった。まさか、泣いているのではないだろう。

父が自分の希望を聞き入れてもらおうと説く場面を、儀式めかした大時代的な行為を演じさせることによって描いているのである。

　このように戯画化して描く方法は、まさに、坂口がその作家としての出発において想いえがいたファルスの方法による作品化である。坂口は、父と娘のそれぞれの意志のくいちがう「どうにもならない矛盾」を父の大時代的な行為、つまり「爆発的な大立廻りによって、ソックリそのまま昇天させてしまおうと企」んでいるのかもしれない。しかし、このように戯画化したのでは、父の願い、娘の願いはくいちがうだけでそれ以上の葛藤を生まず、新しい地点へと昇天しそうにはない。父と娘との間のどうにもならない矛盾はそっくりそのままあいかわらず残る。父の孤独と娘の孤独はますますあらわになるのみである。

　葛藤の頂点を戯画化して描く方法自体が人物たちの矛盾を昇天させることをはばんでいるといわざるをえない。「孤独」という「ふるさと」からぬけ出ようとしてぬけ出しえない原因の一つが戯画化表現にある、とわたしは考えている。

　坂口は、登場人物を描くとき、たとえば『波子』において「芝居もどきの表現が好きな父」「奇妙奇天烈な連中」「遠山青年は近世稀な聖人」と人物を規定し、『古都』においては「主婦四十三……（中略）……気の強いこと夥しい」「関さんは単純極まる人」と規定し、『真珠』では『ガランドウは、土器の発掘が好きなのである。』「自信満々たる人」などと規定して叙述をすすめている。人物を類型的概念的に把握しているのである。このように人物を類型的概念的に規定して出発すると、叙述の過程において、変身をとげさせたり、脱皮させたり、成長させたりするダイナミックな造型ができにくくなる。最初に規定した概念どおりの人物として終わりまで行動させることになり、作品をスタティックなものにしてしまうのである。作品内において人物たちの力学関係が変化しない。

　坂口は、体内に「絶対の孤独」を孕むことによって作品の叙述をすすめていくのであるが、作者あるいは人物たちをして叙述をはじめるときの位置と叙述を終わったときの位置とに変容を生ましめない原因の一つがこの人物の規定表現である。人物の規定表現は、「ふるさと」へ帰りゆく方法であっても、そこから出発し、上昇していく方法ではなさそうである。人物の規定表現が、創作意図を具現化しえない方法上の原因の二つめであろう。

そして、さらに注意したいことは、坂口が人物を規定する規定のしかたである。「近世稀な聖人」などという規定のしかたには一種のからかいの気持ちがこめられている。作者と登場人物たちの内的なつながりをきりはなすようなしかたで人物たちを規定しているのである。当時の社会の暗さのためにデスペレートな人物規定になりがちだということはともかくとしても、作者が登場人物たちの行動によって自己の精神の内側を高められたり、その人物たちの感情および精神の軌跡をともに歩むといったことをはばむ作用が、揶揄的な規定表現のしかたにはあるのではないか、と考える。

つぎに、坂口は、叙述や描写において「動き」をことばに表現するとき、擬態語・擬音語を多く使っている。

『波子』

・政治や事業に小さくチビチビ手を出して……

・二人の顔をチラチラ見なから……

・眼がギラギラ光った。

（ガラリと、グラグラした、ピタリと。ウォー、ウォー。と、コロコロ、ヴォ、ヴォ、パラバラに、チクチクと、モゾモゾと）

『古都』

・と頻りにチクチク何か云う。

・とプリプリしながら

・バケツの水をジャアジャアぶちまけて

（オドオドし、ヘッヘッへ、ララ、ララ、ララと、カラカラと、ブンブン、ギクリとする、チラチラ、ドキンドキン、

フムフム）

『真珠』

・クタクタに疲れる

・行軍にヘトヘトになった挙句の果には

・オイデオイデをしている。

（ジメジメして、ボリボリ、ドッカと、グッと、ガブガブ、ホッとする）

（　）に記したような擬態語・擬音語をも含めてそれぞれの作品にある語は二回三回と使われている。擬態語・擬音語はその指示機能、意味範囲がきわめてあいまいで広い。それだけに動きの表現に困った時に安易に使われやすいのであるが、その指示範囲・意味機能の広さ・あいまいさは表現の個性をおしのける傾向を強く持っている。擬態語・擬音語の安易な使用は、ありきたりの見方を破って動きを新しく把握すること、動きそのものを現実の次元を超える創造的な世界において把えることを困難にする。もっとも、作家によってはそのようなあいまいさを承知の上で、その作家独自の擬態語・擬音語を作り出す人もいるのであるから、擬態語・擬音語の使用一般が作品に対して未知の世界へはいることを拒否するとはいえないのであるが、坂口のばあいは擬態語・擬音語の使用において、独自の語の創造への苦悶、発見への模索が少ないといえるのである。

『波子』などにおける擬態語・擬音語の使用のしかたにも作品の個性化をはばみ、新しい世界への上昇をさえぎっている原因があると考えられる。方法上の問題点の三つめである。

坂口は、「事・物」の表現にあたっては。誇張表現を多く使っている。

『波子』

・子供の時から小心で

・生来の小心で
・小心で不鍛錬な
・父は小心翼々として
・東洋一の美貌

『古都』
・大ケチの親爺
・大悪評だ
・安いといえば大安だが
・主婦は大ぼやきだ
・人生観の大根幹

『真珠』
・人の為しうる最大の犠牲
・豪胆果敢
・偉大なる戦果
・東海道を股にかけて
・大威張りで腰かけている大男

これは人物の規定表現と似た方法である。坂口には、『波子』のばあいの「小」、『古都』のばあいの「大」のように、さらには「東洋一の」という式の誇張表現をしたがる傾向が見られる。このように事実を誇張して把握するかぎり、誇張表現には事実の世界をふくらませて表現する可能性はあっても、真実の世界を造型するには無理なようである。坂口のいう「孤独という人間の現実」から出られなかった四つめの方法上の原因は誇張表現である、といっていいかと思う。

つぎにその構成方法に目を向けてみる。

『波子』の主人公・波子は、父、母、娘の三人で関西旅行をしたとき、家族という名の三人に案外結びつきがなく人と人との「グラグラした安普請」のような実体を見て「切なく」なるのであるが、その「切なさ」を、坂口は風に象徴して描いている。例えば、次のような描き方である。[16]

汽車の窓を早春の畑が走り、青々として海原もひらけ、そうして風が吹いていた。波子はそれを眺めて、綺麗な景色には、いつも、綺麗だと思いながら、然し、この旅行のあいだ、一番はっきり眺め続けてきたものは、ただ、粛々と吹く風であった。それは車窓を吹くばかりでなく、目をとじれば目と目とのあいだ、又、物思いのあいだ、愁いと愁いのあいだをわけて、涯もなく、ただ、吹いている。西からきた風でもなかった。ただ風。

八節からなる作品『波子』の第五節に、この「粛々と吹く風」か三度出てくる。その二度めの部分は次のような部分である。

……汽車は畑を走っていた。子供達が汽車に手をふり、叫んでいる。波子は、突然立ち上って、窓をあけて、密柑の網袋を子供達に投げてやって「バンザイ」手をふった。膝にのせてあった雑誌が落ち、お茶がひっくりかえった。

「気違《ママ》いのように。みっともない……」

母とよぶ知らない女が、たしなめる。波子は笑いだす、窓外は春の花曇り。眼をとじると、眼をつきぬけて、粛々と風が吹いている。そうして、波子は、風を見た。知らない人の心をつなぐ、暗い、ものうい風を見た。その風の吹き当る涯がない。その風につながれた心のむすぶことがないように。

そして、三度めの部分が次の叙述である。[17]

ただ、今も尚、忘れることのできないものは、旅のあいだ吹きつづけた、あの涯のない風であった。からだのまわりに何物もなく、縋るべき一人の知りびともなく、粛々と吹く風のみがあった。眼をとじれば、眼にその風が、見えていた。そうして、今も吹いている。

短篇の一節に三度も数行にわたるほぼ等質の描写をくりかえし、ほぼ同じ用語を用い、しかも、リズムをつけて構成しているのである。

坂口は、「人間の孤独」を詠嘆しながらうたいあげているのである。このあたりの表現に檀一雄氏は「まるでリルケの清澄な作品をでも、読み終ったような後味」を感じたのであろうか。『波子』は、孤独の「切なさ」を美しく洗いあげるように表現し、うたいあげるための効果的な構成を行なっている。

『真珠』においては若い九人の潜水艦による死への出発を「遠足」ということばに象徴して描いている。[18]

「お弁当を持ったり、サイダーを持ったり、チョコレートまで貰って、まるで遠足に行くようだ」と、あなた方は勇んで艇に乗込んだ。然し、出陣の挨拶に、行って来ます、とは云わなかった。ただ征きます、と云ったのみ。そうして、あなた方は真珠湾をめざして、一路水中に姿を没した。

その第二の部分は次のような叙述である。[19]

爆発の轟音が湾内にとどろき、灼熱の鉄片が空中高く飛散した。然し、須臾にして火焔消滅、すでに敵艦の姿は水中に没している。あなた方は、ただ、無言、然し、それも長くはない。

真珠湾内にひそんでいた長い一日。遠足がどうやら終った。愈々あなた方は遠足から帰るのである。死へ向って帰るのだ。思い残すことはない。あなた方にとっては、本当に、ただ遠足の帰りであった。

そして、第三の部分は次のような叙述になっている。[20]

あなた方は、汗じみた作業服で毎日毎晩鋼鉄の艇内にがんばり通して、真珠湾海底を散る肉片などに就ては、あまり心を患わさなかった。生還の二字を忘れたとき、あなた方は死も忘れた。まったく、あなた方は遠足に行ってしまったのである。

死の悲壮さ、凄惨さ、むなしさを「遠足に行く」という表現に託して数行ずつ描くことを三度リフレインすることによって感動的に歌いあげているのである。

このような詠嘆的構成をするときには、坂口には、もはや、「絶対の孤独」から脱け出ようとする意図は消えていたように感じられる。孤独そのものに酔い、美化したい心情が坂口にはあったのであろう。詠嘆的構成が、方法上の問題点の五つめである。

坂口の作品は、作品に生命を吹きこむものを集中的に表現することばがちりばめられることによって作品化を完了している。それは、作品内の諸事件、諸事象、人物の諸行動を感性的に把握して表現する方法である。

『波子』

・けれども波子は、ばからしかった。やる気なら、黙って、さっさとやりなさい、と思った。

・今となっても、まだ死花などと云いだして、うけに入っている。ばかばかしいのである。

・老骨よ。何処をさまよい、何処へ行くか。伝蔵は悲しかった。

『古都』

・特に、プラットホームで、出発を見送るなんて、やりきれないことじゃないか。

・後悔すらなく、ただ、鮭をのむと、誰かれの差別もなく、怒りたくなるばかりであった。

『真珠』

・それは神々しいぐらい無邪気であった。（末尾）

・これが仕事に生命を打込んだときの姿なのである。非情である。ただ激しい。
・お花畑で風のまにまに吹きちらされる白骨に就て考え、これは却々小綺麗で、この世から姿を消すにしては、サッパリしていると考える。
・まったく、あなた方は遠足に行ってしまったのである。
（末尾）

これらが、その感性的把握の例である。それは、感情の流れにおいて感情の次元で判断する意味では現実の情緒的判断による表現である、と言っていいかと思う。

しかし、ここでも、このような諸事象の感性的な把握一般が問題なのではない。小説である以上、作中人物あるいは作者が諸事象に情緒的判断をすることは当然である。けれども、そのしかたが「ばからしかった」「悲しかった」「無邪気であった」というのでは、あまりにも主観的一時的な感情の世界にのめりこみすぎていると思われるところが問題なのである。もうそれ以上は論理的にも感性的にも進展のしようのない収斂的判断であるから。坂口のこれらの作品においては、すべての葛藤がこのような情緒的判断に収斂して、この地点において感情や論理がたちきられ、あとは余情の中に感情のたゆたいを残すのみである。そこからは出発はありえず「孤独」の中への惑溺があるのみである。この感性的把握が方法上の六つめの問題点と考えられる。

以上、方法上の問題点の追跡を試みたが、これらのことによって、この期の坂口の作品は「絶対の孤独」自体を描く以上のものではない、といえると思う。「絶対の孤独」からの上昇という観点より『波子』『古都』『真珠』を見るかぎり、その意図を坂口は作品においては実現していないのである。しかしながら、ここで、「絶対の孤独」そのものを坂口が描いたのである、という観点にたてば、これらの方法上の問題点も、その一部、詠嘆的構成、感性的把握などは、「絶対の孤独」そのものを描くためには効果的な役割を果たしていると考えられる。

四

日本の近代文学のある種の狭さを克服して上昇しようとする意図をもちながらも、その方法において十分な強靭な方法を獲得しえなかったために、豊かな創造的世界の表象にまで突き抜けきれなかった一つの作家の試行が坂口の第二次大戦期の作品群である。

坂口は、「孤独」を見つめ、描くということによって、戦時下の状況においては大状況から自己を守ることができ、結果的には戦争による死の意義に疑念をさしはさみえたのであった。

けれども、それは、人間存在の窮極に孤独を見いだしたのであるから、以後の創作活動はその内質においては同一であるより他なく、創作活動を続けようとすれば素材の変化によるヴァリエーションを求めるより他なかったであろうことが想像される。

注

（1）「FARCEに就て」創元社版『坂口安吾選集』第一巻、一一四頁——以下、選集は創元社版による。

（2）「文学のふるさと」『選集』第一巻、八二—八三頁

（3）「かれ坂口安吾の反抗がただたんに天邪鬼的な反対にあるのではなくて、その底にはつねに新しい倫理創造への意欲をもやしていたことはおのずから明瞭であろうかと思う。」（久保田芳太郎『坂口安吾覚え書—新戯作派についての手帳から—』『日本文学』一九六〇年十二月号、三二頁

（4）「すでに有名な『文学のふるさと』というエッセイのなかで、かれは、人間の凄惨な『絶対の孤独』を情熱的にえがきだし、それを文学のふるさととしているわけですが、ここでとりわけ注目されるのは、それは絶対的に詠嘆するのでなく、『ふるさとは我々のゆりかごであるけれども、大人の仕事は、決してふるさとへ帰ることではない』と、はっきり述べていることです。絶対の孤独—死を核としつつそこから相対的に上昇するという運動が、こういう意識からはじまるわけです。……中略……

坂口の場合、そのいわば野次馬的庶民論理は、日本的虚構社会の批判にすぐれた威力を発揮したのですが、他面、その短距離抽象は、やがて抽象化の度合をましてゆく社会に対しては次第に効力を発揮しなくなっていったわけで、そこに、石川とちがったかれの晩年の悲劇はあったと思われます。」（磯貝英夫「昭和十年代の文学―下降的方法の文学を中心に―」『日本文学』一九六三年九月号、一二頁）

（5）「注意深く『無頼派』の作品を読むならば、かれらがゆきくれた虚無と絶望のうえに立ちながら、いかにその宿命を逆転してかえって自己の特権と化していたかが解る。」（三枝康高『無頼派の作家たち―太宰・織田・坂口―』『文学』一九六四年七月号、五六頁

（6）檀一雄「解説」『選集』第三巻

（7）佐々木基一「解説」『日本文学全集55』新潮社、五一一頁

（8）「青春論」『選集』第三巻、一八七頁

（9）「真珠」『選集』第三巻、三三二頁

（10）平野謙「坂口安吾論」『現代作家論』一五七―一六一頁　昭和二三年二月一五日刊、南北書園

（11）「（昭和十八年）十月、『真珠』が大観堂より刊行され、評判は良かったが時局にそわぬとの理由で、再版を禁ぜられる。」（年譜（渡辺彰編）『選集』第八巻）

（12）「真珠」『選集』第三巻、三三五頁

（13）「魔の退屈」『いづこへ』、一三一頁　昭和二二年五月一五日発行、一月一日再版、真光社

（14）「暗い青春」『選集』第四巻、九九頁

（15）「波子」『選集』第三巻、三二三頁

（16）同前　三一九頁

（17）同前　三二一頁

（18）「真珠」『選集』、三三二頁

（19）同前、三三八頁

（20）同前、三三九頁

〔附記〕これは、一九六四年一一月一五日、昭和三九年度全国大学国語国文学会・広島大学国語国文学会における報告に手を加えたものである。（一九六六・四・八改稿）

（広島大学近代文学研究会編『近代文学試論』創刊号（一九六六年）に「坂口安吾研究（二）―第二次大戦期の作品―」と題して発表したものを改題し、『坂口安吾研究Ⅱ』（冬樹社、一九七三年）に採録）

〔解説〕

幾田　伸司

一　文学教育を論じるまで

本章には、研究方法論一編、作家論三編が収められている。初出は一九六二（昭和三七）年から一九六八（昭和四三）年で、大学院生から助手として広島大学で過ごされた時期に執筆された論考である。

本章のタイトルにもあるように、浜本純逸といえば文学教育の論客という印象があるが、浜本が日本の文学教育を本格的に論じるようになるのは一九七〇年代になってからである。研究の出発点である修士論文は本居宣長を対象とする近世国語教育史研究であり、その後の主たる研究課題はロシア・ソビエトとの比較国語教育研究であった。もっとも学部生の頃から戦後文学には強い関心を寄せていたし、本居宣長の教育論もロシア・ソビエトの国語教育も、対象としたのは文学教育であった。文学に対する深い思い入れと、文学教育を歴史的・比較文化的に相対化して捉える視座は、研究を志した二十代の頃から醸成されてきたのである。その土壌の上に、浜本文学教育論は成立している。

浜本の文学教育についての論述は、二つの方向で展開されている。一つは、『戦後文学教育方法論史』に代表される、資料を丹念に読み解いて文学教育の実相を記述する文学教育史研究である。もう一つは、読者論を基礎に据えながら現代の文学教育のあり方を論じる、実践を志向する文学教育論である。論じられる範囲は目標論から教材論、授業方法論まで多岐にわたるが、先達が残した実践や理論に学びながら現代の問題を論じようとする態度は一貫しており、基本的な研究姿勢となっている。

二　文学教育史研究の方法論―「資料をして語らしめる」歴史記述の源流―

「古典理解の方法―本文批判・注釈・解釈―」（一九六二年）は、修士論文「近世国語教育史研究―本居宣長を中心に―」からの抄出である。論文の本体はすでに『本居宣長の国語教育―「もののあはれをしる」心を育てる―』として刊行されており、同書のはしがきではこの節を取り上げ、「現在でも読むに耐えるのではないだろうか(1)」と自賛している。宣長を鑑として取り出した歴史資料との向き合い方は、その後の史的考察に際して浜本自身が資料と向き合う姿勢に通じている。

「言《コトバ》をとおして、古代人の意《ココロ》や事《コト》を把握しようとする」ことを目指した宣長は、古典資料の注釈に際して何重にも慎重な手続きを取る。一つは、目の前にある本文を無批判に受け取るのではなく、徹底した用例参照を通して原文を確定していくことである。そして、用例や語種、語源、字義の変化などを検証し、過去の事実に基づいて語意を捉えようとする。厳密な検証に基づき、客観的な証左に即して意味を決定しようとするのが、宣長が古典資料に向き合う際の姿勢である。一方で、宣長は、文脈の中で読者自身が推定する意味も重視する。資料や注釈に頼るだけでなく、言葉が使用される中で生じる意味も積極的に読みとろうとするのである。

『戦後文学教育方法論史』の執筆について、「客観的な記述をめざす姿勢と時流に棹さして主体的に記述していこうとする姿勢との対立葛藤の間を動揺しつづけ」、結果的に「資料をして語らしめるという姿勢をとっている」という記述がある。(2)歴史資料は、同時代の文脈の中に「客観的に」位置づけるとともに、その意義を後の世代から俯瞰して「主体的に」意味づける必要もある。同時代の状況を厳密に再現しようとする姿勢と、現代的意味を積極的に読み込んでいこうとする姿勢の間での葛藤は、宣長が古典解釈でとった態度と重なっている。「資料をして語らしめる」浜本流の歴史記述の姿勢は、最初期の論考にも垣間見えている。

三　戦後作家に対する関心―文学の価値をめぐる思考の源流―

「坂口安吾研究―準備と形成―」（『広島大学教育学部紀要第二部』十二号、一九六三年）、「武田泰淳小論」（『凾』第十五号、一九六八年）、「安吾の第二次大戦期の作品―『波子』『古都』『真珠』を中心に―」（『坂口安吾研究Ⅱ』冬樹社、一九七三年。初出は『近代文学試論』創刊号、一九六六年）は、作家の初期作品に焦点を当て、文学が生まれ出るきっかけや文体の特性を論じた本格的な作家論である。坂口、武田以外にも、開高健、梅崎春生、椎名麟三らの戦後作家に浜本の関心は向けられていた。戦後作家をめぐる論考の多くは、『凾』（凾の会）、『近代文学研究』『近代文学試論』（ともに広島大学近代文学研究会）などの同人誌に発表され、それらのいくつかは『遠くを見る』などに採録されている。[3]

文学青年であった学生時代のことを、浜本自身は次のように述懐している。「五八年の暮れ、警職法を審議未了に葬り去った余勢が、勤評の強行されつつある空気の片隅に漂って、なんとなく未来が明るくなるかに感じられていた時、ぼくたちは連載された『日本三文オペラ』をつぎつぎとひったくるようにして読んでいったのであった。／（中略）『つめたい社会の犠牲者』アパッチたちが全勢力を傾けて演じる大阪の『西部劇』は、それでなくても陽光を求めていたぼくたちをいっそう『明るく』し、腹をかかえて笑わせたのである。[4]」この時の浜本青年は、自分たちを懐柔しようとする大人社会に反抗する荒々しいエネルギーに惹かれているように見える。戦後文学に対する関心は、終戦の混乱した情況の中で、抗い、自己を見つめ、再構築しようと苦闘した人々に共感したからではないだろうか。あるいは、社会とどう向き合い、何を成すべきかという問題意識がくすぶっていたのかもしれない。広島という場所では、戦争や戦争がもたらす死は避けられない課題でもあったのだろう。後に浜本は戦後文学について、「『自己』と『他者』とのつながりのない深淵を『死』とのかかわりにおいて覗き見、そのときの『怖れ・おののき』を作品において、思考し、対象化し、救いを模索しようとすることが戦後文学の内質であった」と述べる。戦後文学の主題は「生と死」「愛と孤独」「連帯と個人」「人間の自由」といった問題群に言い換えられる。(5) 戦後文学の担い手は、終戦による価値の倒壊を契機として、こうした問題群と格闘することで自分の文学を作り上げようとした人々であった。

たとえば、悟ることに挫折した坂口安吾は、茨の道である現実へ回帰することから文学を始めた。戦地で死を目の当たりにしてきた武田泰淳は、道徳すら働かない極限の「真空状態」における人間の有り様を考え、それを超え出ようとした。彼らは、確かなものなどない世界で人はどう変わるか、どう変わりうるかということに、文学のきっかけを求めようとしている。戦後文学を論じる際の浜本の関心が、文学を生み出す「作家」に向けられていたことは、人間に対する関心が根底にあったからのように思われる。それは、人を育てることをめざす教育という営みに通底している。そして、極限の情況の中でも変わりうる人間を描くことに文学の価値を見出せたことは、浜本が文学教育の意義を信じられた理由の一つでもあろう。

一方で、第四節の安吾作品の分析に典型的に見られるように、個々の表現に着目し、小説の言葉が作者の意図をどう表現しているか（あるいは、できないか）について論じる視座も、浜本の文学論の柱の一つである。小説の言葉が読者に何を伝えるか（伝えないか）という分析観点は、教材分析の方法論に連なるものである。

四　文学研究から文学教育研究へ

後に浜本は、文学研究と文学教育研究の違いを「文学研究が文学史の記述をめざして作家研究や作品研究に傾くのに対して、文学教育研究は読み手である子どもの成長と発達をめざして読者による文学享受の実態を解明していく」(6) と述べる。本章の論考は文学教育を論じる以前のものであり、浜本の関心はこの後書き手よりも読み手へと向かう。しかし、書き手の側に焦点を当て、何が書かれているか、書き手は何を書こうとしたか、それは作品の表現にどう実現されているかを考え、その価値を論じることは、すべて文学教育の可能性を考えることにつながっている。その意味で、本章の論考群はその後に展開した浜本文学教育論の礎石を成していると言えるだろう。

注

（1）浜本純逸『本居宣長の国語教育―「もののあはれをしる」心を育てる―』溪水社、二〇〇四年、ii頁
（2）浜本純逸『戦後文学教育方法論史』明治図書、一九七八年、四二五頁
（3）『遠くを見る―ことばと学び・四十年』（教育企画コヒガシ、二〇〇一年）に五編の論考が収められている。
（4）浜本純逸「てんでばらばらと連帯―『日本三文オペラ』（開高健）―」、『近代文学研究』第二号、一九六一年。後に『遠くを見る― ことばと学び・四十年』に採録。
（5）浜本純逸「戦後文学の軌跡」、『阃』第八号、一九六五年
（6）浜本純逸『文学を学ぶ・文学で学ぶ』東洋館出版社、一九九六年、まえがき

第二章　国語教育論の源流

第一節　ある対話（一九六六年）

Kくんは、広島市にある県立M高校の二年生である。次に記すのは、このKくんが、国語の学習記録の自由記録欄に書いたものと、それに対してわたしの考えを述べたものである。

○

僕の今までの高校生活を回顧してみると、一年のころは、クラブとそれによるけがと映画以外には何もなく、二年になってからは、映画と学校《ママ》や授業のさぼりと読書以外には何もありません。もっともそれほど沢山の本を読んできたのではありませんが。高校になってから勉強をやったような記憶がほとんどありません。一年の三学期ごろからはそれがはなはだしくなって、一日に勉強時間が0時間というのはざらで、一週間に二～三時間が普通になりました。もっともこれらの事は今になって自分が考えてみてもほんとにできないぐらいですから、先生や生徒のみなさんが信用して下さるかどうかはわかりませんが。

では僕がなぜこんなにも勉強しなかったかといえば、それは今の教育に疑問を感じていたからです。大学の予備校化した高校での教育は何か。先生方は勉強による人間形成、高校生活における人間形成を叫ばれますが、それはどんな人間をつくることか。生徒がお互いにだまし合い、人の言うことを信用せず、頭の大部分をしめているのは勉強のこと、試験のことである。

そのようなスケールの小さい人間を作るのが先生方のいわれる人間形成か。もちろん僕は生徒のすべてがそんなだというのではない。中には立派な人もいるのは認める。しかし、生徒の他の部分はそんなになっているのではないか。だから今の先生方のいわれる教育は誤っており、失敗であるから、他の教育を考える時期に来ているのではないか。日本で義務教育がはじまってから今日に至るまでの長い間に除々《ママ》に教育が曲がって来たのではないか。だからこれを隋性《ママ》でこのまま受けついでいくのは誤っていると思う。生徒の多くは青春の貴重な時間がこのような教育、大学の入学試験という絆を断てば何のためにしているのかわからないような勉強、日常の生活には役に立ちそうもない勉強によって浪費されるのを悲しんでいるはずである。生徒の多くは運動もしたいだろう、本も読みたいだろう、友人と遊びたいだろう……。もっともこう思ってきたのは僕だけだろうか。

しかし今ぼくはこうして今までの生活を回顧してみて自分にいや気がしてきた。まじめに勉強したくなった。なぜなら大学へ行きたくなったからであり、今勉強するのは青春の時間の浪費ではないような気がしてきたからであり、今の勉強に疑問を感じているのは僕だけではないということがわかったからです。……の大学の……の学部へ入って勉強して将来……のようなことをしたい。だからその大学へ入るために今は、勉強一本にしぼる。ごく当たり前のことです。また何かの役に立つのかといえば、それらを今、みつけるためにしているのであると答えよう。とにかくやってみなければどの答も出てこないのである。また今我々がこのような勉強をしなければならないというのは避けがたい運命である。だからそれを自覚をもって甘受し、よいことも悪いことも充分味わいつくし、外的な運命と共に、偶然ならぬ内的な運命を獲得することこそ、人間生活の肝要事である、と誰かが言った。

だから僕もそれにそって生きようと思う。

僕がなぜ試験[1]の前に時間がもったいないのにこんなに書いたか。誰かがこれを見たら、僕を笑うだろう、ばかにするだろう、しかし、ぼくがこんなに長く書いたのは、今まで二年近くも遊び癖がついたのでまじめにやろうと思っても、なかなかすぐにできないから、これを人に見てもらって決意を固めるためであり、先生の御意見、御指導を願ってのことです。

○

この論理的追求力に敬服します。これだけの文章を書ききる力があるのです。この力を大いに勉強に生かしてもらいたい。

きみが授業時間にどこか投げやりな姿勢をとっていたのは気になっていた。何とか勉強の方へ引き込んでやろうとして反撥されたことも二、三度あったことを覚えている。

しかし、これだけきみが書いてくれたのでそのような態度をきみがとった理由がよく分かった。勉強と試験だけに追われて、なぜ自分は勉強するのだろうと疑ってみたこともないような人よりは、長いブランクが生じたとはいえ、このように考えたことは、かえってきみの人生にはプラスになるだろう。

さて、勉強についてだが、ぼくは敢えて言えば、「『受験勉強』などという勉強はない、『勉強』があるだけだ。」と言いたい。韓愈や孔子流に言えば「聞道」(2)だけが勉強です。受験勉強そのものは、「小」であって「大」なることではない。わたしはそういうつもりで授業を進めてきた。それぞれの社会にあって、古人がどのように生き、昔の男性や女性がどのように考え、想ったか、それを学ぼうとしてきたのである。それを正確に知るために文法も、古語の暗記も必要なのです。

たとえば、きみが「除々に」「隋性」と書いているのは、「徐々に」「惰性」と書くべきところです。これも正しく書いてはじめて他人に通じます。これなどは学習しなければ身につかないものです。

勉強一般について言えば、それは一人の人間としてわれわれが社会に生きていくためにするのである。自然についてその真実を知り、社会についてそのしくみを知り、人間についてその本質を考える。そのための数学であり、社会であり、国語である。学習したものを土台にして、社会の中で社会をよりよくしながら自分をより幸福にしていく。そのための基礎を高校で学ぶのである。

人生には多くの乗り越えるべきことがある。それをどのように乗りきるか、避けて通るか、途中でやめるか、工夫と努力を重ねて乗りきるか、によってその人の成長や円熟に差が生じる。

入学試験もそのような試練の一つと考えれば、日ごろの勉強をする時に計画を着実になしとげていくこと、当面の課題に気持ちを集中すること、気分転換のための工夫（テレビを見るとか、星空や青空を見るとか）をすることなどを自分なりに考えて調整してやっていくのも試練に耐えるための人間的努力となるであろう。

入学試験の準備をすることは、ただちには、運動しない、本を読まない、友人と遊ばない、こととは直結しない。運動もし、本も読み、友人とも話を適度にしつつ勉強を進めていくのが人間の知恵である。それをどのように工夫するか、そこにその人の人間的成長への道がある。

最後に、このKくんの意見や、わたくしの意見に対して、さらに感ずるところや批判したい面があったら、次々とそれを書いていくとよい。わたしもさらに討論に参加したい。

○

この生徒はせい一ぱい考えて自分の方向を模索しているのである。その真剣さを認めてやりたいと思う。

もっとも、ここにはまだまだ問題がある。日ごろの勉強を入学試験のための勉強である、と決めてかかって「試験勉強が悪い」というジャーナリズムの常套語で反撥してそれでよしとする短絡思考。また「偶然ならぬ内的な運命」という分かりにくい言葉に陶酔する言葉主義。これらは国語科として、考え方、世界観をどのように教えるか、とつながっていくのであろう。
このように人生に真正面から対峙している生徒たちに、学習の意義を分からせることなく、点数で比較したり、相対的な順位で人格をまで規定して、「勉強せよ」「勉強せよ」と馬でも追うかのようにがなり立てる教師が多いことを、わたしは恐れる。そのような教師は、そうすることがよいと本気で思っているのである。
勉強の意義について生徒から問いかけられて、このような貧しいことしかわたしは答えられなかった。わたしの教育観をあらためて考えなおしてみようと思っている。

（一九六六、二、一）

注

（1）三学期の試験の始まる日の前日に、Ｋくんは、この記録を書いている。
（2）「論語」の一部を読み、韓愈の「師説」を学習した直後なので、それをふまえて説明をしている。

（広島大学教育学部国語科昭和三七年度生卒業記念文集『春蘭』一九六六年三月）

第二節　国語科教育の課題と新しい一つの方向（一九七一年）

現在、社会状況が流動的で、その変化に教育が対応しきれないもどかしさが説かれています。しかし、いろいろな変化に対応するには、一見、迂遠な方法のように見える根本的な検討をもってすべきではなかろうか、と私は考えています。

ここでは、国語科の根本的な課題を指摘し、そのあと、課題に応えるための方向の一つについて、やや具体的に考察してみたいと思います。

一　国語科における教育内容の現代化と主体的学習

私は、教育とは自然、社会および自分自身（つまり、自分を含めての環境）を支配しうる主体的な人間を育てることであると考えています。このように教育を考える立場から、国語科教育の課題として、四つの論点を申しあげます。

第一は、国語科の中で、「言語と人間」について、あらためて考えなおしたいということであります。

西ドイツの教育哲学者ボルノーは、その著『言語と教育』において、

「人間がどれほどまでに言語のなかに生き、また言語によって形成されるものであるか、また言語は人間の世界理解と自己実現にとって、どれほどの意味をもっているかがわかれば、教育学もまた、これらの歩みに十分な注意をむけなくてはならない。」（森田孝訳　一九六九・五・二五　川島書店　九ページ）

と言っています。

人間が、その本質において規定されている言語を教育学の研究課題とすることの急務をボルノーは指摘しているのであります。わたくしは、とりわけ国語科教育が言語をその正面に据えなければならないと思っています。

これまで、国語科教育は、母国語による日本人の育成ということを目指してきましたが、これからは、言語による人間の成長と発達を問題にすべきであります。私たちは、たまたま日本に生まれて日本語的世界に成長していくのでありますが、その過程においては、とくに日本語を学んでいるという意識は少なく、言葉を身につけていくのであります。子どもは、言語を学んで母親や兄弟に働きかけ、車を見ては「ブーブー」と言って外界と交渉を持つのであります。それは、日本語という言葉を使って対人間・対社会の交わりをもつのであると言えましょう。言葉の日本語的側面よりも言語的本質を身につけていくことによって、一人前の人間に育っていくのであります。

国語科教育では、日本語という側面よりも、「人類的な文化遺産としての言語」という側面を大事にしたいと思います。私たちは、言語によってものごとを記憶し、その記憶によって現在の生き方を選び、未来の生き方を想像し、現在を規定して生きていきます。あるいはまた、私たちは、言葉によって思考し、その思考をとおして創造的な営みをしています。存在しないものについて語りうる言語の力によって、未来にかかわり、創造的な活動をしているのであります。

人間を支え、規定している、このような言語を使いこなすことによって、人間は主体的な生き方を獲得していくのであります。

第二には、科学と教育との結合の仕方でありますが、近代化の理念と成果を組みこんで位置づけた現代化を考えたいと思います。

近代化が、直観・自然性および生活を強調したのに対して、現代化は論理・抽象性および科学の体系を強調しています。国語科のばあい、近代化は、自由作文と話し言葉を国語科の中に位置づけることでありました。

わが国における自由作文は、生活指導と結んで文章表現指導を行なう、生活綴方として独自の発展をしてきています。子どもたちに「ありのまま」の現実を書かせることによって現実認識を広げ、深めていき、その現実を生きぬき、やがては克服していく力を育ててきたのであります。子どもの感覚と子どもの生活を尊重し、伸ばす点において、近代化教育のすぐれた成果であります。この生活綴方の伝統と成果を現代教育にたしかに生かしていくべきであります。

研究の面から言いますと、主として記述言語を対象とする国文学・国語学から、言語生活そのものを対象とする国語科教育学の独立でありました。現代化にあたっては、「科学の成果を教える」という他教科の現代化の論理をストレートにとり入れるのではなく、国語科教育学の成果をふまえて内容を考えたいと思います。もっとも、国語科教育学が未熟で、現段階では、その要請に充分には応えられませんが、少なくとも論理としてはそうあるべきだと思います。

第三は、内容についてですが、それは言語生活の基本を教えるということであります。基本ということは、当然のこととして具体的な生活を基盤にした抽象化・論理化へと行きつきます。基本をおさえることによって、特殊なものや具体的な場面への応用力を育てるという現代化の論理にしたがって内容の精選を行うのであります。

ここで、野地潤家先生が切り拓かれた比較国語教育的な考察を試みますと、スプートニック・ショック以来のアメリカは、教育内容の改造運動の一環として約十年間を費やして、国語科教育のあるべき構造の探求を全国的な規模で行っていますが、ようやく結論を出す時期にさしかかった現在、読み・書き・話し・聞くの四領域に対して言語教育・文学教育・作文教育の三つの柱を立てる構造へ変わることに落ちつくようであります。

実は、これは形を見るかぎりは、大山鳴動して鼠一匹という結果に近く、この三本立ての構造は、フランスが二十世紀の初期から、ソビエトでは一九三一年から行っていたものでした。フランスでは「話し言葉の教育」を作文教育の中に位置づけて表現力の教育として扱っています。ソビエトでは、言語教育・文学教育・言語能力の育成という三分野で行っています。「言語能力の育成」において、作文教育と話すことの教育とを含みこんで表現能力の育成をはかっています。

話し言葉へ着目することが、国語科教育の近代化の一つの重点であったわけですから、話し言葉の教育を含みこむ現代化の構造を考えるとき、フランス・ソビエト式の国語教育の三分野の構造が一つの示唆を与えてくれていると思うのであります。

第四は、言語を使いこなせる主体的な人間を育てる方法についてであります。

言語教育では、日本語についての、文法・文章論・文体論・意味論などの研究成果を教えるということになるでしょう。文学教育では、文学の本質である想像力によるものの見方を、文学教育の方法に生かすのであります。文学的な文章を書くことなどが文学教育の方法として生かされるべきでしょう。従来の読むこと一辺倒の文学教育を検討してみる必要があります。たとえば「詩を書く」のは作文教育なのか文学教育なのか、従来の考え方だけではとらえきれなくなっています。あるいは、そういうAかBかという判定の仕方を超えた領域を構築する必要があるのかもしれません。

言語表現力の教育における作文教育面では、感覚重視、生活場面重視の生活綴方の成果を継承し、さらに発展させること、自分の意見をはっきりと文章で表現する論理的文章を書かせること、および想像力によって真実を見ぬき形象していく文学的文章を書かせることなどが考えられます。話し言葉の教育面では、対話によって新しい考え方に至る力、話しあいによって解決法を見つけだしていく民主主義的な人間としての能力を育てることが必要でしょう。

このようにして言語を使いこなせる人間を育てることが、ついには、言語をとおして世界を認識し、切り拓いていく、主体的な人間を育てることになるだろうと私は考えています。

二　「言葉について考える」教授＝学習

（1）

これからの国語教育の課題の一つとして、わたくしは、「言葉について考える」学習を正しく位置づける必要があると考えています。これまでの国語教育において、私たちは、日本語を媒体としての理解力（読むこと・聞くこと）と表現力（書くこと・話すこと）の育成を目標としてきました。私たちの日常使いなれている日本語を日本語としての側面から多く取り扱ってきたわけであります。その日本語のうちに働いている言語としての本質・法則などについて考えることを学習の対象としたことはありませんでした。

ここでは、この言語としての本質や法則について考えることを国語科教育の中に位置づけたいというわたくしの考えを申しあげてご批判をあおぎたいと思います。（中略）

（2）

（一九六〇年代大学紛争の頃―編者注）足をふみならし、机を叩く学生に対して、「それならば、きみたちの考えている人間の解放とは何なのだ。」と問いかえすと彼らの多くは答えられません。「大人は分っちゃいねえ」とは直観的に感じてはいますが、「何が分っちゃいねえ」のかは、掴めていないのであります。この「人間の解放とは何か」ということは、即座に返答できるような軽々しい問いではなく、ずいぶん重い問いなので、言葉のやりとりの場で問いつめる方が、そもそもは無理なのですが、問われた学生のうちの何人かは、「例えば、あの神田解放区に生きた人間のように」と、「例えば」というイメージで具象的に答えていました。

私は、この時、ああそうか、そういう答え方もあるか、と深くうなずいたのでありました。論理に対応するにイメージでもってする答え方のあざやかさに内心深く「あっ」と声をあげていました。言葉（論理）で捉え得ないものをイメージで具象的に表現しようとしている点が興味深かったわけであります。そして、そのあとしばらくして、この「例えば……のように」と表現する方法は、文学的思考法であると気づき、「例えば」思考の有効性をあらためて考えさせられました。

考えてみれば、人間や社会のことについては、一語で概念ふうに捉え得るものより、「例えば……のように」と文学的にしか語りえないものが多すぎるようにも思われます。

「愛とは」「死とは」などの重い問いは、まさにそういう種類の問いでありましょう。哲学者が愛について一行の言葉で定義するとき、文学者は『アンナ・カレーニナ』という一篇の小説でもって語っていくわけであります。とすると、「例えば」思考の方法は、混沌とした現実を把握するのに非常に有効な思考法であることになります。

現代は手さぐりで生きる時代とも言われ、まさに文学的認識の生きる時代とも考えられましょう。ここに未来を切り拓いていく思考方法としての文学的思考の意義がクローズアップされてくるわけでありますが、「例えば」思考は、言葉以前のものを「言葉化」する第一歩だとも考えられます。「例えば」思考で具象的に捉えたものを定義風に捉え直すとき、それは長い時間を要すると思われますが、一つの「言葉」が生まれてくるのでありましょう。

学生たちの思いつめたその果ての表現「例えば……のように」の思考法には、言葉の衰弱現象を救う道が示されているとも考えられます。このようにして人間は意味を失った言葉を一度現実に返して現実の世界から新しい意味の充実した言葉をすくいあげてくるのでありましょう。「対話不能」の現実を救う道は、言葉のこのようなありようを細かに見つめていくところにもあるように思われます。

(3)

これからの教育には、技術革新の波に乗ってコンピューターの導入が進んでいくでしょう。それとともに機械の読みとりやすい文字の作成、単語の意味の機械にかかりやすい範囲の決定、機械にかかりうる文型の設定など、言葉を機械にあわせようとする、いわゆる人間の機械への従属現象が強まるかもしれません。

このような事態の変化に国語科教育がどのように対応するかが、情報化社会に処していく国語科教育の一つの課題であるとは言えるでしょう。

梅棹忠夫氏は、次のように見通しを述べておられます。

　ややさきばしったいいかたになるかもしれないが、わたしは、たとえばコンピューターのプログラムのかきかたなどが、個人としてのもっとも基礎的な技能となる日が、意外に早く来るのではないかと考えている。すでにアメリカでは、初等教育においてコンピューター用の言語FORTRANをおしえることがはじまったようだ。社会が、いままでのように人間だけでなりたっているものではなくなって、人間と機械とが緊密にむすびあった体系という意味で、いわゆるマン・マシン・システムの展開へすすむことが必至であるとするならば、それも当然であろう。（梅棹忠夫著『知的生産の技術』一九六九・七・二一、岩波書店、一五〜一六ページ）

学校教育の内容としてコンピューター用の言語「FORTRAN」を採り入れるようになるだろうと言われています。こういう新しい言語を学校教育の中にどのように採り入れていくか、国語科との関係はどうなるのか、考えていきたい問題であります。（中略）

しかし、国語科教育では、単に未来の社会に適応していく人間の育成を目指すだけでなく、未来社会を人間的に造りかえていく人間の育成を目指すべきであります。

そこで考えておきたいことは、機能的に機械に適応しうる面だけが人間的なものでなく、言語の本質でもないということであります。

例えば、言葉は万能ではありません。

大岡昇平の小説『野火』に、逃亡兵の田村二等兵がフィリピンの女を殺す場が、次のように描かれています。

私は音を立てた。話し声がとまった。私は立ち上り、銃で扉を排して、彼らの前に出た。二人は並んで立ち、大きく見開かれた眼が、椰子油の灯を映していた。

「パイゲ・コ・ポスポロ（燐火をくれ）」と私はいった。

女は叫んだ。こういう叫び声を日本語は「悲鳴」と概称しているが、あまり正確ではない。それはおよそ「悲」などという人間的感情とは縁のない、獣の声であった。人類は立ち上って胸腔を自由に保たないならば、こういう声は出せないであろう。」（新潮文庫「野火」八五ページ）

日本語にはおきかえられない音声や表情があるということ（この場合、日本語に限らず、どの民族語においてもそうですが）、どんなにある表情を表現しようとしても正確には言葉で表現しきれないということがここに示されています。言語は人間の作ったもの、人工的なものであり、自然のもの・こととは必ずしも対応しないということであります。

言葉は必ずしも表現において万能ではなく、必ずしも真実を表現しないということを認識する謙虚さが人間には必要であります。しかもまた、このような声を「悲鳴」というような言葉によってしか伝えられないという対象把握に際しての宿命があります。謙虚さの上に立って、できるだけ正確に対象を言葉化しようとする、言葉との格闘が求められるゆえんであります。

このことをコンピューターとの関係で申しますと、人間や自然の真実の中には必ずしも記号化しえないものがあるということであり、そのことを認識するかどうかということが、コンピューターを使う人間の誠実さを左右するであありましょう。

コンピューターに対する場合に限ったことではなく、あらゆる人間生活において、言葉の限界の自覚は言葉への過信をいましめる有意義な役割を果たすと思います。

（4）

言葉はものやことと必ずしも対応しませんが、それが成り立った時に、私たちはうまく言いえたという喜びと満足感とを味わうわけであります。言葉とものとをぴったりと対応させるものが経験であると森有正氏は言われています。（中略：編者注　森有正対話集『言葉　事物　経験』晶文社、一二九～一三〇ページの引用）ものは、経験をとおして定義されると言われるのであります。美とか正義とか伝統という言葉も経験をとおして実現してくると言われるのであります。言葉は経験をとおして、人びとの身につくのであり、人びとは美や伝統に経験をとおして参加する形で、それぞれの国民として形成されていくのであります。つまり、人間は、言葉を身につけることをとおして、真に人間としての経験をたしかにしていきます。

このような言葉の性質を認識することによって、私たちの生きる意味、経験の意味はより確かに捉えられ、体験をより十全な経験として生きていくことができます。

以上、言葉の衰弱、言葉の力の回復、記号の及びえないものの存在、経験という言葉ということについて述べてまいりましたが、「言葉について考える」ということは、例えばこのようなことについて考えることを教室の中に持ちこみたいということであります。

(5)

「言葉について考える」教材を小学校三・四年から年に二単元ずつくらい提出していきたいと私は考えています。

実は、このことは新しい突飛な考えではなく、これまでの教科書にも説明的文章の教材の中に、自然や社会について説明した文章とならんで「言葉について」説明した文章が提出されていました。私は、この種の教材を「言葉について考える」教授＝学習の視点から捉えなおし、系統的に精選し配列することによって出発していけると思っています。

小学校では次のような教材があります。

T社　（昭和四十三年版）

五年上　説明文を読む　　五年下　文字の話

記号　　（一）文字の動き

（二）わたしたちの文字

六年上　国語の中のいろいろなことば

（一）漢語　（二）外来語　（三）敬語

G社　（昭和四十三年版）

三年下　あいずとしるし

四年下　わたしの研究

土地の名まえ

からだとことば

たとえばG社の三年下「あいずとしるし」は「だいじなことをただしく読みとろう」という学習目標に示されて

いるように、説明的文章を読解する教材として出されています。しかし、社会科学的なものや自然科学的なものでなく、他ならぬこの言語についての文章を教材に選んでいるところに、編集者の意のあるところを汲みたいと思います。

この教材は「言葉を使うかわりに、あいずやしるしを使って、いろいろなことを知らせることもできます。」ということを説明した文章であります。つぎのような「てびき」がついています。

つぎのあいずやしるしを、ことばになおしてみましょう。

●学校のチャイム

（れい）学校が始まりますよ。

●げんかんのブザー。

●しょうぼう自動車のサイレン。

●灯台の光。

「あいず」と「あいずの意味するもの」との関係を考えさせることは大切なことであります。このような問いの出し方を小学校では大事にしたいと考えています。

中学校では、次のような教材があります。

N社　昭和四十一年版

一年　○ことばと生活

ことばと働き　永野　賢

二年　○かなとかな文字

○共通語

三年　○生活と国語
　　ことばの行きちがい　　　永野　賢
　　正論と曲論
　○これからの国語
　　日本語の特色　　　金田一春彦
　　国語国字問題　　　マツサカ　タダノリ

M社
一年　要点をつかむ
　（一）ことばの世界　　　沢田　允茂
　（二）人間のなやみとあやまち　　　吉野源三郎
二年　ことばを生かして
　（一）心に残ることば　　　石森　延男
三年　効果的な説明
　（一）ことばの文化　　　西尾　実
　（二）「記録」の文化史　　　加藤　秀俊

M社一年の『ことばの世界』（沢田允茂）は、言葉と思考の関係、言葉の記号性、言葉の抽象力による抽象的世界（不可視の精神世界）の認識可能性などについて述べています。このようなことについてじっくりと考えさせたいと、私は考えています。

言葉の機能・役割・意味などについて考えることによって、自分の内側にべったりとくっついている言語を、自分から引きはなして対象化して眺めることをし、そのことによって、毎日の言語生活を意識的に向上させる人間を育てたいと願うのであります。これまで、この種の文章は、説明文という読解力を育てる材料として扱われてきましたが、これを教師と子どもたちが「言葉について考えあう」ための資料にしていきたいと考えるのであります。

(6)

一九六八年度に、広島大学附属高校では新入生全員に、藤原与一著『ことばの生活のために』（講談社）を読ませたそうであります。（広瀬節夫「課題読書による読書指導」一九六八・八　広島大学国語教育学会の報告による。）

その感想文を書かせたところ、ある生徒がA表現生活について、B読書生活について、C国語の重要性について、の三つの項目で感想を書いたそうですが、いまその「C国語の重要性について」の一部を引用してみます。

私たちの国語が、私たちの目を世界に開かせる手段であろうとは、この書を読むまでは、まったく自覚していなかったのである。……（中略）……

ところが、この書を読んでいくうち、国語の重要性を認識せざるをえなくなった。そして、最後の単元の「目を世界に開こう」を読み終えて、ついに国語の使命がわかったのである。

私なりに使命を考えてみたのだが、他の人も余り変わりないものを考えつくにちがいない。私たちは、日本語を軽視してはならぬ。日本語を大切に、慎重に、場に合わせて用いるよう常に考えておく必要がある。そうすることは、私たちが「考えて実行する」ようになる条件であるからだ。各人が日頃「考えて実行する」ことを念頭において生活することは、すなわち、日本の国民性を高めることになる。ひいては、日本の世界に果たす役割を一層高めることになる。……（中略）……

私は、ちょうどよい時分にこの書を読んだ。ことばの生活のためにくふうを重ねて、日本語を美しく用いたい。そうする人が増すことによって、日常生活に習慣化されよう。

この生徒は日本語を対象化して見得るようになり、それまで無意識的に使っていたものを意識化しているのです。それまで自分にべったりくっついていた言語を一度引き離して客体化することによって、日本語をあらためて所有したのです。そして、このように言語について自覚化したことを「私は、ちょうどよい時分にこの書を読んだ。」と言っています。

このような自覚をうながす教授＝学習を、小学校の中学年ころから、発達課題に即して系統的に行いたいと、私は考えています。

(7)

「言語について考え」させるために、私たちは、発達心理学・大脳生理学・文化人類学・論理学・言語哲学などの、言語についてのあらゆる研究や考察を踏まえて教材を作りあげていく必要があります。

その具体的な中学校の教材構造として、私は次のようなものを仮りに考えています。

一年	ことばと人間生活	一年　記憶とことば	一年　感覚の表現
二年	ことばと文学	二年　想像とことば	二年　抽象的思考（記号）
三年	ことばと科学	三年　創造とことば	三年　象徴活動（芸術・宗教）

言葉について考える習慣や能力が育っていれば、自然に自己の言語活動に意識的になると思います。そこから言葉に振りまわされない、言葉を自由に使いこなして自己を確立していく人間が育つのではないでしょうか。

⑻

このようなことを考えてまいりますと、当然のことですが、その考えの一つひとつについてすぐ疑念が起こってきます。その疑念をいま、私は、次のような問いとして、残しておきたいと思っています。

まず、第一に考えなければならないことは、「言葉について考える」教授＝学習は、国語科において行う価値があるか、ということへの絶えざる反省と追求であります。

第二は、「言葉について考える」教授＝学習を国語科の構造の中にどのように位置づけるか、という問いであります。説明文の読解との関係、「ことばのきまり」の教授＝学習との関係などをさらに考えつめなければなりません。

第三は、教材の発見と創造であります。それはまた系統化の探求をもあわせて考えることを要請しています。

第四は、教授＝学習の方法の開拓であります。単に「言葉についての知識」を得るものにしないで、「考える」ものにするには、どのような方法をとればいいのかという問いであります。

第五は、国語科教師の視野の拡大であります。「日本語」という視野から「言語」という視野へと拡大していくにはどうすればいいか、という問いであります。私は、国語科の教育を単に日本語の教育に限定しないで人間の言語を教えることによって言語生活の向上に努めるのが国語教師の仕事であると考えています。

この考えは、まだ熟しておりません。例は必ずしも適切でない場合もあったかと思います。ご批判をお願いいたします。

（福岡教育大学国語国文学会『福岡教育大学国語国文学会誌』第十四巻、一九七一年一二月）

第三節　「国語通信」「こくご通信」について

──戦後国語教育史におけるその位置──（一九七三年）

一

それまで、子どもたちの個性を無視して教えこむことに忠実であった多くの教師たちは、敗戦というショックに呆然として、しばらくは方向を見失っていた。学校は焼かれてしまい、教えるための建物すらなかった状況にもかかわらず、一九四七年四月からは義務教育の延長として三年制の中学校が設置されることになった。同年一二月に『学習指導要領国語科編（試案）』が発表され、「四八年二月、この指導要領の趣旨徹底をはかるため、文部省主催の第三回新教育研究協議会が実地授業を含めて、全国を八地区に分け、教師・視学に伝達する目的で開かれ、新教育への全面的な切り換えを上からの立場から要求し、単元についてもいくらか伝えられたのだが、その五月二七日から六月三〇日まで、全国を七地区に分けて実施された全国教育指導者養成協議会によって、単元学習は全国に知らされていった」（高橋和夫「戦後国語教育史（三）」『教育科学・国語教育15』一九六〇・五・一　明治図書　一一九ページ）のである。敗戦ショックのほとぼりがさめていくにしたがって、新教育の理念もしだいに理解され、衣・食・住の極端な貧困にもかかわらず、むしろそれ故に教師たちは子どもたちの未来に望みを託して、希望のみを支えに新しい国語教育をめざして実践をはじめたのであった。

ここでとりあげる『国語通信』は、このような全国的な気運を背景に一九四八年一〇月一日に一号が発行されている。新しい制度によって生まれた中学生に対する国語教育を切り開いて行こうとして発行された読み物と投稿の雑誌である。編集者は、真川淳、清水文雄、松永信一、若林博であり、発行所は、広島教育図書刊行会（広島県佐伯郡廿日市町西新町）であった。

この雑誌が順調に発展して行き、多くの人々から喜びをもって迎えられたので、かねて計画されていた、小学校上級生（四年生以上）を対象とした『こくご通信』が一九四九年五月一日より同編集陣、同刊行会によって発行された。『国語通信』は三一・三二合併号（一九五〇年二月）を以て終刊となり、『こくご通信』は一七・一八合併号（一九五〇年二月）を以て終刊になっている。ともに、たて二〇・一センチ、よこ一八・九センチの大きさで、各号一二ページの小さな新聞に似た雑誌である。

二

発行の趣旨を『国語通信　指導のしおり　一号』（一九四八・一〇・一）において、編集代表者・真川淳氏はつぎのように述べている。

新教育の実践に当って、現在痛切なる動揺と混迷とを感じている者の筆頭として、おそらく国語教育者があげうるであらう《ママ》。戦前から戦中にかけては国民精神の涵養に専念し、戦後の切換えには児童心理に立脚しての文芸美を以て当面の教育目標とし、更に極く最近には言語道具観の抬頭によって、いたく逡巡しているのが多くの国語教師の現実の姿といってよかろう。文部省編修の指導要領の意図するところも幾変転の後、漸く一応のまとまりをほの見せているといった恰好であってみれば、国語教師たるものおのずから不安を感ぜざるを得まい。しかし動揺と混迷の中にも、これを貫く一道のあることを確信する。それを支えるものは伸びつつあるところの若き生命の躍動に外ならない。そこには枯渇せる形式主義は必要としない。みずみずしい生命の泉の中に、若人を存分に沐浴させ活動せしめることだ。しかも自発性の根源力は滋味《ママ》な基礎学習にまつところが大きい。こゝに着眼して、わが『国語通信』は編まれたのである。
『国語通信』の内容と構成を知るために一号の目次を掲げるとつぎのようである。

海辺の少年　南蛮寺萬造
―小品文―
ひよこ二題　赤井道子（三重・上野市崇広中一年）
旅の思い出　和手嘉子（広島・比婆・山内東中一年）
三日月　才塚定雄（広師附中一年）
　自由詩
母の顔　上里田翠（尾道市長江中一年）
ひまわり　吉原初美（同校二年）
私の楽しい時間　藤谷周治（比婆・山内東中一年）
もくせい　為藤真美子（同校一年）
物さし　楢崎和子（同校一年）
　読書室―良書紹介―
『ビルマの竪琴』　竹山道雄
『アルプスの山の娘』　ヨハン・スピリ作　永田義直訳
―読後感―
風の中の子供　岩城隆行（東京・学習院中二年）
　研究室

人生と死　勝間憲子（広島・双三・十日市中三年）
歩き方と心持　宇都丹美子（広師附中二年）
　娯楽室
句読点　（薄田泣菫『茶話』より）
掲示板　（編集後記・原稿募集）

この雑誌は、三つの部に大きく分けて編集されている。第一部は、巻頭の読み物であり、第二部は、児童作品の欄で、詩と作文が中心になっている。第三部は研究室、娯楽室、読書室であり、楽しみながら国語の勉強をするための資料を掲載している。

三

各号の巻頭読物欄は、「珠玉の文学作品（童話、戯曲等）を捧げることによってヒューマニスティックな文芸的教養を志し」（『国語通信　指導のしおり』十一・十二合併号）て、当時のすぐれた作家の作品を載せている。戦後の児童文学界では、四六年四月に『赤とんぼ』『子どもの広場』が創刊され、一〇月には『銀河』、四八年一月には『少年少女』が創刊され、文芸復興のような華やかさを示していた。子どもたちに夢を与え、ヒューマニズムの感覚を育てようと念願していたのである。この中央での文化国家を築く子どもを育てようとする動きに呼応するかの如くに、原爆によって灰に帰した地方都市・広島で、文学への道を開こうとしていたのである。

『国語通信』の巻頭読み物はつぎのとおりであった。

号　作品　作者　年　月　日

1 海辺の少年 南蛮寺萬造 48・10・1
2 六羽の白鳥 グリム兄弟作 中井文彦訳 〃・10・15
3 親 心 福島政雄 〃・11・1
4 安芸の海 小山東一 〃・11・15
5 ある日の健三 斎藤清衛 〃・12・1
6 ガマと古本 磯部忠雄 〃・12・15
7 記念碑 坪田譲治 49・1・1
8 晴 着 真川 淳 〃・1・15
9 散文詩 ツルゲーネフ 〃・2・1
10 長い松林 小田嶽夫 〃・2・15
11 たまご（戯曲） 斎田 喬 〃・3・1
12 うわさ 磯部忠雄 〃・3・15
13 バスのある広場 中井正文 〃・5・5
14 ことばの話しあれこれ 藤原与一 〃・5・20
15 友だち 小山東一 〃・6・1
16 青蛙神（中国童話） 渡辺末吉 〃・6・20
17 良善の門 南蛮寺萬造 〃・7・5
18 お告げ ヴィデンブルック 芦田弘夫 〃・7・20
19 少年時代の読書 〃・8・5

なつかしい童話時代　福島政雄
「岩窟王」の思い出　小山東一
読書の思い出　中井文彦
20　ミルテ姫物語　クレメンス・ブレンターノ　羽白幸雄訳編　〃・8・20
21　聖フランシスコ・ザビエル　H・チースリック　〃・9・5
　　ミルテ姫物語（二）　クレメンス・ブレンターノ　羽白幸雄訳編　〃・9・5
22　聖フランシスコ・ザビエル（二）　H・チースリック　〃・9・20
23　やせ蛙・ひき蛙　南蛮寺萬造　〃・10・5
24　南極探険（一）　中井文彦　〃・10・20
25　〃（二）　〃　〃・11・5
26　〃（三）　〃　〃・11・20
27　〃（四）　〃　〃・12・5
28　サンタクロースのお話　H・チースリック　〃・12・20
29・30　雪・正月・こども　酒井朝彦　50・1・5、20
31・32　アムス・ゼンパアが不思議な国に来た話　オットー・エルンスト　芦田弘夫訳　50・2・5、20

つぎに『こくご通信』の巻頭読み物を掲げる。

1　小鳥の国（一幕）　南蛮寺萬造　49・5・1
2　ハウフ童話　ヒルシュグルデンの話（一）　磯部忠正訳　〃・5・15

3　〃　(二)　〃　〃・6・5
4　〃　(三)　〃　〃・6・20
5　〃　(四)　〃　〃・7・5
6　3号に同じ
7　おとなしいハンス　フラーバン　芦田弘夫訳　〃・9・5
8　海の英雄（探険物語）　南蛮寺萬造　〃・9・20
9　〃（〃）(二)　〃　〃・10・5
10　トラといねむり和尚　坪田譲治　〃・10・20
11　鼻ききの麦太郎　磯部忠雄　〃・11・5
12　東海寺の鶏　南蛮寺萬造　〃・11・20
13　大きな栗の木と小さな栗の木　南蛮寺萬造　〃・12・5
14　なら梨取りの冒険　磯部忠雄　〃・12・20
15　林　檎　小山東一　50・1・5、20
　　蛙の王子（童話劇）　安村秋醒　〃
16　母を待つ曲（〃）　〃　50・2・5、20

童話・戯曲・随想と多様なジャンルの作品に接しさせようとしており、日本の昔話、ドイツの伝説・童話、ロシアの作品、クリスマスの話、ザビエルの伝記等と広く世界的な視野で作品を選んでいる。また、南蛮寺萬造（高藤武馬）、グリム、斎藤清衛、坪田譲治、ツルゲーネフ、藤原与一、酒井朝彦など、当時一流の執筆陣を迎えており、中央誌とのへだたりを感じさせない。ここに敗戦後の広島にあって、文化国家としての日本をめざそうとする編集者たちの理想を見ることができる。苦しい生き方を強いられている現実の子どもたちに高い文化的な香気に触れさせようとする啓蒙的な姿勢をうかがうことができる。

一方、読者である子どもたちは、編集者の意図を吸いとるように汲んでいったようである。

「○文章が美しく面白く感じた。なんとなく気持《ママ》がはれぐ〵する。（甲陽学院中一年・浜尾君より）
○私は京城から引きあげてきて、ずっと『国語通信』とおなじみです。いつも来るたびに何回も何回もくり返しよみます。（三次中・三村尚子さんより）」（『国語通信　10』）という声が「読者だより」に見える。

小丸芳君（広島県高田郡誠和中学横田分校二年）は、一八号の『お告げ』（ヴィルデンブルッフ）について、

　いろいろな事が起っている間にダニエル老教授が来て少年とお話しする所は、何か私の心も同情しないではいられない位でした。
『遊動木の端まで渡れたら、神様のお告げで、お母さんはもう一度よくなるんだ。』と少年は、思いましたが、なぜ、こんなことを、神様のお告げだと思ったのでしょうか。母重態の電報が来てダニエル教授と少年が帰って行きます。『お出で、これからお家へ帰るんだから、お母さんの所へ。』と云われた時、少年の顔に喜びの光が浮んだ、それは母の元への唯一の望が、あったからでしょう。しかし喜びはやがて、家へついた時果して、どう変っているでしょうか。云われた時のその喜び、それは少年が少年の日に味わった最後の喜びだったと思います。この物語は私には印象的な物語でした。（『国語通信　21』）

という読後感を寄せている。

小丸芳君は二四号に「『国語通信』創刊一周年を迎えて」を送り、『国語通信』を待ち遠しく読み、とくに巻頭読物に心をおどらせている姿を報告している。

　こちらでは稲こぎが始まろうという十月の、よく晴れた日、友達が「『国語通信』をもらって来ましたよ」といっ

て渡してくれたのが、第一号でした。

あの時のうれしさ！思い出しても嬉しくなる程でした。今も尚『国語通信』を先生から頂く度にその嬉しさを十分に味わう事が出来るのです。それから私は机についたまま、初めから読み始めました。一通りよんで、その時は大切にしておきましたが、夜、私の仕事がすんでしまうと、やっぱり昼間の、面白さが忘れられず、暗い電灯の下で何べんも〱くり返して読みました。特に南蛮寺先生の『海辺の少年』はもう今までに幾度読んだ事でしょう。二十二号に至る現在でも私はあの『海辺の少年』の物語が一番好きなのです。そして『国語通信』を出す度に一度は必ず読みます。その夜、私は表紙をこしらえたり、それをとじつけたり、今からもらっても、ちゃんと、一冊にまとめる事が出来るようにして置いて、眠ったのでした。

それから現在まで一部もかかさずにとじ、今はもう立派な一冊の本として私の本立に入れられてあります。私の一番好きな読物は、『海辺の少年』『晴れ着』です。今からもこのような物を、どんどん書いて下さい。」

戦後の図書・雑誌などの少なかった時代にあって、しかも田舎に住んでいた少年が『国語通信』をとおして、質の高い文学に接して人間的に高められているようすがよくわかる。『国語通信』はこのようにしてひとりひとりの子どもの内面において受けとめられていた。子どもたちに人間への関心を高め、文化・文学への理解を深めることに大きな役割を果たしていたのである。

四

第二部の作品欄には子どもたちの創作・詩・作文などが掲載されている。この欄の選は清水文雄先生が担当されている。ただし、詩は、一三号より宮崎丈二氏の選に変わっている。

清水文雄先生は、「生徒の表現活動は本来自由濶達なものであり、その表現形式も小品文・童話・戯曲・日記・

自由詩等、種々様々のものが自由に選ばれていい筈である。若々しい生命はたえず外に向って溢れ出ようとし、それも固定した一つの形式によることを喜ばない。それでこの欄には将来あらゆる表現形式による生徒の作品があらわれてくるように希望する。」（『国語通信　指導のしおり1』）と作品募集の意義と期待を述べておられる。

ついで、「書く」表現生活がおろそかにされていることを激しく批判し、子どもの「内なる」ものへの絶対の信頼をもって表現を指導すべきであると、つぎのように情熱をこめて書いておられる。

　文字による表現、即ち書くことがおろそかにされ出して、相当長い時が経ちました。それは卒直《ママ》に認めてよい事実のようです。戦時中子供達の表現生活にまではめ込まれた乱暴な規格は、著しく彼等の自由な表現活動を阻害しましたし、戦後の思想の混乱は子供の生活を荒らし、感覚と情緒の世界を随分粗雑なものにしました。これはかつて見られなかったほどの我々の大人のおかした一つの罪悪です。戦争そのものよりも、それから導かれた子供の世界の荒廃に対しては、我々は日夜猛省しなくてはならぬものがあると思います。書くこと自体が、思想と感情の反省・整序を経なければならぬ以上、子供の世界が、まだそれの出来る落ちつきをとりもどし得ていないことにも原因はあるでしょうが、またその指導に当る大人の方の教育観の変動乃至混乱にも因由していると思われます。

　とはいっても、子供は意外に健康な野性をもっています。俗悪陰惨な大人の世界を軽蔑し見離し、彼等の内に息づく生命の自由奔放な発動が瑞々しい光芒をもって、むしろ大人の眼を眩惑することがあります。それは大人にとって驚きと喜びであると共に慚愧であります。私はこの子供の内に自らにして発動する神性のようなものに絶対の信頼をもちます。そしてそこにあらわれる、あらゆる可能性をはらむ芽を、大事にしてゆきたいと思います。しかもその芽は眼前の事象に顛倒し錯乱した大人の眼には、えて見のがされがちであることも事実です。その点からいっても、子供に書かせることは、子供自身の内生活の反省となると共に、指導する大人の方の反省の機が与えられることにもなると思います。（『国語通信　指導のしおり　9・10』一九四九・一二・一、一五）

とくに詩の指導については、「子供独特の世界」を大切にすることを呼びかけておられる。

大人には大人の世界があり、子供にはまた子供独特の世界がある。そして子供の時代に美しく豊かな子供の世界をもっていた者が、はじめて美しく豊かな大人の世界をひらいてゆくことが出来る。子供が子供の生活の中から詩をみつけてゆくことは、やがて大人となって美しく豊かな生活をうち立て、ゆくことに役立つのである。子供の自由詩の指導に当って、まずわれわれはこの分りきったことをはっきりと心においておきたい。

子供があらゆる美と神秘と真実への心のおどろきを彼等の言葉で歌いあげるとき、そこに子供の自由詩が生れる。いたずらに大人の体得した『詩味』を子供におしつけて、彼等の溌剌たる創造活動を阻止したり歪曲したりしてはならない。そのかわり同じ年配の子供のつくったすぐれた自由詩をくり返しよませるのがよい。そうすれば、子供はすぐそれに共鳴して、なあんだこれが詩か、これなら自分にだって作れると簡単に自分の生活の中から詩を見出してゆくだろう。今月とった四篇の詩もその心持でよませて頂けばよい。

（『国語通信　指導のしおり3』四八・一一・一）

清水文雄先生は、選評において、

「年少者の詩作には、田場めぐみさんの詩に見えるような、とぎすまされた感覚で事象を正確鋭敏にとらえる、あのような行き方がのぞましい。殊に少女には、早くも或る気分に陶酔して了ってぴちぴちした感覚が影をひそめてしまうことがありがちであるから、指導に当っては注意を要する。」（『国語通信　指導のしおり4』四八・一二・一五）と述べられ、また、

「自由詩は生徒の感覚をみがく立場から最も適当なものと思われます。長い散文には到るところに破綻を見せる

者でも、短い自由詩では瞬間的な感覚の鋭角をピカッと見せて佳作を物する場合が往々あります。大人から規格を与へないで、見たり聞いたり感じたりしたことを自由に表現させる、そのための環境と条件を先生方の方で作ってやって頂けばそれでよいのだと思います。詩の題材は固定したものであってはいけない。生徒の感覚がたえずとぎすまされて、感覚の地肌が常に対象に向ってひらかれてあれば、到るところに彼らは素材をみつけ出すことができましょう。その意味から本号にとった『工場見学』や『おいも』や『停電』などは、こんな所にも詩があるかと、よむものに感じさせるところに、詩を見出していると思います。」（『国語通信　指導のしおり6』四八・一二・五）と述べておられる。

清水文雄先生の当時の児童詩指導の目的観は、「自由詩は、子供の感覚をみがき、観察の態度をつくる上に有益だと思う」（『同前、9・10』）に端的に述べられている。

このような広く自由な立場から募集された詩の中に大江健三郎の詩があるので、そのすべて三篇を紹介しておく。

雨だれ　大江健三郎　（愛媛・喜多・大瀬中二年）
雨だれに景色がうつっている。
小さな小さな景色だ。
校舎も小さくうつっている。
生徒も小さくうつっている。
そして小さく動いている。
雨だれの中に
小さな世界があるようだ。
（『国語通信　9』）

幸福　大江　健《ママ》　（愛媛・喜多・大瀬中二年）

土ぼこりのひどい道を
まずしそうな夫婦が
黙黙と歩いている。
復員服の男。
子供をおぶった女。
ふと女がたちどまった。
大きな息をはいて
髪のほつれをかきあげた。
男もつとたちどまって
子供をのぞきこんで
にこっとほほえんだ。
夫婦は又黙黙と歩き出した。
私はこの後姿に
ほのぼのとした幸福を感じた。

（『国語通信13』）

濁流　大江健三郎　（愛媛・喜多・大瀬中三年）

うずまけ濁流
ほえろ濁流

田畑をのめ
材木をおし流せ
百姓どもの不安そうな目も
材木業者のなげきのひとみも
さかまく濁流よ　一のみにしろ
そしてごうごうとがいかをあげよ
そこには
生活の不安もない
死への恐怖もない
ただ男性的なはげしい
生きることのよろこびがあるばかりだ。

（『国語通信20』）

大江健三郎らしい、鋭い感覚、やさしさ、生命感を求める心のあらわれた詩である。大瀬中学からは、他の子どもたちも数多く投稿しており、熱心な指導者がいたことが推量される。のちに大江は、詩のことに直接ふれてではないが、「戦後、新制中学、新制高校をつうじてデモクラシー教育をうけた。しかもそれを農村でうけた、それが自己形成の上で重い意味をもっているのを感じる。」（『新鋭文学叢書12　大江健三郎集』一九六〇・六・一五　筑摩書房刊　年譜）と述べている。大江の文学的な心を育む場として、中学校、『国語通信』があったことを想像することもあながち的はずれにはなるまい。

作文においては、「ともかく、書きましょう。おっくうがらずにね。『りっぱなものを…』なんて教えずに、思うことをどんどんそのまま書いていきましょう。」（『国語通信　29・30』一九五〇・一・五、二〇）と松永信一氏が書いておられるような考え方で募集されたのであるが、小学生の投稿作品の中に、ある時、八月六日の体験を書いた作品がまじっていた。その作品を読んだ時の感動を選者はつぎのように記している。

　この作品には、文題がついていませんでしたので、編集者の方でかりに『八月六日』とつけました。ちょうど八月六日の朝八時頃、皆さんの作品を読んでみようと思って、数多い作品の中から、なにげなくこの無題の一篇をとり出して読んでみますと、四年前の八月六日のあの一瞬からの、いたましい体験を書き綴っているので、そのふしぎな一致に、強く感じさせられました。まだ充分練りかえされていないところがありますが、同じ原爆を体験している私にとってそんなことは問題ではなく、ただ涙と共に読んだのです。私も、あの当時、死体といっしょにね、毎日目の前で三人、四人と死んで行くのを見ていますのでこの作品の短い描写だけで、充分わかるのですが、他の人はどうでしょうか。

　こ《ママ》のような、忘れようとして忘れられないほどの強い体験は、思い出すままに書き綴っても、りっぱな作品になります。この作品も、まだまだ深く細かく思い出して書きなおしたら、もっとりっぱなものになるでしょう。（『こくご通信　7』一九四九・九・五）

その作品は、被爆直後の逃げる時の様子や母を看病した時の様子を原稿用紙約九枚に克明に書いたものである。一部分をつぎに引用しておく。

　　八月六日　高田勝子

（広島県芦品郡近田小学校六年）

……前略……

私はシミーズ一枚はだしでにげました。妹はシャツパンツでにげました。にげるとちゅうふと気がついて、お母さまからいつもお母さまとはなれた時には、妹とわかれないように手をにぎり、ぬれ手ぬぐいを口におそってにげるように教えていただいていたことを思い出して、にげるとちゅうで、私のシミーズをひきやぶって、二人で口をおそってにげました。

妹と私は、けいぼうだんに助けられ畑におりましたら、お母さまが、けいぼうだんにおわれて、私のところへ来ました。その時のうれしかったこと。妹・私・お母さま三人手をにぎって泣きました。お母さまを見れば、右の目はげんし《ママ》に取られ、顔はガラスできずだらけになり、前のお母さまの顔はどこへいったやら、かげかたちなく、これがお母さまかとうたがわれるほど変り、ほんとに気の毒なお母さまになりました。…後略…（『同前　7』）

この年はまだ、原水禁運動ははじめられておらず、広島市民は「あきらめ」るために、平和祭を行なっていた時期である。被爆の実状に触れることは禁じられていた。

そのような時代状況にもかかわらず、純真な子どもが、体験したありのままを書いて作文として投稿し、編者はそれに感動したのであった。

『こくご通信　8』には、永井隆編『原子雲の下に生きて』という子どもたちの被爆体験文集が紹介されている。『こくご通信　13』からは、被爆体験記録が掲載されていくが、その趣旨を語る中で、編集者は、世界平和のために『広島原爆記念文集』を、広島大学東雲分校教育研究所の国語研究室が中心となってつくることになったと報告している。『こんど広島大学東雲分校教育研究所の国語研究室が中心となって、あの世界人類が永久に忘れることの出来ない、八月六日の思い出を、皆さんのいつわりない心から、ありのままにうつしていただき、それを世界平和の一等大事な、一等たしかないしずえにしたいと思い、『広島原爆記念文集』をつくることになりました。すでに広島市内の各学校の先生方のお骨おりによって、日日皆さんの真心の記録がたくさんあつまってきています。いずれ一冊の本になって出るのですが、それまでに何篇かずつ本誌と中学の『国語通信』に毎号のせてゆきたいと思います。さしむき本号には、爆心地にちかい中島小学校の、谷村さん、国村さん、大武さんの文章をのせることにしました。一々の文章を批評することははぶいておりますが、皆さんは、これらの文章をじっと心を落ちつけてよむと、そこに何かを世界に向って訴えようとする、はげしいものがあるのに気がつ《ママ》でしょう。」（『こくご通信　13』）

この趣旨にそって『こくご通信』と『国語通信』に掲載された、被爆体験の記録はつぎの一八篇である。

　あの日の記録（一）『こくご通信　13』
八月六日の思い出　谷村升子　広島市中島小五年
八月六日　大武節子　〃　六年
　あの日の記録（二）『こくご通信　15・16』
ピカドンの思い出　長谷保興　広島市古田小六年
平和の喜び　湯尻洋子　〃　六年
平和への祈り　土井英輝　〃　六年
　あの日の記録（三）『こくご通信　17・18』
原子ばくだんの思い出　国村佐代子　広島市尾長小四年
げんしばくだんの思い出　井上令子　〃　四年
げんしばくだんの思い出　大原勝人　〃　四年

原子爆弾の思い出　　前田法子　〃　　五年
原子ばくだんの思い出　　大槻潤子　〃　　五年
原子ばくだんの思い出　　石田敦子　〃　　五年
原子爆弾の思い出と将来への希望　後藤雄子　広島市尾長小六年
原子爆弾の思い出と将来への希望　重谷昌江　〃　　六年
『国語通信　29・30』
原爆当時の思い出　　藤井昭子　広島市段原中一年
『国語通信　31・32』
原子爆弾の思い出　　松村従子　広島市段原中一年
あの日の思い出　　山口武雄　広島高師附中二年
原子爆弾の思い出　　才野瀬道子　広島市幟町中三年
原子爆弾の思い出　　河野信夫　〃　　三年

『広島原爆記念文集』のための作文募集をはじめるきっかけになったのは、あの無題の高田勝子さんの作文であったのではなかろうか。世界的な平和運動、原水禁運動に大きな影響を与えた『原爆の子—広島の少年少女のうったえ—』(岩波書店)には、一九五一年八月六日づけの編者・長田新先生の序文が付せられている。『広島原爆記念文集』の編集は、『原爆の子』の編集発行と何らかの関係があるかもしれない。もしあるとすれば、高田勝子さんの無題の作文とそれを掲載した『こくご通信　7』とは、『原爆の子』編集の引き金を引く役割を果たしたようにも推量される。この点については今後の調査を期待したい。

『国語通信』と『こくご通信』の作品欄は、まず第一に当時の子どもたちに表現の場を提供したことによって評価されなければならないが、そのことの結果において、大江健三郎の詩を生み、原爆記録の作文を掲載したことによっても高く評価されなければならないであろう。

五

巻末の研究欄は、ことばの生活全般について広く考えていく場として編集されている。この欄は、主として松永信一氏が編集にあたっているが、その意図を松永氏は、『国語通信指導のしおり1』でつぎのようにみずみずしく語っている。


私はいくつかのシーンを想像する。

「今日はね、僕の問題を一つ考えてほしいんだが―。青空教室がいゝ。国語通信をもって、あの芝生え《ママ》行こう」こほろぎが逃げ出したりする芝生の上へ腰を下ろしながら「実は…」と先生が切り出す。「三次中学の生徒から、今日ね、(1)僕達はどんな本を読んだらよいのか。(2)どのように読んだらよいか。といふ《ママ》ことで僕の意見を求められたのだが、君達はどう思うか。考《ママ》をきかせてほしいんだ」。

―『読書室』はこのような具体的な問題から出発して生徒の読書生活の自覚を深めることに活用できる。…

中略…

新聞の記録当番が学校の帰り道『人間の死』『歩き方と気持』の二つを友達に読んでもらって、それと異った考がないかを聞いて記録している。

―集められた資料はクラスの新聞又は『国語通信』に送られる。或は自由研究の時間の共同研究資料として提出される。

―社会科でも国語でも理科でも、その学習中にふと誰かが言ったことばの中に『はァなるほど』と思うような事があったらすぐそこで記録する。そして送っていたゞきたい。当番記者が自分の識見によって判断し、拾いあげ、発表することは個性の自覚を促し、責任感と勇気とを養うでしょう。

これ等のことは胎動しつつあるワーク・ユニットと矛盾するものではない。（1）内面的欲求の自覚に立って（2）計画をたて、活動する。その活動の方法を暗示しその志向の深さへ開眼せしめるものとして、ワーク・ユニットの要所々々にこれは活用せられ得る。

生活の中から、問題をみつけて考える、という趣旨であるから各号でとりあげている問題の項目は、当然のこととして、一定しない。したがって例示しにくいのであるが、二つの例を目次によって示してみる。

『国語通信　3』　一九五八・一一・一

日本文学への道・1　はじめに　清水文雄

アメリカの国語教室　楽しい読書　木原　茂

ことばと牛

推薦図書　（児童文学者協会推薦）

ヘレンケラー女史＝広島にて愛の激励＝

ケラー女子を迎えて　安藤法璋（広師附中一年）

『こくご通信　4』　一九五九・六・二〇

綴り方が上手になるには（二）　長尾正一

文章の符号のいろいろ

国語あそび

詩を生む心

この欄には、ことばの生活への眼を豊かにするための、つぎのような連載がある。

『国語通信』

木原　茂『アメリカの国語教室』「話し方の時間」2号「楽しい読書」3号「研究のための読書」4号「研究のための読書―読む速さ―」5号「新聞のよみ方」6号「作文」8号「作文」8号「作文2」12号

清水文雄『日本文学への道』「1はじめに」3号「2国しぬび歌」5号「3枯野の琴」7号「4和《わ》奈《な》佐《さ》少《をと》女《め》」9号

清水文雄『名作鑑賞』「志貴皇子の歌」29・30号「新しい詩のかどで」31・32号

藤原与一『身のまわりのことば』「(一)」21号「(二)」22号

南蛮寺萬造『膝栗毛の話』「一」7号〜「一六」28号

『こくご通信』

長尾正一『綴り方が上手になるには』「(一)」2号「(二)」4号「(三)」5号

松永信一氏は『国語通信3』の第三部の取扱いについて、

「この度はどうやら『人間の思想感情はどんなにして伝わるか』というワークユニットを構成してもその時に資料として使われそうなのが集まりました。読書の秋ですからこんなユニットを自由研究の時にやってみるのもよいでしょう。『日本文学への道』は異った言語団体の間の問題にふれてあり、『楽しい読書』は読書という伝わり方のいろいろな方法を明かにし、『ことばと牛』は動物と人間との間のことにふれ、『ヘレンケラー女史』は言語活動の二器管を閉されてもなほ思想や感情の伝達をなし得る方法にふれ、それぞれ主題に緊密につながるものがあると考えられます。」（『国語通信指導のしおり3』）と述べておられる。3号の第三部を資料にした場合の、単元としての教材化の方法の一例を示しておられるのである。

戦前の狭い国語教室にとじこもった教育から、単元を中心にした生活経験を広く与えていく新しい国語教育への歩みを手さぐりで試みているのである。問題点を子どもたちが自分自身でみつけ、楽しく自然に追求し、自分自身の頭で考え、探求していくための暗示や糸口を用意して行こうと編集に苦心している。この第三部には、アメリカの国語教育の紹介を行ないながら、同時に、単元（ユニット）学習をわが国の現状に即して具体化しようと試みた、わが国の国語教育の先端の歩みが如実に現われている。

六

真川淳氏は、発行後の半年間を回顧して、「号を重ねること十二回、県内からは勿論、広く中国、四国、近畿等の各地方の中学生諸君から歓呼を以て迎えられ、更に東都方面からは坪田先生を初めとする児童文学界の第一線の方々からの絶大なる御支援をいただき、実に順調に意義深い成長をいたしているのであります。」（『国語通信　指導のしおり11・12』一九五四・三・一、一五）と記している。わずか一二ページの薄いものであったにもかかわらず、多くの読者に歓迎されたのである。

その理由を、

①　質の高い読み物を提供したこと、

②　自由な表現をうながし、発表の場を用意したこと、

③　新しい学習であった、単元学習のヒントや入口を示したこと、の観点から考察してきた。

本誌の歴史的意義を、さらに別の観点から述べると、つぎのことも指摘できよう。

発足後、間がなく、指導内容においても方法においても未知であった中学校の国語教育に、はじめは焦点をしぼって編集・発行をし、中学校国語教育への先駆者的な役割を果たしたのである。したがって、この雑誌をとおして、国語教育における新教育のあり方を具体的に学んでいった教師も多いのではなかろうか。

子どもの特性、「彼等の内に息づく　命の自由奔放な発動」、子どもの探求心を尊重し、子どもに学習を強制するのではなく、子どもに活動の場を与えようとして雑誌の編集に取り組み、戦後の新しい国語教育を示したのである。このような子ども観に立っていたから、各号の編集後記などでは、読者に投稿、感想発表、批判をくり返し要望している。そして、実際に多くの反響を得て読者との交流の実をあげている。

このように考えると、『国語通信』・『こくご通信』が戦後の国語教育史に果たした役割は大きい。

〔付記〕

長期にわたる『国語通信』・『こくご通信』の借覧をお許しくださった、清水文雄先生に厚くお礼を申しあげます。

一九七三・二・二四

（広島大学教育学部光葉会『国語教育研究』第二十号、一九七三年一二月）

第四節　国語教育と言語観（一九七四年）

世界の歴史において、母国語の教育がいつの頃から意識されたのか、定かではありませんが、垣内松三先生の『国語教育論史』を見ますと、五章のうち、一、二章は言語教育論として扱い、第三章からを国語教育論としてまとめておられます。垣内松三先生は新人文主義のフンボルト（一七六七〜一八三五）までをギリシャ語やラテン語、つまり古典語教育（言語教育）時代のものとして位置づけ、ペスタロッチー（一七四六〜一八二七）以後を国語教育論としてまとめておられます。学問のため、教養のための古典語学習と、生活のため、知識習得のための母国語学習とを対比して考えておられるのです。

ここでは、わたくしは、はじめに垣内先生にならって、世界の母国語教育における言語観をマクロにとらえ、つぎに、その発展として、これからの母国語教育における言語観について考えてみたいと思います

一　これまでの国語教育における言語観

佐藤正夫先生は、近代教科として母国語の教育が主張されはじめたときを十七世紀に求めて、「ラトケ（一五七一〜一六三五）やコメニウス（一五九二〜一六七〇）は、生涯を通じて有用である知識を容易にかつ明瞭に、すべての人々に流布するための最も自然の方法は、日常用いる母国語によって教育することであると考え、児童にまず読み、書き、文法を学習させようとしたのである。」（佐藤正夫著『近代教育課程の成立』一九七一年三月三一日　福村出版）と、生活のために有用な知識を学習する手段として母国語の教育が主張され、実践されたことを述べておられます。

これを「学習のための言語の学習」としますと、つぎに主張されはじめたのが民族連帯、民族陶冶のための母国語教育論であります。

佐藤正夫先生によれば、フランス革命による民主的な国民国家の成立、それにつづくナショナリズム、産業革命、産業主義は

(1) 古典語をカリキュラムの一隅に押しやり、母国語を主要な位置につかせ、

(2) 愛国的なナショナリズムは、合理主義への反動として現われたローマン主義と結びつき、民族精神や、民族的感情を目ざすための民族の言語や文学を教える教科として、価値が認められるようになり、

(3) 独立の教科に高めることが、(前掲書二五七〜二五八ぺ)

求められたのでした。

つまり、教科としての「母国語」科は、「愛国的なナショナリズム」と結びつくことによって独立の教科として成立していったのです。

日本では、本居宣長(一七三〇〜一八〇一)が、この民族的な感情のもとに十八世紀末に「人の道」として「皇国の道」の学ぶべき価値を説き、

道を学ばんと心ざすともがらは、第一に漢意、儒意を、清く濯ぎ去て、やまと魂《タマシイ》をかたくする事を、要とすべし(『うひ山ふみ』)

と言って、漢意を排し、「やまとことば」を学習することを主張しました。いわゆる文化的な排外的民族意識です。宣長のばあい、生まれながらの人間を理想的人間像としていたため、その理想的な人間は古代人であるということになり、その古代人の心が、古代語に残されている、つまり、

言と事と心とは其さま相かなへるものなれば、後世にして、古の人の思へる心、なせる事を知りてその世の

有さまを、まさしくしるべきことは、古言、古哥にある也（前掲書）

と言い、したがって、国語を学べと主張したのであります。この宣長の主張は、日本における、「民族陶冶のための母国語教育論」の典型的な例であると思われます。

これに対して、ナポレオンのロシア侵入後、西欧より数世紀おくれて民族意識に目ざめ、民衆教育を主張し実践したウシンスキー（一八二四〜一八七〇）は、「国語が国民の唇に生きている限りは、国民も生きている。」と述べています。そして、彼は、民族の魂（思想や感情）が国語に宿っているとして、国民は、祖先からことばを相続することによって思想や感情を伝達する手段だけでなく、その思想そのもの、感情そのものをも相続する、と考えていました。伝達手段としてだけでなく、国民連帯のためにも、子どもたちは国語を学習すべきであると主張しました。その学習については、ウシンスキーは、ペスタロッチーの教育思想などを摂取して、ことばと事物とを結びつける直観教授を主張したのです。

つまり、ウシンスキーは、国民精神を共有するためと自然の合理的な認識のためという、二つの理由から国語の教育を主張したのでした。(1)

宣長の母国語教育の思想とウシンスキーの母国語教育の思想とは、ともに封建社会という前近代的状況にあって、共通の母国語観を持っている面があります。しかし異なっていてしかも重要な点は、宣長にあっては、「やまとことば」は古代的な皇国の思想を探求し体得するために重要であるとし、そこに宗教的感情に似た絶対的信仰を古代返りとしてめざしたのに対して、ウシンスキーもギリシャ正教の圏内に生きた人間としての宗教的不合理を内包していたとはいえ、母国語を民衆の自然認識・社会認識の道具として近代社会を切り開いていく合理的な母国語教育思想を持っていたことにあります。

宣長に代表される不合理な排外的な母国語観が政治的な国家主義・軍国主義思想と結びついた反動思想の極限

が、一九四一年のいわゆる「国民科国語」の「国民的思考感動ヲ通ジテ国民精神ヲ涵養スルモノトス」という国語教育思想であります。

こう見てきますと、近代の国民国家樹立の流れの中で、ローマン的な愛国の心情にもとづいて、母国語科が教科として位置づけられたわけですが、母国語の教育を単に愛国的感情にもとづく民族精神の継承のみに限定するか、それとも民族精神の継承を含みつつ、国民・民衆の合理的な自然認識、社会認識のための民衆の言語すなわち母国語として位置づけていくかは、国語科を性格づけていくのに大きな観点であったのであります。

さて、二十世紀にはいると、国語科は、世界的には、とくにアメリカを中心として精神主義的なものを払い落して、人間が社会生活を営み向上させていく社会的手段を学ぶ教科として位置づけられ、ランゲージ・アーツとしての教科に変わっていきました。

その考え方が日本にはいってきたのが、一九四七年度の『学習指導要領（試案）』です。

二　人間にとっての言語

きわめてマクロな視野からではありますが、以上のように母国語教育の思想・言語観の歴史をみてきて、わたくしは、これからの国語教育の言語観として、国語科の国語を民族のレベルで「国語」と見なすより、人間が成長し発達していくために「言語」を習得していくというような、人間のレベルで「言語」と見なした方がいいのではないかと考えています。

その時、人間の成長と発達にとって言語の習得と学習はどのような役割を果たしているかということを問題にしていくのです。そのレベルにおいて見ていくとき、わたくしは、人間にとっての言語の役割・機能として、伝達、認識、思考、想像の四つの働きがあると考えています。

1　伝達の機能は、人が社会関係をつくっていくときに働く言語の機能です。これまで言われてきた社会的手段としての言語の様能ですので、ここでは説明を省略します。

2　認識は、外界、内界の認識において働く言語の機能です。人間は、物・事に名づけることによって概念を獲得してきました。子どもは物・事の「名称（コトバ）」を習得することによって世界を客観化し、世界と自分との関係をつくりあげていきます。そして、内界・外界に名づけたことばを組みあわせて、新たな見通しをひらき、わたくしたちの具体的経験を広くまた豊富にするのです。

ソビエトでは、小学校の一年から三年までは国語の時間が十二時間あり、その中で、言語の学習と読み方の学習とともに、理科的なもの、歴史的なもの、地理的なもの、道徳教育的なものの学習がなされます。

そこでは、ことばの習得と自然・人間・社会の認識とが統一されて行なわれていて、ことばの教授＝学習が、物・事と対応させつつ、いわゆる直観教授の原理によってなされています。たとえば、スイカ（арбуз）ということばの学習では、教室でつづりや発音をおぼえることと並行して、実際に畠に行って実物にふれておぼえていきます。また交通信号のシグナル（сигнал）ということばは、そのつづり、発音の習得とあわせて、街に出て交通信号を見つつ、渋滞させることなく人々や車を通行させる、社会での役割についても教えられ、その意味を正確に学習していきます。

このことを一九七二年版のソビエトの指導書は、

一―三学年の読みの授業の重要な課題は、認識の形成、意識的な、正確な、なめらかな表現的な読みの習熟の定着化と、よりいっそうの完全化であり、その上に作品の本文に働きかける、本を自主的に読む能力を育てることである。[2]

と述べています。したがって、ソビエトの小学校の国語読本の内容には、母国について、その自然について、その人々についての文章や物語があるのであり、言語の学習と世界認識ならびに思想の教育が一つこととして行なわれているのです。

ここには、ウシンスキー以来の認識を広げ、深めるために言語の学習をするという母国語教育の思想が生きていると思われます。

また、ここにつぎのような詩があります。

おとうさんのしごと(3)

福岡県朝倉郡東小田小一年　斉田いわお

一、そろばん入れ
二、ちょうめんつけ
三、じてんしゃの　くうき入れ
四、のうきょうにこめをもっていく
五、いねかり
六、かわのすなとり
七、かおあらい
八、はみがき

いっぱいあるなあ

この子は、「一、そろばん入れ　二、……」とことばにしていくことによって、思わず「いっぱいあるなあ」という新しい認識に到りついたのであります。

このような、ものごとを概念化し人間のものとしていく「名づけ」の機能、自然・人間・社会について認識をしていく過程がそのことばを習得していく過程であること、ことばを組みあわせていくことによって新しい認識にいたりうることなどを、わたくしは言語の認識的機能であると考えています。

3は、思考における「はたらき」であります。これはすでに多くの人が指摘してきたことですが、状況の困難さをどのように乗りこえるか、課題をどのように解決するか、その後の行動をどのようにとるか、新しい目的を立てるか、というときの言語です。この過程における言語をヴィゴツキーは「内言」と名づけています。

言語の学習においては、この内言の過程を重視していきたいと思います。また、思考力を育てるために論理的にことばを使用する力を育てたり、論理学の初歩を学ばせたりすることも考えていきたいと思っています。

4は、想像における言語の機能です。

想像には、色、形、線、音などの媒体を使ってする場合もありますが、ここでは、言語を使っての想像を考えていきます。

ことばによって、以前の経験を保持し再生するばかりでなく、これを複合し創造的に作りなおし以前の諸要素から新しい状態や新しい行動を作り出す働きが、ことばによる想像であります。

想像の一つとして、これまで言語で概念化して来なかったもの、つまり、人間の所有とされていない未知のものを言語によって形象的に把握することがあります。状況の変化のテンポが早く、名づけられていない現象が人間に影響を与えることの多い現在にあっては、「イタイイタイ病」というように形象的なものごとの把握は重要な意義をもってくると思われます。

日本の作文教育は、これまで「あったことをありのまま描く」という自然主義リアリズムの精神から、過去の経験、現在の経験を過去形あるいは現在形を用いて再現することに目標をおいてきました。これを「自分の経験したことを先生や友人に伝える」という意味で、『伝達の作文』と言っている人もいますが、わたくしはこれを『再現の作文』と名づけています。これに対して、わたくしは、想像力を育てるために、文学的な想像の方法にしたがった文学的文章を書かせることも必要なのではなかろうかと考えています。

社会が流動化し、変化の激しい現代にあっては、自分の経験をありのままに再現するだけでなく、その経験の自分にとっての意味を探求していくような力、言語化しえないものを言語化したり、目に見えないものを想像力でとらえていく力が強く要求されていると考えています。このような「想像力」を作家だけでなく多くの国民が持つことがこれからの社会では必要なのではないかとわたくしは考えています。

たとえば、ここに、クラスではもっとも成績が悪いと言われている子が書いた詩があります。

君の先生

大阪府松原市天美南小六年　吹田靖則

君の先生は、テストのときやれんしゅうもんだいのときに
（おまえもできる、がんばれ！）
というように見るときと、
（おまえにできるはずがないやんけ）
というように見るときがありました。
いやなように見えても、君にははげましなのです。

それは、君はできる人よりできないんやとおもい
（がんばろう）
と思うからです。

吹田君は、教師の特別の指導もないのに、「自分」のことを「君」と仮構することによって、テストの時の先生と自分の心理の真実をつかみだしています。また、「君の先生」の考えているであろう心理を、先生の立場から（　）を使うことによってとらえています。それに、（　）を使っているところに、（　）内のことは事実とは違うんだという意識があることが分かります。吹田君は、このように自分の体験を写実的に再現するのではなく、他人の体験かの如く表現することによって、吹田君の心理の真実を浮かび上がらせています。

こういう方法を子どもたちが自覚的に使用しうるようにしていくことも国語教育では大事であると、わたくしは考えています。

以上、わたくしは、これからの国語教育における言語観として、「国語」の側面というよりも、人間の成長と発達にとつての「言語」の役割を重視していきたいということを申しあげました。

注

（1）拙稿「ウシンスキーの『母語』について」『教育』二二七号　一九六八年一〇月　国土社　参照。
（2）ソビエト文部省編「八年制学校のプログラム」一九七二年　ソビエト文部省
（3）日本作文の会編『子ども日本風土記40・福岡』一九七三年六月　岩崎書店

（全国大学国語教育学会第四十四回東京学会シンポジウム　提案Ⅲ　『国語科教育』第二十一集「〈特集〉言語観・作文教育」所収、一九七四年）

第五節　意識の変革から認識力の育成へ（一九七五年）

文学的認識力を育てる方法は、文学作品を読むことによって学ばせるとともに、実際に文学的な文章を書くことによって獲得させることである。したがって、このような文学教育観は作文教育との結びつきを重視することになる。大河原忠蔵氏の書かせた作文、熊谷孝氏の「文体づくりの文学教育」、西郷竹彦氏の「虚構の作文」はそれぞれの主張による作文教育論のあらわれでもある。

これらの実践と理論化を受けとめて、西尾実氏は、「これまでの文学教育では、この作品鑑賞の発展としての創作の問題までは及んでいないのがその常であった。ところが近年、熱心な文学教育指導者の幾人かは、この方面で注目すべき成果をあげている。が、一般にはそういう指導が文学教育の上にまだ的確に位置づけられていない。熱心な指導者の獲得した偶然の成果か、特殊の生徒の思いつきにすぎないような位置づけしかできていない。こういう創作指導に、しかるべき位置が認められ、的確な学習が行なわれるように指導することも、現在における一つの課題である。」と提言したのである。

昨年の田近洵一氏の『像的認識力を育てる』というシンポジウム提案もこの考え方を一歩前進させたものと考えられる。

以上のように、約二十年間の文学教育の歴史を受けとめて、文学的認識力を育てる文学教育をさらにおし進め、また大衆的に広めていくべきであろう、というのがわたくしの拙い提案である。

文学的認識力を育てることとは、作品を感動的に読みとらせて「問題意識を喚起する」ことに終わらないで、さらに一歩進めて現実をどのように認識するかという形で現実に働きかけることになる。問題意識喚起の文学教育論の展開過程において、高校生たちが砂川基地の調査、農村調査に出向いた、いわゆる行動への側面は意識的に落とされていったのであるが、この側面をもう一度新たに見直していくことと文学的認識力の育成はつながっていく。

E・K子（福岡教育大学附属小倉中学校三年）は、たえず彼女の脳裡から去らない高校受験を素材にして、「咲子」という女生徒を創造することによって自己の優越感と不安とをつぎのように形象している。中学生は三年になるとにわかに高校入試が彼らの「状況」となるのである。

試験　　　　E・K

バスが揺れた。

「あんた、どこの生徒?」

ぶしつけに山田咲子は問われた。見ると今まで気にもとめてなかった隣がこちらをのぞきこんでいる。少し目のけわしい五十前後の田舎くさい感じのするおばさんであった。咲子はいやがおうでも手もとの参考書から目をそらさなければならなくなった。が、その質問は答えるべき価値のあるものだと考えなおして、「〇市のN中です。」とていねいに答えた。

「やっぱねえ、あそこはF高校へ進学できるもんが多い言うけんね。あんたもあそこをめざして、がんばっているとやろ。」

女はなまりのまじった声で言った。

「ええ……まあ……」

「家は?」

「H県U市です。」

「U市？　そげん遠くから通いよるとね。ごくろうなもんじゃねえ、ほん……F高校っちそげんいいとこかんね。」

咲子は苦笑した。父の仕事の関係で家がこっちにもあるので土曜以外は帰らないのだと説明しようかと思ったが黙っていた。

女はひとりごとのように言った。

「うちの甥がF高校の出けんど、そこんやつは何かと優等生きどりしたがる言うとった。」

咲子はすこしムッとなった。そしてゆっくりと参考書に目をもどした。

「でも、甥がいい大学に入れたのもやっぱ、F高に行ったおかげかんね」

それっきりだった。咲子はまるで気にしないようすで参考書を読みだした。

心の中のふたりの咲子が葛藤を始めた。

「それじゃ言うけどね。おまえは何の答えを得ないまま、ずるずると受験するのかい？おまえが受験に対して疑問を持ったのは今が最初じゃないさ。小学校六年の時、今のN中を受験するときさ。親友の夏子がたずねたことばを忘れない。『どうしてそうまでしてN中を受けるの』その時のお前は何と答えたか。多少の抵抗を感じながらも、ありったけのいい文句を並べてこう言ったさ。『小さい世界にとじこもってないでいろんな冒険をして自分の力をためしてみたいの』

……中略……

「あら、サキちゃんおかえんなさい。おそいのね。」

となりのおばさんだった。

「もう帰るところだけど……今までおかあさんとお話していたのよあなたのこと。ほんとに感心ね。」

「なにが感心なものですか。勉強はすこしはできてもお手伝いはにがてなのよね、咲子。」

母はそう言いながら、にこやかに笑っている。口達者なおばさんのお世辞がよっぽどきいているのだろう。不愉快だった。おばさんが帰ったあと、咲子は食事の用意をする母の後ろから、さりげなく言った。

「わたし、F高校受けるの、やめようかな。」

「どうして」

母は顔色を変えてふり返った。怒っているような哀願しているような複雑な顔つきだった。けれどもそれだけで咲子が母のほんとうの気持ちを知るには十分だった。

「じょうだんよ。」

咲子はあわてて自分の部屋にかけこんだ。

机の上に顔をうつぶせて咲子は考えた。

「虚偽、体裁……わたしの生活は、すべてこれらの上に成りたっているのだろうか。

受験、これはわたしにとっていったいなんなのだろう。こうまでしてN高校を受ける理由はなんのためなのだろう。やっぱり母と同じように自分の権威を守るため、それだけのため?ああ、いやだ、いやだ。」

流れにおし流されてたどりつき、その結果咲子の胸にあふれるものは言いようもない自己嫌悪だけだ。

咲子はしめきった部屋の空気にいたたまれなくなって窓を開けた。空にはどんより重たい雲が一面にはびこって月の姿を完全に隠していた。


（指導　桑田泰佑）

これは、まず自分の試験について考えていることを書かせたあと、参考作品として有島武郎の『生まれいづる悩み』を与え、自己を見つめ、生かすことについて思いをめぐらせたあと、書かせたものである。『生まれいづる悩み』から問いかけられている、自己を生かすとはどういうことか考えてみよう、という問いに揺れている自己を描き出している。優等生気どりの女生徒の無内容さ、そのことを自覚することへの怖れ、自分を優等生に仕立てあげて、「勉強はすこしはできてもお手伝いはにがてなのよね」などと得意がっている母親を批判しえている。「ふたりの咲子」を心の中に登場させることによって、受験を合理化しようとする自己とそれを否定しようとする自己との葛藤を描き、自己の内面の葛藤をとり出すことに成功している。

「バスが揺れた」と、主人公の心の動揺を象徴している書き出しと、「雲が一面にはびこって月の姿を完全に隠していた」という末尾の象徴まで、中学三年生のいたたまれなさと暗さは巧みにとり出されている。作者は咲子を登場させることによって自分の「受験」に対する動揺と将来の生き方について見つめているのである。こういう内面の葛藤を凝視することによって、人は人間生活を見る目を豊かにし、人生観を強靭にしていく。

価値観が多様化し、終末が予感され、公害にみられるように人間が生みだしたものが人間自らをむしばむようになっている現代においては、既成の観念や道徳ではなく、自己の実感と想像力によって現実を認識していく文学的な認識力によってしか現在と未来の生のあり方は探求しえない面があるのではなかろうか。その文学的な認識力を、文学作品を読んだり、文学的文章を書いたりすることによって育てるのである。

これまでの国語教育は文学を読むことによる文学体験はさせてきたが、文学を作ることによる文学体験はさせてきていない。現実の文学的な認識は作る場に立ったときより切実になされていく。文学的な認識方法は作る側に立ったときの方がよりたしかに習得されていく。作家にはならないが、現実を文学的な眼で認識し、自己の内面の真実をとり出したり、社会と自己との関わりをとらえていく市民が求められている。真の文学教育は、単なる享受体験をさせるだけに終わらないで創造の体験をもさせていくところに成立するのではなかろうか。それは、単に「読んで感動する」文学の読みから文学的認識力を育てる文学教育へと進み出ていくことを必要としている。

（『日本文学』第二四巻第一号、（一九七五年）からの抜萃）

第六節　子どもの表現と自己解放（一九八〇年）

一

一九七〇年代後半ころから、子どもの暴力問題が急速に表面化してきている。それは小・中学生による殺人や、弱い子に対するいじめっ子問題、教師への暴力、家庭内暴力などとして現われている。

これらの暴力問題が「凶暴化」し、「残忍化」しているところに近年の特徴があると言われている。目的のためには手段を選ばない点、強い者が弱い者をいじめるのは当然だと考えている点などに、人間性を大事にしようとする価値観を見失った精神の退廃を見ることができよう。

ここに、大人の力（資本）のある者が勝ち、それが当然として賛えられる自由競争社会の残酷な反映を見ることもできよう。大人は、自らの生活経験から割り出した皮相な生活力を子どもたちに期待する。「いい大学（?）に入り、いい会社（?）に就職して、豊かな生活（?）をするために、今はがんばれ」と、将来の生活のために、今の生活を犠牲にすることを子どもたちに要求している。

おそらく、このような社会風潮の背景には、一九六〇年代の高度経済成長期の物質万能の時代から、一九七〇年代半ばの石油ショック以後の低成長期の不安と動揺の時代への移行のひずみがあり、それが子どもたちの成長にさまざまの歪みをもたらしているのであろう。その変化の中で変らないものは、学歴社会ということであり、その厳然たる事実がまた、子どもへの重圧となっている。このことを、社会的・文化的な構造上の問題として、まず大きく把握しておくことが大事である。

しかし、社会全体の問題としてわれわれの置かれている状況を見すえ、具体的に解決していくことをめざさない限り、子どもたちの内面とそれをとりまく状況の荒廃を救う道はないのである。

「ことばと教育」の面から見ると、「子どもの暴力」は、暴力という形をとった子どもの自己表現としてとらえることもできよう。しかし、子どもの自己表現が、凶暴で残忍な暴力という形をとってなされるところに現代社会の問題性があるのである。本来、けんかは、強さの示威行為であり、相手を死に至らしめるような暴力にまで走らないで、手かげんしながら行うものであった。弱いと分かっている相手とは、そもそもけんかをしなかったはずである。そのようなやさしさを子どもから奪っているのは現代の大人社会ではないか。考えてみなければならないことである。

暴走族は、「問答無用」の旗をかかげ、「神風」と書いた鉢巻をして、右翼スタイルでオートバイをぶっとばしている。いつ事故になるか分からないスピードに酔う。いじめっ子は、集団で弱い子をいじめる。プロレスの技をまねて、なぐったり蹴ったり、友達の前で芸を強要したりして、肉体的にも精神的にもいじめぬくのである。ここには、相手を人間として遇するというやさしさはかけらほどもない。

家庭内暴力の場合、何かをきっかけにして生まれた挫折感が内攻し、家族への「甘え」を伴って、父や母に対する暴力となっている。受験勉強など、親のきめたコースを歩かされていた子が、そのコースから逸脱しかかると、いやいやながらも自分が歩いていたことは棚にあげて、歩かせた父や母に暴力をふるうのである。脱落感からくるやり場のない「やけっぱち」の心情を、家庭内で爆発させている。家出して「イエスの方舟」の千石についていったA子の例などは、精神的な暴力による抵抗の表現であろう。「A子さん(20)＝失跡時高校三年」は東大出のエリートサラリーマンの長女。親から離反していった動機は『ピアノ』だった。二歳半からピアノの教師をつけられ、ピアニストへの道を歩まされる。しかし『中学に進むとき、教師に〝君のピアノは絶望だ〟といわれ』そのショックで、学校を無断欠席、タバコを吸い、酒を飲むようになった。そんな自分に絶望している時、偶然に知ったのが『イエスの方舟』教会だった。」（毎日新聞、八〇・七・四）

これらの事例に共通しているのは、まず第一に、「ことば」が信じられなくなっているということである。ことばを使う人間への不信が直接に暴力となって表明されている。第二に、自分の怒りや寂しさの感情をことばで表現できなくなっているということである。第三に、子どもが、人間として尊重されていないということである。

既成の尺度ではかられ、そのワクにはまっていないからと否定されることを、子どもはもっとも嫌う。一人の人間として、何らかの「よさ」を認められない時、子どもは絶望の淵に立って、さまざまの非社会的な行動に走るのである。

ことばは、衝動的な行動を理性的な行動へとコントロールしていく媒体である。ことばによって自己を表現し、解放し、暴力の対極としての理性的な行為ができるようにしていくのが、ことばの教育であろう。そして、そのことをとおして、人間の尊厳へ、自己の尊厳へと目ざめさせていくのである。

二

中学三年生がつぎのような詩を書いている。

誕生日　　　　藤岡大輔

あんなあ
俺なあ
十五やねん
俺もう子供と
ちがうねん

昔は
十五で成人やぞ。
おやじは
いっつもゆうたやないか。
米だわら一ぴょう
かついだと。

俺もう
子供と
ちがうねん。
何でも
一人でやったるねん。
きちんとできるとは思てへん。

それでも
一人で
やりたいねん

そやから
たのむで
一人にしてや。
たのむで
一人でやらせてや。
俺もう
子供と
ちがうねん。

（兵庫県教職員組合編『ひょうごのこども詩集』一九八〇・三）

単純な表現でつづられているが、少年期から青年期へ移行しようとしている「人」の自己発見と独立宣言の詩である。このように内側から伸びようとする子どもの欲求にこたえることなく、現代の親や社会は、一つのレールに乗せ、一つのワクにおしこむことにのみ努めているということはないであろうか。この声をおさえこみ、大人の都合で道をつけようとする時、子どもたちは自己表現のためのことばを失い、暴力的な反抗へと身を寄せていくのである。

一般に、小学校の作文は「せんせい　あのね」から始められる。経験したことを再現して先生に報告する作文である。相手意識がはっきりし、書く題材にも困らない。日本の生活綴方運動の成果として高く評価しなければならない作文入門の方法である。これを継続して、以後の学年でも経験した事実を書かせていくのが一般的になっている。

しかし、「お話を書く」いわゆる「想像の作文」を書く場を加えていくということも必要ではないかとわたしは考えている。たとえば、滝口氏は、お話を楽しく書く場を設けている。

滝口　人まねでなかったら、なんでもいいんやけどなァ。あんた達ね、「何かにこんなことさせてみたいなァ」と思ったり、「こんな何か、あったらいいのになァ、て思ったりすることあるでしょ。それから、ときには、はらのたつヤツを、こてんぱんにやっつけてみたいなァ、て思うこともあるでしょ。ほんとはできっこないことでも、お話の中だったら自由自在にできるじゃない。それをね、お話みたいにかいたらどうかな。

りょうへい　何かいてもいいの？

滝口　そう。何を書いても、どう書いてもいいことにしましょ。

あずさ　ほんとに、何かいてもいいの？

滝口　いいよ。お話を書いて遊ぶんだから、「こんなことはだめ！」なんてきめたらおもしろくないもん。[1]

このような指導のあと愉快な作品がたくさん生まれているが、ここでは、短い一篇を紹介する。

あめだまのすきなライオン

二年　太田ときこ

もりに　あめだまのすきなライオンが、あめだまの木を　さがしにきました。

すると、くさが、

「ライオンくん、なにをさがしているの」

「あめだまの木だよ」

「それだったら　あっちの木だよ」

と　いいました。

ライオンがいってみると、いっぱいありました。その木をライオンが、うちにもってかえりました。そして、あめだまを　一日　千こたべました。

ライオンは、むしばになっても、はぬけになっても、いればをして　あめだまをたべました。(1)


この作品は、事件のすじが通っていて分かりやすい。他にもナンセンスなおもしろさに満ちた作品が多い。想像の作品の内容の分析は、興味ある課題であるが、いまはそれは問わない。ただ子どもたち全員が楽しく喜んで書いているということに注目しておきたい。子どもたちが「何かいてもいいの？」とくり返しているように、学習としては彼らにとっても初めての体験であったのであろう。その体験が楽しかったのである。

一般に「お話作り」の時間には教室はのびやかな楽しい雰囲気になる。「作る」という創作の営みが、本質的に自由を要求するからである。何を書いてもいい、どのように書いてもいい、という自由がなければ、創造はなしえない。そしてその作る自由は、失敗する自由や未完成に終わる自由も含めて、常識的なもの、正統的なものの外に生きる楽しさがあり、それは遊びに夢中になる楽しさと似ている。さらにそれは、虚構の世界の論理（ゲームにおけるルール）にだけ従えばよいので、事実の秩序を越えたところで生きる喜びでもある。ともあれ、子どもたちは、「お話」作りに夢中になって楽しみ、そこに充実感と満足感を持つ。自己の想像世界を展開していく楽しさが、「書くことがない」（取材）、「どのように書いてよいかわからない」（構想・記述）という二つの壁をのりこえさせるのである。

まず、楽しく書くだけでよい。教えられることで充満している学校に、何も教えられないで楽しむだけの時間を持ちこむことは意外に重要な何かをもたらすのではなかろうか。

楽しく書く体験を持つことが、ことばで自己を表現しようとする意欲と習慣の土台となると思われる。楽しく書いた充実感は、ことばへの信頼感を育む要因となるであろう。

三

だれかに分かってもらいたいこと、怒りや淋しさの感情などの思っていることを、ことばで表現しうる子どもに育てていきたい。日常生活における生活と表現の接点では、表現したい「何か」があってもそれはまだことばで把えられるほど明確になっていない場合が多い。それをことばで認識し、ことばで思考して表現しうるまでに高めていくのが表現の指導である。

認識方法と思考方法との両面に着目して、作文教育における文章の種類は、（1）経験したことの「ありのままをあったとおりに」再現していく生活文、（2）対象を理性的に認識し論理的に表現していく論理的文章、（3）自己と自己をとりまく状況を文学的に認識していく文学的文章を書かせるのが適切である、とわたしは考えてきた。現在では、これに学校生活における文章表現活動を作文教育として生かすために、学習ノート、学習記録、学習報告などの文章を、（4）学習文として位置づけ包摂していくべきであろうと考えている。

授業の実際においては、意欲の喚起とともに、書こうとしてしかも書き表わせない子どもの指導が大切である。

書こうと思っていることをことばで認識していく力を育てるには認識のしかたを指導しなければならない。意欲的に生活している者にはすべてのものが生き生きと見えてくるのであるが、一日を無気力・無感動に生きている者にはぼんやりとしか見えてこない。子どもたちの心に波を立たせ、「おやっ」という驚きを持たせる工夫が必要なのである。

わたしは、かつて、福岡教育大学附属中学校との共同研究をとおして、生活文、論理的文章、文学的文章の指導内容を仮説として提出したことがある。その文学的文章については、つぎのような内容であった。

① 日記や生活文から強く心に残っていることを見つけさせる。
② 「わたし」を主人公にして考えさせる。
③ 「わたし」でなく、「自分の名まえ」を主人公にして書かせる。
④ 適切な作品を提示して、テーマにふさわしい構成（構想）、描写、視点を学ばせる。[2]

記述前・記述中に、「認識のしかた」を指導することによって、子どもたちは徐々にものの見方、感動のとらえ方を身につけていくのである。

この「認識のしかた」の指導の必要性を田宮輝夫氏は「単に素材としての題材に目をむかわせるだけでなく、子どもたちの『目』そのものを取材しやすいように指導する必要があるのではないか」と述べ、つぎのように具体例を示している。

○ある日ある時、自然の中や家や近所でむちゅうになってしたことを順序よくわかるようにかくこと。
○ある日ある時、学校や学級のことで、つよく心を動かしたことを、できごとの推移にそって、ようす、がわかるようにかくこと。
○近ごろ学校や学級生活のことで、疑問におもったり、深く考えたり、なにか主張したいと思ったことを、中心をきめ、しょうこの事実をだしながらくわしくかくこと。[3]

大村はま氏は、中学生に各学期一冊の「個人文集」(4)を作らせる試みをしている。その課題および書き表し方への助言の一部はつぎのとおりである。

第一集

私の名前

◇由来

呼び名

あだ名

ペンネーム

◇由来

きいて

調べて

×書き出し

「私の名前は……」

×感想

△いい名前と思う。

△好きです。

△べつになんとも思いません。

△きらいです。

私のゆめの歴史

六歳、何になりたいと思っていたか。
五年生、何になりたいと思っていたか。
◇ただ、何になりかった、というだけでは×。
　そう思うようになったきっかけや、そのなりたいものの、どういうところが良くて、あこがれたのかを、今、どう思うか、書きそえる。
私の夢の歴史
　将来の希望の移り変わり。

第二集
おばけと私の歴史
ヒント
○いつ、このことばを覚えたろう
○ほんとにおばけと思った経験
○こわかったこと
○こわかったのは、いつごろまで?　今は?
○おばけの出てくる昔話
○おばけ大会
○マンガのおばけ
○テレビのおばけ
○おばけについての私の知識

○おばけの写真

第四集

なんて　わたし／ぼくは（　　　　）なんだろう。

なんて　わたし／ぼくは（　　　　）なんだろう。

◇（　　　　）のなかにことばを。

対照的なことばを。

ここには、中学生が書きたがる題材で、しかも書かねばならない（考えねばならない）認識対象が選ばれている。自己を見つめさせることから始めて、人間・自然・社会との関係において、一人ひとりの生徒に何をどのように認識させるかの筋道が示されている。また、「おばけと私の歴史」に見られるように、自己を越えた、より大きなものに対する思念をも深めさせようとしている。中学生は中学生なりに、「自分はどこから生まれ、どこへ帰っていくか」というような自己の存在の本質を宇宙自然との関わりにおいて、考えていく。生きている自己の大きさと小ささ、その美しさと尊さに胸打たれ、その感動の中で新しい自己の確認へと歩んでいく。生命の神秘の一端にふれさせ、いまだに人知で解明されない不思議なものについて考えさせるのは、生徒を大きくさせる契機となる。大村はま氏の場合、この課題は「神」あるいは「神的なもの」への認識へと発展させていく道筋の一段階であろう。

第四集の最後は、つぎのように創作を試みさせる課題になっている。

雨の子五郎ちゃん

雲の上に雨の子のきょうだいが住んでいる。

いちばん上の兄は　嵐の雨

二番目の兄は　　にわか雨
三番目の兄は　　降ったりやんだりの雨
四番目の兄は　　おやみなく降りつづく雨

兄たちは下界へ雨を降らせに行っては帰ってきて、下界でのようすを五郎ちゃんに話してくれる。まだ下界に行ったことのない五郎ちゃんは兄たちの話に胸をおどらせる。自分も早く一人前になって、下界へ降っていきたいと思っている。

ある日、ついにゆるされて、まず降っているのかいないのか、わからないようなこぬか雨になって初めて下界に行く。

（◇雨のけしき、雨に関係した、いろいろの経験を思い出す。
◇新しく観察する。雨と雨をめぐる生活を。
◇こころは世の中に出ていく前の、恐れと興味と半々、おとなの世界を見るともなく見ている今の自分の心で。）

ここには、やがて社会に出て一人立ちして生きていかねばならない子どもたちに、自覚を促す課題が出されている。「おばけと私の歴史」が、どちらかといえば、過去と現実から自己への認識をすすめさせるのに対して、現実と未来から自己への認識をたしかにさせようとしているのである。ゆめの歴史の延長上に、未来（ゆめ）を語らせ、想像力を豊かに育てるとともに、未来へ向けて生きる意欲をも育てようとしているのである。

以上、「認識のしかた」「表現のしかた」への指導の工夫をとりあげてきた。このような試みを、子どもたちの言語生活の実態をふまえて、今後も続け、さらに充実していくことが必要である。憤りや欲求や希望を、ことばで、自分でも確認し、他者へも伝えられる子どもを育てていくために。

四

これまで、文学的文章（想像の作文）の指導が作文教育の領域に位置づけられることが当然であるかのように論じてきたが、このことは、わが国の教育界において一般的に容認されているわけではない。しかし、作文教育として文学的文章を指導する理論と実践の試みは、細々とではあるが続けられている。その歩みについては、既に報告をしたことがあるのでここには述べない[5]。

とくに生活綴方運動を続けて来た多くの人々が、文学的文章は現実に根ざすことができず教育的な価値が認めがたいという理由で、作文教育として位置づけることに危惧の念を表明している。

わが国の生活綴方は、文章表現活動をとおして生活現実を深く認識させ、文章表現力を育てる教育として、高く評価されなければならない。とりわけ、事実を事実として教えず、例えば「天皇は神である」などという観念を教えこむファシズムの教育の時代に、経験したことのありのままを書かせ、見つめさせることによって現実批判の抵抗の教育を進めたことは特筆されなければならない。一九四五年以後も、文部省の進める技術主義的な作文教育に対して、生活現実に根ざす教育を説き実践してきていることは周知の事実である。

わたしは、これまでに進められてきた生活綴方運動の理論と実践は、これからも継承され発展させられなければならないと考えている。ただし、これからの作文教育には、文学的文章の指導を包摂していくことが望ましいのではなかろうか。文学的文章の意義を認めていくことが、わが国の子どもの認識力をいっそう確かにし、表現力をいっそう豊かにするであろう。

もっとも、「生活について書かせ、それを見つめさせ、考えさせる[6]」のが生活綴方であり、文学的文章を包摂していくともはや生活綴方ではないという考え方もありうるので、以下、広く作文教育の問題として考えたい。

作文教育として文学的文章を位置づけるにあたっては「想像と想像力」の問題がもっとも重要である。その問題を、江口季好氏が『作文と教育』一九八〇年七月号の論文「想像について[7]」で論じているので、この論説を手がかりに、今後の議論の深まりを期待して、わたしなりの考察をしてみたい。

江口氏の「想像について」は、つぎの五項目からなっている。

一、問題のありか
二、想像の二面性
三、想像力を正しく伸ばすには
四、想像と愛
五、創作童話（想像作文）について

江口氏の結論は、「想像によって子どもに児童文学作品を書かせることには、生活事実とことばの関係でことばの教育性が成立しない。」（同前誌二五ぺ）、「想像力を伸ばすことは教育にとって大切なことの一つである。しかし、このことは確かな現実認識の指導と同義語であるというくらいにとらえていきたい。」（同前誌二五ぺ）ということにある。

江口氏の、想像は「人間の愛のすがた」である、という思想などには共感する面が多いのであるが、首肯しがたい二、三の点について述べておきたい。

1　生活現実と想像

江口氏は、『生活現実とうまく結びついた想像力』をなぜ大事にしなければならないかと問いかけている。わたしは、それは大事であるが、人間の想像活動を「生活現実」にだけ結びつけると、やせた想像力になりはしないかと心配する。人間の想像力は、現実を超え現実を相対化するところに大きな意義がある。それなのに、現実に結びついた想像しか許容しないのでは、小さな想像となり、現実を超えられないのではなかろうか。

人間の文学活動の歴史は、ことばによる想像力の歴史である。神話・伝説・民話・説話・和歌・小説など、世界創造の根源を人間的に意味づけて想像したり、男女の情愛をその心理の奥深く分け入って描いてきている。ロマンティシズム、リアリズム、シュール・リアリズムなど、想像の方法をたえず新しくし、そのことによって、人間認識を深く、広くしてきている。児童文学においても、フェアリーテールからリアリスティックな生活童話、さらにはファンタジックな物語からナンセンス文学まで、多様な想像の方法を開拓してきている。これらすべては、生活と結びついた想像であるわけではない。大男や小人が出てくる話、魚がものを言ったり人が石になったりする話、大ぼら話などは、むしろ現実生活と大きくかけ離れているところに面白さがあり、楽しさがある。「不思議の国のアリス」に見られるファンタジーとナンセンスは、その作品世界内の独自の強固な論理を持っている。現実からファンタジーへの通路を通りぬけると、生活現実から飛翔した世界が想像的に展開されるのである。ユートピア物語は、想像によって築きあげた世界像によって現実を批判し、現在をどのように生きるべきかを暗示する。それぞれの時代にさまざまのジャンルで生み出された想像的世界は、現実を超えていたが故に、時代と場所を越えて万人の想像力と共鳴するのである。極論すれば、ナンセンステールを含めてそれらの想像的世界は現実を超えているが故に、同時代の現実社会を超える原動力となったり、いま（現実）とは異なった可能性を暗示して人々に生きる希望を与えたりしてきたのである。

子どもたちもその成長過程においては、折にふれて文学史上に見られるさまざまな想像力を発揮するのである。それらのすべての想像力を、文章表現活動においても発揮させればよい。子どもたちが自己の内面にそれぞれの想像的世界をはらむところに、個性が芽生えるのであり、理想を追ってよりよく生きようとする意欲も生まれるのである。巧利的な意味を離れても、想像的な世界に生きることは、子どもたちに内面的な楽しさを経験させる。

2 「正しい」という語の使い方について

江口氏は、「『想像』というのは善にも悪にも通用する力である。わたしたちはいうまでもなく子どもたちに価値のある想像を育てていかねばならない。」(二〇ぺ)、「生活現実を直視しないところには、正しく深い想像は成立しない」(二二ぺ)と述べている。江口氏の「正しい想像」「正しくない想像」、「価値のある想像」「価値のない想像」と二元化して想像を把握し、「正しくない想像」「価値のない想像」を断罪していく思考形式に、硬直したものを感じる。氏が価値判断の基準とした「現実と結びついているか否か」は、想像の価値や善悪とは直接には関係がない。現実と結びついていない想像にも価値のある場合があるからである。

価値観が多様になっている現代において、立場によって、異なった意味をこめたり読みとったりすることの可能な「正しい」という用語は、きわめて主観的・独善的な使い方になることがある。狭い範囲の経験から帰納された「正しい考え」は、多くの場合、普遍性妥当性を持ち得ない。

かつて、わが国のファシズムの教育体制下において作られた「国民学校令施行規則」(一九四一・三・三一)において、「綴り方」については、「綴り方ニ於テ(児童ノ生活ヲ中心トシテ事物現象ノ見方考へ方ニ付)適正ナル指導ヲ為シ平明ニ表現スルノ能ヲ得シムルト共ニ創造力ヲ養フベシ」と規定していた。そして、その指導要項に

「綴り方」に於いては、児童生活そのものを適正に指導することが大切になって来る。換言すればその生活に即して物の見方、考へ方を適正に指導することが大切なのである。この方面の指導が在来教育的に考慮されなかったために、綴り方指導は或程度の発達を遂げながらも、不幸にして不健全な思想を醸成しないでもなかった。殊に文学の自然主義的な傾向から、物の真を描かしめようとして道を逸脱し、生活の物的方面に捕はれて

理想を失ひ、甚だしきは現実生活の欠陥にさへ児童の眼を向けさせようとした。

「真」を描く前に先づ如何なるものを書くべきかを指導する必要があり、「道」に照らして心にうつり行く情意を表はさしめることが大切であらう。(8)

とある。当時の文部省は、「現実生活の欠陥にさへ児童の眼を向けさせ」る綴り方は適正でなく、「『道』に照らして心にうつり行く情意を表はさしめること」は適正であると判断しているのである。

「施行規則」に、為政者に恣意的な解釈を許す「適正ナル」というあいまいなことばを使うことによって、軍国主義に協力しない教師や綴り方教師を弾圧していった。

江口氏の使う「正しい想像」「正しく深い想像」という使い方は、当然ながら江口氏の立場からの正しさである。「適正ナル指導」という語句を使ってファシズムに反対する教師を断罪していく思考形式と同一であるといえよう。この思考形式は、現代では教科書検定官にしばしば見られる。「戦争は残虐でない」と確信している検定官は、「戦争の残虐さ」という記述を、自分は正しいという確信にもとづいて抹消していくのである。

わが国の教師の多くは真面目であり正義の士である。子どもの作文評価においても生活指導においても既成の「正しい」価値観を尺度にして子どもをおしはかると、その正義感が災いして、より人間的なものを見落とすおそれがなきにしもあらずである。

自己の主張は主張として展開すべきであるが、教育の問題は本質的にそのすべてが思想・信条の問題とかかわっているのであるから、想像の方法や内容を「善・悪」「正・不正」に分けて一方を断罪する思考形式をいま少し抑制し、その判定は歴史に待つというおおらかさが望まれるのではなかろうか。

3　創作童話（想像作文）について

江口氏は「子どもは童話を書かせると、それらしいものを書くことは書く。しかし、それは読むにたえないものである。高い主題の価値など求められるものではない。ことばの芸術としての面からも読むにたえないものであることはいうまでもない。」、したがって、童話は書かせるべきではないと主張している。

それでは、子どもの詩はすべてことばの芸術として「読むにたえる」ものであろうか。童話は童話作家を育てるために書かせるのであろうか。そうではないはずである。

詩を書かせるのは、現実をとらえる目を鋭くしたり、ことばの感覚をみがいたりするためである。子どもの書く詩は、特別な子どもの詩を除いては、多くは読むにたえない。しかし、一人ひとりの子どもをよく知っている教師にとっては、どんな拙い詩でも、それぞれの子どもの心の「生命」の表現として輝いて見える。教えている教師には「読むにたえる」のである。それと同じで、童話を書かせるのはコンクールに出させるためではない。教師に「読むにたえ」ればよいのである。一人ひとりの想像の世界は、子どもを知っている教師には「ひびいて」くるはずである。

文学的文章を書くことによって、子どもたちはもう一つの世界を想い描くことを楽しむ。自分の想いをことばで表現するために語感が鋭くなり、構想力が育つ。「もう一つの世界」に生きることをとおして、現実を否定し、現在の生活をよりよくしようとする。現在の世界に「もう一つの世界」、いわば未来から光があてられるのである。

童話や物語を書かせるのは、このような教育的意義を認めるからであって、それ以外の何ものでもない。

ここに現実をよく見つめた詩がある。

ぼくの一週間

神戸市西須磨小学校　四年　杉村智章

月曜日
ぼくのすきな　図工がある日
でも　じゅくがある日
なきたくなる

火曜日
家でのんびりできる日
でも
「勉強したんか?」
とうるさい

水曜日
なんにもない日　なんにも
でも
「明日はじゅくでしょう　明日の分しとき」
といわれる

木曜日
朝からじゅくのことが頭にあって
いやな気分

金曜日
遊びたい　遊びたい
でも学校が
六時間めまである日

土曜日
じゅくのある日
とくにいやあな日

日曜日
今日こそ
思うぞんぶん遊ぼう
でも　夕方
「勉強は」といわれた

（細見悦子　指導）（前掲書『ひょうごの子ども詩集』）

自己を客体化して冷静に見ている。自己をやや戯画化してとらえる高い眼も持っている。すぐれた詩である。だが、教師の側は、このあとこの子をどう指導すればいいのだろうか。「勉強、勉強と迫いたてられる現実をじっくりと見つめなさい、それはなぜかと考えなさい。」と要求するのであろうか。それでは現実への妥協を求める結果になりはしないだろうか。「いまの勉強はいつかは役に立つのだから……」と。遊びたい、走り出したい自己を抑制させ、内面からの本能的な声を欺く生き方を強制することになりはしないだろうか。

むしろ、わたしは、「自分を大事にする人間らしい生き方はどんな生き方であろうか」と人間尊厳の観点から現実を見つめさせたい。「自分はどんな一週間を送りたいか」という理想（ユートピア）の世界を書かせることによって、妥協する心とは別の目から現実を見させ、現実に違和感を感じる目を育てたい。

いわゆる創作による想像的な世界から現実を撃つ方が有効であるのではなかろうか。

五

望月一宏氏は、ある中学校美術部の生徒が空想を絵に描いて楽しんでいることを報告し、その絵は発想が奇抜で模倣はなかったと述べている。そして、「地球異変や日本沈没や人間改造のようなことを空想しているのだが、一五人のクラブ員の中には、このクラブのある日だけ学校にくるものもいるらしい。(9)」と書いている。この中学生たちはクラブで空想の絵を描くとき解放され、生きがいを感じているのである。このような表現をとおして自己を解放していく場をクラブではなく教室の授業でつくり出していくことが必要である。

創作（文学的文章）を書かせるのはそのための場をつくる契機となるであろう。

山住正己氏は、ふいと夢想の世界へのめりこんでいくさまに、まさに〈出かけてゆく〉少年の例を紹介している。後に画家となったその少年は、少年期に作文で事実についての記憶を書き記したことはなく、見たこともない富士山を上から下まで白かったと書いたり、母の里は金持ちで素晴らしい土産をもらったなどとまことしやかに書いていたそうである。この例をふまえて。山住氏は、「作文教育におけるリアリズムは、無味乾燥な形式的文章をよしとする風潮を克服するさいに出された主張である。ヒューマニズムと固く結びついていたこのリアリズムの精神を尊重し、いっそう発展させることは、子どもの生活意欲をよびおこすことにつながる。そしてこれと同時に『出かけてゆく』少年をも教育においては大切に扱い、その個性を育てるようにしていきたい。[10]」と述べている。つまり、リアリズムの綴り方と夢想の世界を描く想像文との両方を教室に持ちこむことの必要性を説いているのである。

西尾実氏は、文学教育と作文教育の両方から、文学的認識による創作指導を学習者全員に対して行う実践が出はじめたところ、一九六九年八月に、つぎのように、それまでの自説を改めたことを述べている。

文学教育における創作活動の学習は、このような鑑賞からの発展としての創作には留まらない。書くことの学習としての作文教育の領域に当然の位置を獲得しなくてはならない。

作文教育における創作活動の学習は、これまでのように特殊指導として創作的才能のある学習者のみを集めてクラブ活動としてこれを行なう態度を改め、全生徒の自由な創作に解放しなくてはならない。わたしはこれまではクラブ活動としてということの主張者であったが、現在はそれとともに、その前提として創作を全学習者の前に解放することが必要であることを痛感している。[11]

創作活動（文学的文章を書く活動）を作文教育の中にしっかりと位置づけ、自己の怒りや願望を思っているとおりにことばで写実の方法や虚構の方法によって表現しうる場と能力を全学習者に解放しなければならない。

抑圧的に作用する社会の現実に溺れかけている子どもは、多くは沈黙している。耐えがたいけれども、生きるとはそうするものだと自分に言い聞かせて諦めているのである。その自己抑制に耐えきれない者が暴力的に自己を表現する。このような現在の子どもたちに、自己表現を可能にし自己解放をさせていく道筋の一つが―それは、ことばにすがるという細い筋ではあるが――文学的文章による表現の指導なのである。

注

(1)滝口豊一「『お話』かいて、あそびましょ――現場から」(谷川俊太郎責任編集『ことば・詩・子ども叢書児童文学』第一巻、一九七九年四月　世界思想社)
(2)福岡教育大学国語科研究室・附属小倉中・福岡中・久留米中著『認識力を育てる作文教育』(一九七五年四月　明治図書)
(3)田宮輝夫「綴方教育の方法論の探究」(『作文と教育』一九七八年五月　百合出版)
(4)大村はま『個人文集』第一集〜第四集(私刊タイプ印刷)
(5)拙稿「伝達と虚構の作文指導の実際」(『文芸教育』二七号、一九七九年八月　明治図書)
(6)小川太郎『生活綴方と教育』(一九六九年七月　五版　明治図書)
(7)江口季好「想像について」(『作文と教育』(一九八〇年七月　百合出版)
(8)野地潤家編『作文・綴り方教育史資料　下』(一九七一年七月　桜楓社)
(9)望月一宏『中学二年以後』(一九七八年一一月　中公新書)
(10)山住正己「読み書き文化と子どもの発達」(岩波講座『子どもの発達と教育』1　一九七九年六月一日　岩波書店)
(11)西尾実「文学教育の課題」(『文学教育』一九六九年八月　有信堂)

(『日本文学』第二九巻八号、一九八〇年)

第七節　連句のおもしろさ（一九八四年）

ときどき、わたしは『猿蓑』の句を口ずさむ。夏には「市中はもののにほひや夏の月」、冬には「能登の七尾の冬は住うき」といった風に。座に集まった人たちが楽しみながら生みだした作品には、韻律があり、生活がある。その韻律には音声上のリズムにとどまらず、日本人の生の呼吸と重なっているような深さがあって、わたしの心の奥のところで響きあう。

野地先生は、この連句に結晶している俳諧のおもしろさを、わたしに教えてくださった。

野地潤家先生の「連句鑑賞」講義を受けたのは、一九五八（昭和三十三）年度であった。わたしが学部三年の時である。その前年の後期は「奥の細道」の演習であった。俳諧と芭蕉についての基本的なことは、二、三年時に学んでいた。「連句鑑賞」のテキストは杉浦正一郎編の影印本であった。当時のノートによると、一九五八年四月十二日に「連句文芸の統一性」と題する講義を受けている。第二講は、「猿蓑」関係文献の紹介と解説。「市中は」の巻の鑑賞にはいったのは第三講の後半であった。

野地先生の鑑賞は、⑴その句の位置の確認および連句法式との関連の説明、⑵句意の解釈、⑶前句ならびに後句との「つけあい」の説明、⑷批評、の順序ですすめられた。

⑵句意の解釈においては、先生は、まず先行作品との関係、典拠としている作品との関係などについて説明された。たとえば、

待人入し小御門の鎰　　去来

については、『源氏物語』の「末摘花」「朝顔」を紹介された。先生は、このような作品解釈の基礎作業をまず手堅くされたのであった。

わたくしにとくに印象深かったのは、このあとになされたことである。先生は対象とする句に関連する厖大な文例を蒐集されていて（更紙八分の一のカードに書きとられていた）、その中から適切な用例を紹介されつつ、句に表現されているイメージ（情景）をわたしたちに彷彿と描かせるように講義していかれた。

二番草取りも果さず穂に出て　去来

和田伝『草茅記』を引用されて、「除草には熟練工はいない。人手はいくらあっても足りない。家族総出でやるのであります。」と説明された。

灰うちたたくうるめ一枚　凡兆

「五月一月泣く子が欲しい」という慣用句を引用されて、「うるめ一枚を切らないでそのまま焼く。田植時は多忙を極める。農村主婦のエレジー。汗をぬぐう瞬間を求める」と説明し、「日本の農家は農繁期に一番粗食をする。」とも話された。

町に育った者として、わたしは表面的なことしか知っていなかった。除草、田植時の話を聞くことによって、農村の活気と貧しさと忙しさが一挙に了解できたように思われた。野地先生の引用を媒介にしての講義は、江戸時代の農民の生活へわたしを近づけた。

引用と説明が加わるごとに句の世界が、あたかも頁をめくるように広く深くなっていくのを感じていた。わかるとはどういうことか。解釈するとはどういうことか。「うるめ一枚」という語句から、農民の貧しさと田植時の忙しさと、そして貧しさに負けない活力とを、つまり表現にこめられた生活をとらえなければ、この句が分かったことにならないということを学んだ、あわせて、語句一つにこめられた生活を読みとっていく方法を学んだように思う。

僧や、さむく寺にかへるか　　　　凡兆
さる引の猿と世を経る秋の月　　　芭蕉

わたしのノートには、

僧×猿引き

〝辻音楽師には辻音楽師の王国があるのだ〟　　太宰治『鷗』

と記している。

貧しく孤独に背をかがめて歩いていく猿引きをわたしたちは想像しがちであるが、太宰のことばに出会うことによって、わたしは猿引きの内なる王国に案内されたような気がした。芭蕉の猿引きから太宰の辻音楽師を連想されるところは詩である。この連想における飛躍には野地先生の詩があった。

わたしは、講義の中でつぎつぎと紹介される、柳田国男、林語堂、室生犀星などのことばの多彩さに驚き、また、次は何が紹介されるか楽しみにしていた。そこには、座において新しい句が創造されていく時の期待感とスリルがあったように思う。

何よりも、対象の句と野地先生が紹介されることばとの不即不離の間に詩があった。それを説明される講義の中に詩があった。

（昭和35年卒業、昭和42年博士課程退学）

（野地潤家先生御退官記念事業会『野地潤家先生御退官記念論集　野地潤家先生に学びて』一九八四年八月）

第八節　言語化能力の教育（一九八七年）

ことばが生まれる場に立ち会わせる国語教育を創造したいと思う。子どもは、「おかあちゃん」「人間」「花」「美しい」「走れ」などのことばを身につけて学校へあがってくる。学校では、それらのことばをより広いことばの世界へ解き放つ。だが、実際には学校で学ぶことばは、生活から離れ抽象化されていて、子どもたちの実感を言い表したり思っていることを表現するには不十分である場合が多い。実感や思考の表層を軽くすくいあげているにすぎないのである。いま学校に求められているのは、子どもたちが就学前にことばを身につけたときのようなみずみずしい生命感と心のふるえをことばとの出会いの場にもちこむことではなかろうか。

人間　　稲井剛史

人間って　ふしぎやね
おかあさんとつよし
どうしてお話できるんやろ
人間って　いいねえ
ロボットは　ダメやね

（川崎洋編『子どもの詩』花神社）

一　西尾実の言語観と構造化

国語教育の内容と構造を考えようとすると、言語をどのようにとらえるかという言語観が問題になる。言語観にもとづいて国語教育の目標や方法が定まってくる。

わが国で国語教育の言語について本格的に考えたのは西尾実であった。西尾は、一九三七（昭十二）年に論文「文芸主義と言語活動主義」において、それまでの文芸中心の国語教育に対して「言語活動の教育」を定位することを提唱した。言語活動とは、「必ずなんらかの指示または身振りと結合し、なんらかの表情または行動と関連して、きわめて複雑な表現作用を形成しているのがその真相である。」として、「混質的・複合的」なものと考えた。国語教育の領域については「文芸主義と言語活動主義との関係は、一個の三角形における頂点と底辺との関係のごときもの」（『西尾実国語教育全集　第二巻』教育出版による）と把握した。西尾による「言語活動」の発見と定位は、国語教育の領域を広げるとともに国語教育を生活に近づけた。

言語化能力の教育

完成	発展	地盤
芸術性＋（文字）＋言語	文字＋言語	言語
創作	書く	話す
鑑賞	読む	聞く
言語文化	言語生活	

〈第一図〉

西尾実は、一九五一（昭二六）年に『国語教育学の構想』を著して、この考えを発展させて、つぎのように地盤段階、発展段階、完成段階として構造化して把握した。

西尾は、地盤段階の談話生活と発展段階の文章生活とを「狭義の言語生活」と呼び、完成段階の哲学・科学・文芸などの言語文化と区別し、「これからの国語教育が、あらためて開拓しなければならぬ領域は、狭義の言語生活教育である」とした。このような国語教育の構造化を支えた一つの言語観として、ことばを「言語（ラング）」、「言語活動（ランガージュ）」、「言（パロール）」

に分けてとらえたソシュールの理論があった（ソシュール著・小林英夫訳『言語学原論』一九二八年　岡書院　日本訳初版）。西尾実の「言語活動」または「言語生活」は、小林訳の「言語活動（ランガージュ）」に相当していた。

言語生活を三段階に分けて構造化した西尾の考え方は、言語経験主義の国語教育をめざしていた戦後の国語教育界に広く受け入れられた。話す・聞く・読む活動を重視する、いわゆる言語活動の教育が広く行われるようになった。

二　湊吉正の「国語科の構造」

湊吉正は、一九八四（昭五九）年に論文「国語科の構造」において、西尾実の国語教育の構造を包摂したうえで、「言語体系（音声・文字・意味・語彙・文法などの諸領域における諸言語形式の諸単位とそれらの複合的、重層的な選択・結合の規約の総体から成る）」を加えて第二図のように構造化した。

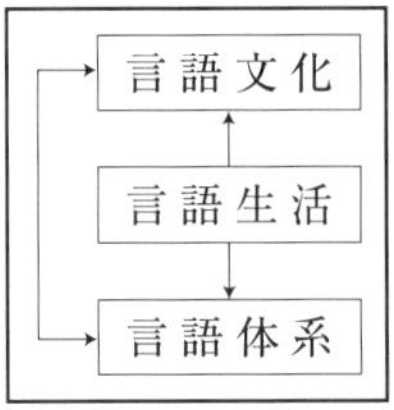

〈第 二 図〉

そして、「国語教育の全体領域を構成する三つの主要分野として『言語生活』『言語体系』『言語文化』の三者を設定し、言語生活から言語体系へと展開する筋道、言語生活から言語文化へと展開する筋道、言語体系と言語文化とを連絡する筋道を設置することができる」（野地潤家他編『中学校高等学校国語科教育法』桜楓社）と述べている。

湊の国語教育構造化は、一九七七年版、第五次指導要領の国語教育観を配慮してなされている。したがって、湊のいう「言語体系」は指導要領の「言語事項」に相当し、「言語生活」は指導要領の「表現」・「理解」の内容に相当する。

一九七五年前後からの国語教育は、一般的には、湊が図示した国語教育構造観にもとづいて実践されていると考えてよい。

三　ランガージュのとらえ直し—言語活動から言語能力へ—

近年、ソシュールの講義手稿などの資料の原典にあたって、精緻な研究をすすめてきた丸山圭三郎は、ソシュールが「ランガージュ」について、つぎのように述べていたと紹介している。

「ランガージュは、人類を他の動物から弁別するしるしであり、人類学的な、あるいは社会学的といってもよい性格をもつ能力と見做される。」

「個々人には分節言語能力と呼ぶことができる一つの能力がある。……しかし、これはあくまで能力に過ぎず、外から与えられるもう一つのもの、すなわちラングなしにこれを行使することは事実上不可能であろう。ランガージュは抽象的なものであり、それが現前するためには人間存在を前提とする。」

「ランガージュは、一つの潜勢、一つの能力に過ぎず、……個人ひとりでは決してラングに達することはないだろう。ラングはすぐれて社会的なものである。」（以上、丸山圭三郎『ソシュールの思想』一九八一・七、岩波書店）

これらの言表から判断すると、ランガージュとは、人間に特有のものであり、人間に生得のものであり、世界を分節して把握させるものであり、ラングをとおしてしか外化されない抽象的なものであり、言語活動を可能とする潜勢的な能力のことである。

丸山圭三郎は、ランガージュとは「いわば《ヒトのコトバ》もしくは《言語能力》と訳せる術語で、これこそ人間文化の根底に見いだされる、生得的な普遍的潜在能力である。まことに、ヒトがhomo faberでありhomo sapiensであるためには、まずhomo loquens である必要があったし、ランガージュの所有は、その間接性、代替性、象徴性、抽象性によって人間の一切の文化的営為を可能にせしめた。」（同前書）と捉えている。ランガージュは、人間の言語活動を可能にする根源的な能力であり、一切の文化的営為を可能にする能力であると把握している。

このようにランガージュをとらえると、従来の「言語活動」または「言語生活」という訳語と理解は、ソシュールのオリジナルな考え方を誤解していたことになる。すなわち、丸山は、「ランガージュを言語活動と訳す点に問題がある」(『文化のフェティシズム』 一九八四・一〇・一五 勁草書房)というのである。すなわち、ソシュールはランガージュを話し・聞き・読み・書く言語活動と考えていたのではなく、それらを可能にする能力と考えていたのである。ソシュールは、それを人類に普遍な、言語を生み出し、運用する根源的な能力として、言いかえると「言語化能力」として考えていたのである。

四 新しい国語科の構造

わたしは、ソシュールのいうランガージュにこれからの国語教育の根基となるものを見いだしたい。「言語能力」という用語は、これまでにわが国の国語教育界でさまざまな概念で使われてきたので、それから自由になるために、「言語化能力」という訳語を当てておく。言語化能力を第三図のように、「言語文化」・「言語生活」・「言語体系」の基盤にあって、それらを生み出し運用する人間固有の潜在的な能力であると見なすのである。

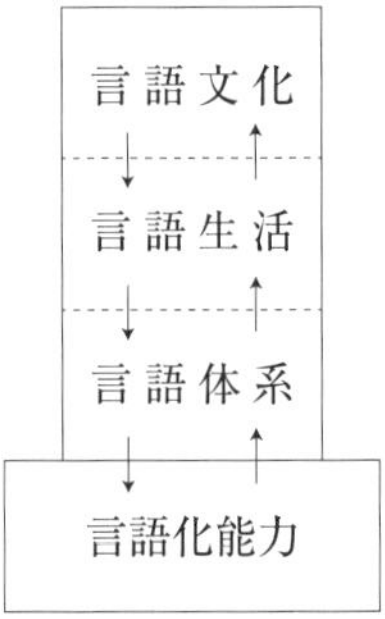

〈第 三 図〉

もし、このように「言語化能力」を位置づけることができるならば、これからの国語教育は、言語体系・言語生活・言語文化を生み出していく根底にある能力に働きかけ、その能力を活性化し、より強力化していくことを目標とすべきであるということになろう。

では、その目標を達成するためにどうすればよいか。それは、ことばの生まれる場に学習者を立たせ、言語化能力をめざめさせ、豊かにしていくことであろう。それは、(1) 生活経験を豊かにし生活において経験と言語とを結びつけることであり、（2）絵画・写真・テレビ・ビデオなどの映像をことば化する表現活動をさせることであり、（3）文学という虚構の世界に生きさせて感動をとおしてことばと出会わせることである。

（初出『教科研究国語　小学校編』No.88　学校図書、一九八七年。『国語科教育論』（溪水社、一九九六年）採録）

〔解説〕

田中　宏幸

▼第一節「ある対話」は、広島大学教育学部国語科昭和三十七年度入学生の卒業記念文集『春蘭』（一九六六）に寄せられたエッセイである。浜本は当時、二八歳。広島大学大学院教育学研究科教育学専攻博士課程に在籍しながら、広島県立広島皆実高等学校非常勤講師として、二年生の授業を受け持っていた。そのときの「国語学習記録」に記された高校生からの問いかけに応じたものである。受験勉強に疑問を感じている生徒の気持ちを真っ直ぐに受けとめながら、「勉強」は「一人の人間としてわれわれが社会に生きていくためにするのである。自然についてその真実を知り、社会についてそのしくみを知り、人間についてその本質を考える。そのための数学であり、社会であり、国語である。学習したものを土台にして、社会の中で社会をよりよくしながら自分をより幸福にしていく。そのための基礎を高校で学ぶのである」と答えている。勉強することの意義を平明な言葉で諭しつつ、「さらに討論しよう」と呼びかけるのである。ここに、対話を重視しながら、ものごとの本質を解明していこうとする基本的な姿勢が窺える。

▼第二節「国語科教育の課題と新しい一つの方向」は、福岡教育大学教育学部助教授となった年の最初の講演記録である。『福岡教育大学国語国文学会誌』（一九七一）に発表され、後に、単著『国語科教育論』（一九九六）の付録として再録された。この論考が書かれたのは、いわゆる大学紛争の盛んな時期であった。学生と教官とが同じ言葉を使いながら意味が通じ合わない状況を目の当たりにしながら、「人間が理性的に生きるにはいかに言葉が重要であるか」と実感するとともに、「例えば・・・のように」と答えようとする学生の言葉から、「言葉（論理）で捉え

得ないものをイメージで具象的に表現する文学的思考法」の有効性を感じ取ったのである。

この講演で、「国語科教育の新しい方向」として挙げられているのは、次の四点である。(1)「言語による人間の成長と発達」をめざすために、日本語という側面よりも「人類的な文化遺産としての言語」という側面を大事にしたいということ。(2)近代化の理念と成果（自由作文と話し言葉を国語科の中に位置づけること）を組み込んで現代化（論理・抽象性および科学の体系）を図るべきであるということ。(3)「言語生活の基本」を教えるために、「言語教育・文学教育・作文教育」の三分野の構造で国語教育の内容を精選すべきであるということ。(4)「言語を使いこなせる主体的な人間」を育てるために、作文教育の面では、生活綴り方の成果を継承し、論理的な文章と文学的な文章を書かせること。話し言葉教育の面では、話し合いによって解決法を見つけ出していく能力を育てること。この四つの柱は、この後、確立されていく国語科教育論の骨格の一部をなすものとなっていった。

さらに、この講演の後半部では、「言葉の機能や役割に対する自覚」を促す教授＝学習を実現するための教材例も提示されている。「言葉」について説明した文章を、読解教材として扱うのではなく、「言葉について考えあうための資料として生かそうと提案しているのである。ここに示された教材の構造と系統性は、現代の教科書編集にも生かされており、先駆的な提案であったと意義づけることができる。

▼第三節「『国語通信』『こくご通信』について―戦後国語教育史におけるその位置―」は、広島大学教育学部光葉会『国語教育研究』第二十号（一九七三）に掲載された論考である。ここにとりあげられた『国語通信』は、広島教育図書刊行会から、一九四八年一〇月から一九五〇年二月（三一・三二合併号）まで、一七ヶ月間にわたって中学生を対象として発行されたものである。また、一九四九年五月からは、小学校上級生（四年生以上）を対象とした『こくご通信』（一号〜一六号）も発行された。いずれも各号一二ページの小さな新聞に似た雑誌である。

この雑誌は、三つの部から構成されていた。第一部「巻頭読み物」（珠玉の文学作品、童話・戯曲等）、第二部「児童作品」

（創作・詩・作文等）、第三部「研究室、娯楽室、読書室」（国語の勉強をするための資料）である。「巻頭読み物」では、日本の昔話や世界の名作、当代一流の執筆陣による随想などを示すことによって、苦しい生き方を強いられている現実の子どもたちに高い文化的香気に触れさせようとしていた。「作品欄」には、子どもたちによる創作や自由詩のみならず、被爆体験記録も掲載されていた。さらに、本誌には『指導のしおり』もつけられており、そこには「子どもの内なるものへの絶対の信頼」を重視しようとする考え方が綴られていた。

この雑誌そのものは、今は、広島市立図書館で「マイクロ資料」として見ることしかできない。だが、この論考の記述によって、雑誌の内容・構成も、編集者の意図も、読者の受けとめ方も手に取るようにわかる。要点の押さえ方、具体例の示し方、歴史的位置づけや時代背景への目配りなど、国語教育史研究の論述モデルとしても学びたい。

▼第四節「国語教育と言語観」は、全国大学国語教育学会第四十四回東京大会シンポジウム「国語教育における言語観」（司会・石井庄司、湊吉正、渋谷孝、浜本純逸）での提案である（『国語科教育』第二十一集・一九七四所収）。湊は、「国語教育者は、自己の主体的立場から、『自然的教育』と『働きかけとしての教育』における国語の諸相を総合して、それを一つの生きて働く動態としてとらえるべき視角を獲得すべきだ」と提案し、渋谷は、「国語科教育には、言語技能の習得の面と思想的文化習得の面との両側面があるが、用具教科としての国語科であることの認識に立つべきである」と主張した。これに対し、浜本は、これからの国語教育の言語観は、「民族のレベル」としての「国語」ではなく、「人間の成長と発達にとっての言語の習得と学習というレベル」で問題を捉えていくべきだと述べたのである。このとき、言語の役割・機能として「伝達、認識、思考、想像」の四点を挙げている。この四機能は、岩淵悦太郎『現代日本語』（筑摩書房、一九七〇）の「認識・伝達・思考・創造」という指摘に近いものであるが、なかでも「認識」と「想像」について詳しく論じているところに注目したい。この考え方が、文学教育と作文教育に力を注ぐことに繋がっていく。認識力の育成を目指す作文教育は、福岡教育大学附属小倉・福岡・久留米中学校と

の共同研究によって具体化され、『認識力を育てる作文教育』（明治図書、一九七五）として結実していくのである。

▼第五節「意識の変革から認識力の育成へ」と第六節「子どもの表現と自己解放」は、ともに『日本文学』に発表された論考である。前者は第二四巻一号（一九七五）所収、後者は第二九巻八号（一九八〇）所収である。五年の年月を経ているが、この二つの論考を重ねて読むと、浜本の文学教育・作文教育に関する考え方がよく分かる。まとめていえば、「文学的認識力を育てることは、作品を感動的に読みとらせて『問題意識を喚起する』ことに終わらないで、さらに一歩進めて現実をどのように認識するかという形で現実に働きかけることになる」ということである。別の言い方をすれば、「真の文学教育は、単なる享受体験をさせるだけに終わらないで創造の体験をもさせていくところに成立する」ということである。

第六節には、こうした考え方を具現した実践事例が収められている。抑圧的な社会にあって苦しんでいる子どもたちに、「自己表現を可能にし自己解放をさせて行く道筋の一つ」として、文学的文章（想像の作文）の指導を作文教育の領域に位置づけることを提言しているのである。

▼第七節「連句のおもしろさ」は、『野地潤家先生御退官記念論集』に寄せられた一文である。野地先生の授業とお人柄を紹介する意図で書かれたものであるが、浜本の受け止め方にも味があって、心に残る麗筆となっている。野地先生の「連句鑑賞」の講義は、作品解釈の基礎作業を手堅く行った上で、膨大な蒐集文例の中から適切な用例を引用し、句の情景が彷彿と描けるように説明を加えていくというものであった。浜本は、それによって「表現にこめられた生活を捉える重要性」を学ぶとともに、「連想における飛躍」に「詩」を感じ取っていったのである。

個人的な思い出になるが、二〇〇四年夏、軽井沢で開かれた早稲田大学大学院浜本ゼミの合宿では、二夜にわたって「連歌会」が開かれた。連句法式を簡単に確かめた後、すぐに連句を作るのである。初心者にとって、百韻を編むのは苦行であると思われたが、やがて「座において新しい句が創造されていくときの期待感とスリル」を味わえるようになった。このように俳諧のおもしろさを体感する場を設定していく原点は、野地先生の講義にあったのかと今更ながらに納得させられる。
▼第八節「言語化能力の教育」は、小学校の先生を対象に「国語科の構造」を図式化して解説しようとした論考である。第四節の「人間の成長と発達にとっての言語の習得と学習というレベルで問題を捉えていくべきだ」という趣旨の指摘と重ねて読むとよくわかる。
国語教育の領域に「言語活動の教育」を定位し、「言語生活」を三段階（地盤段階・発展段階・完成段階）に分けて構造化した西尾実の考え方（一九五一）は、戦後の国語教育界に広く受け入れられた。この考え方は、一九九八年版以降の学習指導要領において「言語活動」が重視されていることに繋がるものである。

一方、湊吉正の考え方（一九八四）は、国語教育の領域を「言語体系」「言語生活」「言語文化」の三分野に分けるものであった。これは、一九七七年版学習指導要領の内容構成（表現・理解・言語事項）に配慮して示されたものであり、一九七五年前後からの国語教育の実践は、この考え方に基づいているものと言うことができる。

これに対し、浜本は、ソシュールの言う「ランガージュ」に国語教育の根基となるものを見出そうとし、「言語化能力」という訳語を充てることにした。「言語体系・言語生活・言語文化」を生み出していく根底にある能力に働きかけ、その能力を活性化し、より強力化していくことを目標とすべきだと提唱したのである。そのためには、「ことばの生まれる場に学習者を立たせること」が大事であり、具体的には、①生活において経験と言語を結びつけること、②映像をことば化する表現活動をさせること、③文学という虚構の世界に生きさせて感動を通してことばと出会わせることだと説いたのである。
▼以上、第二章に収めた八編の論考を通して読んでみると、浜本の国語教育観の特徴は、次の四点にあるとまとめることができよう。

一、「民族の言語」という側面よりも「人類的な文化遺産としての言語」という側面を大事にしたこと。
二、言語の持つ「認識」と「想像」の機能に着目し、文学教育と作文教育に力を注ぐことによって、学習者自身が「言葉と出会い言葉を紡ぎ出す場」を形成することを重視したこと。
三、理論研究と教育実践の歴史的な積み重ねを検証することと、未来を展望することとを結びつけて、現実課題の解決の道を明らかにしようとしたこと。
四、「聞く・話す・読む・書く」活動だけでなく、「見る」活動も国語科の領域として取り入れる必要があると考えていたこと。

浜本は、エッセイ集『遠くを見る』（二〇〇一）の「エピローグ」（初出『鍛える国語教室』一二号、明治図書、一九九七）で、次のように述べていた。


　毎日の生活においては悔いの残ることが多い。それらを引き受けて立ち向かう日々の心を支えているものは、過去の明るい経験であり、未来から射してくる光である。未来のことを思うと何でも実現可能のように思われて、すべてのものが輝いて見える。私は、どちらかといえば、振り返ること少なく前を向いていることが多い。

　研究においてもこの前を向く傾向が現れやすいので、私は、つとめて、先人の実践と研究に学ぶことにしている。テーマを得ると、まず自分の仮りの答えや思いつきをメモした上、先行の研究や実践を調べる。このことは、自分の意見や仮説を相対化することにおいて、テーマを複眼で見ることにおいて、役立っているようである。また、テーマを選ぶ際には今日のことに役立つものよりは、射程距離を長くして明日のことに役立つものを選びたいと思っている。

　研究の進め方では、明日のあるべき教育を追求することによって今日の課題に取り組みたいと考えている。そういうことが、結局は、今日的課題の本質的な解決に役立ち、普遍に至る道のようである。

浜本は、常に広い視野から次の時代を見通して鋭い提言をするが、それを支えているのは、緻密な歴史研究と実践尊重の精神だということが、この歯切れのよい文章から窺うことができる。この精神の源流をこの『初期論集』に収められた各論考に見て取ることができるのである。

第三章　平和教育への希求

第一節　戦争体験の継承（一九六五年）

一

「もはや戦後ではなく、戦前である。」ということばを聞く。現在は第三次大戦の戦前であるというのである。それだけの危機意識がなければわれわれの身のまわりの諸状況に処していけない、という警告の気持ちをこめたことばであろう。このことばはしっかりとわたしたちの心の中に受けとめておきたい。

「過ぎ去った昔のことをいくらふりかえってみても、それは老人の繰り言にしかすぎないのではないか?」「こんなつらかった。こんなに苦しかった、といっても、それは昔の傷ましい傷口をなめて、いくらかは暮らしやすい現在の自分を肯定する麻酔剤にしかすぎないではないか。」「昔のこと、以前のことを回想ばかりしていると、それはいつか懐旧の情に変わり、かえって昔を懐かしむ気持ちを産みはしないか。」というようなことを、わたくしは五九年、学部三年の学生の頃言っていた。これらは、当時「わだつみ会」のリーダーとして戦争手記をふりかえることによって反戦運動をすすめていたK君に対するわたくしのことばであった。人間関係からサークル内に起こるあれこれの問題に真剣に悩みながらもサークルをまとめ反戦の討論会・講演会などを組織していたK君に対する羨望と、戦争に対する認識の浅さとからくる、私の軽薄なやゆのことばであった。今思うと、キマジメになることをどこかであざ笑う青年期特有のニヒリズムの現われであった、とも考えられるが、何よりもわたくしの、戦争をほんとうには体験していないこと、知らないことに原因があったと思われる。

その時から六年が過ぎた。それなりの時間を生きてきて、いまわたくしはあの頃とはまったく逆の立場、つまりK君の立場に近いところにいる自分を見い出している。

かつて、友人としてともに選びあって同じ下宿をもったK君に対し、浅薄な議論をふきかけることによってその足を引っぱっていたことを思い知るいま、悔いは深い。

あらためて、かつての自分に反論したい気持ちでいる。

「はたして、過ぎ去ったことをふりかえるのは老人の繰り言にすぎないのか。」

「はたして、昔の傷ましい傷口を見つめることは、現在を肯定させるクスリになるのか。」

「はたして、回想は懐旧の情ばかりしか産まないのであろうか。」と。

二

昭和十九年、八才のとき、わたくしは、徴用で炭坑にとられていた父に連れられて、九州の後藤寺の鉱山の社宅にいた。もちろん、父や母の仕事のつらさなど知ろうはずがない。塩をいっぱいまぶした大きなおにぎりを四つも持って、朝あるいは夕方に炭坑へ出かける父がうらやましくてしようがなかった。坑内で裸で筋肉労働をする父には汗をかくため塩分が人並み以上に必要だし、ごはんも人並み以上に必要なのは後で知った。その頃は、父のおにぎりと自分たちの食べる雑炊との対比があまりにも鮮やかに脳裡にうつったのである。

それはとにかくとして、その頃ひっきりなしにくり返される空襲警報にわたしはうんざりしていた。そのたびに母や近所のおばさんたちにひったてられるように暗い防空壕へはいらなければならなかったからである。たび重なる空襲のあと（片田舎であったからであろう。）けっしてその土地には爆弾が落ちないことを知ったわたしたちは、しだいに空襲に馴れ、高く飛ぶアメリカの飛行機をかならずしも恐いものとは思わなくなっていった。はじめは防空壕からおそるおそる首をつき出していたのであるが、しだいに物おじしなくなり、ついには飛行機の飛ぶ真下で遊びはじめるようになった。そのような時、音もなく空高く飛ぶＢ29を見つけると喜んで「あそこに、あそこに」などと指さしていちばん早く見つけたことを他の子どもたちに誇るしまつであった。

実際、いまも、その時のＢ29は青空に小さくキラキラと輝きながら飛ぶ銀色のかたまりとして思い出され、「美しい」という印象が残っている。母たちに殺人機としてうつったＢ29はわたくしにはあこがれの美しい空の星としてうつっていたのである。それはけっして死とは関わりがなかった。

わたくしたち腕白坊主が「美しい」ものとしてはしゃぎながら眺めた飛行機の一つが、あの長崎へのあの原子爆弾を運んだかもしれないということは知るよしもなかった。

わたくしに戦争と死をつないで考えることをさせたのは朝鮮戦争であった。その時、わたくしは中学一年生であった。一九五〇年（昭和二五）六月二十五日の夕刻、わたくしは、号外の声に道路へとび出し、朝鮮戦争勃発を告げる号外を手にした。その時、なぜか、わたくしは戦争＝死ということを即座に思い、「自分も死ぬる、この自分も死ぬるのか？」という恐怖につつまれて、しばらく呆然とその道路に立ちつくしていた。

おそらく血の気の失せた蒼白い顔色をしていたであろう。なぜ、その時、戦争当事者の朝鮮の人たちの死を思わずに自分の死を感じたのか分からない。とにかく、この朝鮮戦争で自分も死ぬるかもしれないと思って不安になったことはたしかである。その戦争は当然日本をも巻き込み、世界大戦へと拡大する、と考えたからであろうか。あるいは、少年期の生命を自覚しはじめた心に戦争が直ちに死のイメージを誘発したのであろうか。

わたくしは、その時以来、戦争は死を呼ぶものであると考えるようになった。それから当分の間は、空飛ぶＢ29

は死神としてうつった。

三

いま、人類は、いくたびかの戦争を行っている。自分たちの国土を自分たちの手で耕やし自分たちの手で豊かにしたいと、ただひたすら願うベトナム人たちの望みをふみにじる戦争が行われている。

人々は、会うと、「ベトナムはひどいですね……。」、「ベトナムについてどう思いますか……。」などという。あいさつことばにベトナム戦争を引いている。時候のあいさつに代えるにベトナム戦争をもってしているのである。その人々には、ベトナムの人々の生死は、草の芽吹き、花開くことと何ら変わらないできごとのようである。人々は、「ベトナム戦争」をあいさつことばに持ちこむことによって、ベトナム戦争について深く考えることをさけているのではなかろうか。新聞をにぎわす話題であるから、まずあいさつにふれる。「そうですなあ。大変ですなあ」で終わる。そして「さて、本題は……」と今日明日の買い物とか商談にはいるのである。あいさつことばでふれることによって、世界戦争へつながる・人間の生死につながるこの問題を避けて通ろうとしているようである。

ここには、自分たちの経てきた・体験してきた戦争への悔恨がない。自覚がない。このようにベトナム戦争をあいさつことばにして素通りさせる人々は、戦争を軽くいなしてすませうると思っているのであろうか。あるいは、軽くいなせないからこそ、「あいさつことば」にするよりしようがない、と思っているのであろうか。前者ならばあまりにも浅薄にすぎる。後者ならばあまりに敗北主義にすぎる。

この目前のベトナム人とアメリカ人の戦いを自分たちの戦争体験をくぐらせて考えるとどうなるか。わたくしたち日本人が経験した戦争は、すべて生命あるものを奪っていった。この一点においてだけでも、戦争が生命あるものを奪う事実は明らかであろう。それが人間の名においてなすべきことでないのは明らかであろう。一民族の国土を他民族が攻撃するということに正義という崇高なことばが使えるかどうか明らかであろう。

日本人が第二次大戦中に経験した死の恐怖・人間不信の悲惨さ・飢えのみじめさ・肉親離散の悲しさ……すべてそれらは戦争がもたらしたものである。

その恐怖、その悲惨さを二度とくり返さないために、わたくしたちは自らの体験をたしかめ、より広い所へつなげねばならない。わたくしたちはわたくしたちの戦争の体験を見つめ、考えることによって、そこから未来の歩くみちをさぐるべきであろう。およそ未来というものは、そのようにして過去の体験の上に立ってはじめてしっかりとした足場を築くことができるのであろう。

「過ぎ去ったことをふりかえるのは体験者の責務である。」

「傷口は、その意味、なぜそれは傷であるのかを明らかにしなければならない。そうすることによってその傷を二度とは生み出さない方途も明らかになるであろう。」

「回想し、分析することは、未来のための教訓を導く。」

戦争は、けっして「あいさつことば」にして素通りさせていいものではない。そのことばが出たときは、そこで立ち止まって方向を見きわめるべきであろう。

わたくしは、戦争＝死と直結させて恐怖した中学生の時の感覚を蘇らせたい。そのような感覚の中に生きていたい。

四

第二次大戦中、Ｂ29を「美しい」と讃歎の声を放って見とれた少年はいまや青年期を通り越そうとしている。そのような青年たちはそれぞれに社会の中に身を置きつつある。彼らには、ほとんど戦争体験がない。体験していいない者には、「戦争」を身近なもの・直接自分の問題として、は考えにくい。やはり体験者は語るべきであろう。自分の生きなければならなかった悲惨な戦争について。美しいＢ29が原子爆弾を運んだのであるということを。

もう一つ若い世代、たとえば高校生の一人は、「もし戦争が起こったら、あなたは…」と問われて、「仮定のモンダイニハオコタエデキマセン」と答えたそうである。また、ある受験勉強に熱中している者は「カンケイナイ、カンケイナイ」と答えたそうである。おそらく、彼は、原子爆弾が落ちても水素爆弾が落ちても彼の生命にはカンケイナイと信じているのであろう。

このような考え方を持って育ちつつある子どもたちに、戦争を体験した者は自分の経験をありのままに語るべきであろう。ことばがとどこおりがちであってもいい。時として想い出すことに耐えきれず絶句することもあろう。その時は、その絶句する気持ちを述べて欲しい。そうすれば、子どもたちは、ほんとうの生きることの意味を感じ、自分の位置と社会全体の流れについても考えはじめるであろう。「カンケイナイ、カンケイナイ」などと、まじめそうでいてしかものん気すぎることばは出せなくなるであろう。

戦争体験の事実が語られることによって、子どもたちは、だれがどのような考え方がそれを導いたかをたずね出していくであろう。子どもたちは、父や母の生きた時代を想像し、今の自分の生き方と対比させることであろう。それらの体験をつい20年ほど前の体験として、それも身近かな者の体験として肌に感じ、自分の体験と重ね合わせ、未来に生かしていくであろう。そのようにして、多くの体験者の語る戦争体験は、より広い人間全体の問題として次々の世代に継承され、戦争を起こさない心を、運動を生むことであろう。

現在を、「戦前」であらしめないようにする決意も生まれることであろう。（一九六五・六・一四）

（山下会『あさ』第二号「特集　わたくしの戦争体験」一九六五年）

第二節　被爆体験の継承と教育（一九七二年）

一

子どもたちに戦争体験を継承させるにはどうすればよいかという課題を持って「平和教育」に取り組もうとした福岡教育大学の女子学生Sさんが、この四月に広島を訪れてすっかり自信を失なって帰ってきた。

広島で何人かの人に会い、その被爆の現実の悲惨さに胸うたれ、恐ろしくさえなってふるえあがったのである。こんな恐ろしい事実を自分では語れないし、まして子どもに話してやる勇気はない、と思ったらしい。彼女の意欲をそぐことにさらに追い打ちをかけたのは、「ピカの恐ろしさは、ことばでは言いあらわされんよ」という、平和公園で出会った老婆のことばであり、また、「子どもに被爆体験を教えてどうしますか。あなたは子どもたちの生き方に明るい方向を見いだしていますか。どのようにあなた自身が生きていくか、たたかっていくかに方向を持っていますか。」という反語的な、ある広島の教師のことばであった。

このような難題に直面した、気だてのやさしいSさんの小さな理想主義は、いま足踏みし、消えかかっている。この難題について、Sさんから報告を受けた。わたくしは、わたくしを含めて、広島を考え、長崎を考え、戦争体験の継承を考える者がたえず対恃し、自分なりに答えを出していかなかればならないものであろう、と考えた。そして、わたくし自身にも確たる答えの持ち合わせがあるわけではなく、たえず、いくつかのことばで答えを出してみつつもいまだに迷っている。

二

こんな問いに迷っている時、たまたま広島から届いた『夾竹桃　第2号』（胎内被爆者・被爆二世問題対策会、一九六二・六・九）の内海団子さんの『原爆との出合い』が心に残った。

「私は二十一歳。戦争は知らない。原爆の恐しさも被爆の苦しみも実感を伴わない。原爆との出合いは三年前。看護学院に入学して原爆病院で実習した時から始まる。やけに暗くて薄よごれた病室、陰うつな空気が漂う。私は拒否反応を示した。平和公園は嫌いだった。鳩が無気味だ。平和公園の散歩は不安感を伴った。被爆の跡を持つ広島は怖かった。」

広島と向かいあった時の、はじめての感想を率直に述べておられる。あまりにも残忍な原爆の力に怖れを抱いている点はSさんと同じである。しかし、内海さんはこの感情に溺れてしまわないで、広島の現実とその後も向かいあった。

「一年前、自分自身が人間として生きることにめざめた時、経験したことのない戦争が、被爆が、過去のものではなく現実に行なわれ、また繰り返されようとしていることを自分の問題として受けとめること、受けとめる必要のあることを知らされた。そして同じ人間として怒りや悲しみを感受できる自分を発見した。平和公園を散歩する私の歩調は別のものとなった。原爆ドームをうつす元安川の川面に血の色を見たような気もした。そして今原爆病院に就職して二ヵ月が過ぎる。」

さらに、内海さんは、「戦争を憎み、核を憎み、人間の生活を泥足でふみにじる諸々の存在を憎んで、そのことを自分の行動の原点に据えて生きて行きたいと思う。」と言われる。内海さんの「人間として生きることにめざめた時」は、まさに本人にとって重く、さわやかなものであったにちがいない。

内海さんをこのように目ざめさせたものは、おそらく「被爆の悲惨さ」そのものであっただろう。「被爆の悲惨さ」に向きあうと、どうしてもこの悲惨さを繰り返してはならないこと、原爆を投下させた者への怒りを感じざるを得なくなる。それと同時にあの原爆被災の中から生きぬいてきたその勇気に感動させられる。内海さんは広島に居て、原爆と出会った。

わたくしは、Sさんには、広島に関する記録、文学作品を読みつづけることをすすめている。書かれたことばをとおして向きあうために。

三

事実を記録したことばは強烈であり、読んでいると、書かれている人々の姿やうめきが立ちあがってくる。とはいえ、事実を語ることばは、体験していない者には、「あそうか、そうだったのか」とだけ受けとられて特異な個人的な体験としてほうむられ、読み手の生き方や体験にくいこまないで忘れられていく場合がある。そこで体験を多くの人と共有化するために、いわゆる芸術的な語り口が求められたりする。体験を一般化し、抽象化して、フィクションを構成していこうとする試みである。

雑誌『文学教育№7』（明治図書　一九七二・五・三〇）「戦争児童文学についておもうこと」について、五人の児童文学作家や評論家が書いているが、その多くは「体験をただ体験として、作品化したものより、体験をきりはなし、一つの虚構として、客観化して作りあげたもののほうがいいのではないかと思ったり、また、ルポルタージュ文学のほうがよりつめられるのではないかと考えたりした。」（乙骨淑子　一九ぺ）ということを問題としている。その中で、広島の作家、大野允子さんだけが、いろいろな迷いを記したあと、「まず、事実そのものを知らせることから始めるべきです。戦争はいやだな、それだけをぴーんと感じとればいいのです。これが核になって、きっとふくらんでいきます。」ときっぱりと書いておられる。この考えは、広島に住む作家としての一つの決意をこめた発言として受けとることができる。

大人たちの体験した事実をどのように伝えれば子どもたちが受けとめていけるのか。おそらくそれは、ことばの意味するもの、指し示すものをどれだけ確かに想像できるかということであろう。たとえば、『あさ　6号』の『被爆雑記』の中で、山本美都子さんが、「父は焼けあとから白骨となって出てきた。」とさりげなく書いている。この無念さ、口惜しさをどのようにすれば若い人々、また子どもたちが、自分のこととして感じとれるか、ということである。そのことを教育者として考えていきたい。

四

もっとも、個人的な体験だからと言っても、他人に伝わらないわけではない。山下会の記録『あさ　七号』の近藤さんの『どくだみ草』が、福岡県中間市立中間小学校の五年生たちが加来宣幸先生の「読み聞かせ」とその指導によって受けとめられている。その感想が、近藤さんへの手紙という形で書かれ、『原爆体験は子どもらの胸に』（山下会、一九七一・一二・一〇）にまとめられている。その一つ、平田英姫さんのものを引用しておきたい。

最初は、私の考えだと、原爆なんて、ばかばかしいと思いました。

けれども、先生に、おばさんたちの書いた本を読んでもらってから私は、原爆が、どんなに、おそろしい物かが、はっきりとは、いえませんが、わかるような気がしました。私は、その本に出てくる清二さんが、とてもかわいそうな、気がしました。

私は、原爆なんて作って戦争をおこすのは、いけないと思います。おばさんたちも、そう思いませんか。

……後略……」

はじめ、「原爆なんて、ばかばかしい」と思っていた五年生が、体験記を先生から読んでもらうことによって、「原爆がどんなに、おそろしい物かが、はっきりとはいえませんが、わかるような、気がしました。……清二さんが、とてもかわいそうな、気がしました。」と原爆に対する認識を変えている。

この平田さんのように、原爆について、「はっきりとはいえませんが、わかるような、気がしました。……かわいそうな気がしました。」という、心から感じとった気持ちをもとに、自分なりに戦争に対する意見を組み立てていくことは大切なことだと思う。事実に向かいあうことによって、原爆の恐ろしさ、被爆者のつらさを身をもって感じているのである。その実感から発せられる子どもたちの意見を大事に育てていきたい。

『あさ』の文章を加来先生が「読み聞かせ」なかったら、子どもたちは、やはり、「こんな話をきく前は、原子爆だんとゆうことをきくと、ふざけてばかりいました。」という状態がつづいたことであろう。しかし、教師の判断で、この文章が教室に持ちこまれたことによって子どもたちの考えは変わった。この五年生たちの「原爆なんて作って戦争を、おこすのは、いけないと思います。」という考えは、子どもたちとともに成長して、何らかの形で心の中に定着していくことであろう。

この素朴な正義感に支えられた子どもたちの考えは、いつの日か、あの内海さんが経験した「人間としての目ざめ」にいたりつくかもしれないのである。

五

わたくしは、女子学生のSさんが、戦争体験、被爆体験の事実に向かいあうことによって、内海さんと同じような「めざめ」をするよう期待している。戦争体験、被爆体験の自分なりの受けとめ方をとおしてしか、「どのように教えるか」という子どもたちへの媒介者の役割は果たせないからである。

「体験」をわがこととして子どもたちが感じ、戦争について想像しうるようにするにはどのような教室の場をつくり、どのような方法をとればよいか、わたくし自身も、国語教育の研究者として教師としてじっくりと考えていきたいと思っている。

（初出　山下会『あさ第八号』一九七二年。『遠くを見る―ことば学び・四十年』（教育企画コヒガシ、二〇〇一年）採録）

第三節　原爆教育は広がる（一九七三年）

近代文学演習のテキストとして、原民喜の『夏の花』をとりあげるにあたって、ことしの大学一年生がどれだけ原爆についての知識を持っているかを知るために、この五月三〇日（一九七三年）にアンケートをとってみた。対象は、福岡教育大学入学者約七百名のうちの演習受講者わずか四十六名（男子4名、女子42名）であったが、この春、高校を卒業した若い人たちの意識実態の一端はうかがえよう。

その結論を先に述べると、残念ながら、彼や彼女たちには、原爆についての知識や学習がきわめて乏しいということである。

アンケートとその結果はつぎのとおりである。

1　原爆が落されたのはいつですか。	結果	
広島　一九四五年　月　日	広島　八月六日　38人→八四・五%	長崎　八月九日　32人→六九・六%
長崎　一九四五年　月　日	一日　1人	八日　4人
	三日　1人	一三日　2人
	五日　2人	一五日　3人

七日　1人
一三日　1人
一五日　1人
わからない　1人
8人↓一五・五%

三十日　2人
わからない　3人
14人↓三〇・四%

2　原子爆弾について学習したことがありますか。
ア　ある↓その教科は↓
国語（小・中・高）
社会（小・中・高）
理科（小・中・高）
イ　ない

結果
ア　ある　21人　四三・七%
国語　小0人　社会　小10人　理科　小0人
中1　中12人　中0人
高1　高9人　高1人
イ　ない　25人　五四・三%

※教科については、
○　教科というよりも小学校の修学旅行で原爆資料館に行ったことがあります。
○　高校のとき、映画で見た。
と文章を添えている者が一人ずついた。

3　原子爆弾について書かれた本を読んだことがありますか。

ア　ある→その書名

イ　ない

結果

ア　ある　14人

原爆の子　3人

ヒロシマノート　2人

黒い雨　1人

われなお生きてあり　1人

ヒロシマの少女　1人

オッペンハイマーとその周辺

（こういう内容だが題名ははおぼえていない。）　1人

忘れた　7人

イ　ない　32人

※書名をあげた者には一人で二冊以上書いたものもいる。

4　原子爆弾投下の事実について感想を書いて下さい。

（回答後述）

ここで、わたしの補足説明と感想を述べておきたい。

1について　広島・長崎の人には信じられないかもしれないが、原爆投下の日について記憶している者がたったこれだけにしかすぎないのが事実である。

広島については、一五・五％の者がその日を知らない。長崎については三〇％の者がその日を知らない。長崎原爆投下の日を三〇日とした者が二名いるが、これはおそらく冗談で記したのではあるまい。まじめな回答がこれなのである。敗戦の日を何日と記憶しているのであろうか、あるいは太平洋戦争と原爆投下とをどのように関連づけて理解しているのであろうか、これらの若者に、さらに質問してみたい気がする。

このアンケートは、もちろん記憶力を試すテストではない。

原爆被爆の日は、日本人として憤りをもって記憶されるべき日ではないであろうか。

2　原爆投下の日について知らないのは当然だといえようか。若い人たちには原爆について学習した記憶が彼らの意識の中には「学習したことがない」と答えた者が半数以上の五四・三％もいるのである。

学習したことがあると答えた者のほとんどが「社会科」と答えているのは、歴史の中で教えられたことを指していると推定してよかろうか。国語科で文学をとおして学習したり、理科で自然科学の面から原爆について学習したりしたことのある者はほとんどいない。

彼らが小学校から高校を卒えてくる過程において、原爆についての記憶に残るような教育がなされなかった、ということが指摘できよう。教師の怠慢であるとともに、日本の現在の教育行政のあり方のもとでは教科書に原爆について触れている面が少ないということが致命傷であったといえよう。

3について　原爆について、書物を自発的に読んだ者は約三〇％である。そのうち、書名を忘れている者は約半数である。わずかに一五・五％の者が書名を記憶しているにすぎない。原子爆弾について、書名が記憶に残るような読書をしている者は二割に満たないのである。受験戦争をくぐってきた彼らが、どれだけ自主的な読書をしてきたかは疑問であるが、それにしても少ないことは間違いない。

原爆被爆の事実についても、物理的な構造や威力についても、それがどれだけの悲しみと怒りとをもたらしたかについても、ほとんど知らないのが、今の大学生であると言ってもよいであろう。

にもかかわらず、彼らはそれなりに批判的な「原爆投下の事実についての感想」を持っているようである。以下、4の回答として記されたことを、大まかにまとめて、原文のまま列記する。被爆した人々にとっては腹立たしいような受けとめ方もあり、また一方では、被爆者の苦しみに想いをよせている者もいる。

学習したことがないと意識している者の感想

1　自分には全く無関係のように思われる。しかし、二度と戦争はすべきではないというような考えがなにかしら心中に残っている。(Y・T子)

2　「原子爆弾」ということばを聞いても率直に言ったら私には何の感じもおこらないし、どのような状態なのかも想像もつかない。ただ長崎の原爆記念館などを見たときはあまりの悲惨さに目をそむけてしまった。「原子爆弾」というものが落とされたことは不幸なことだが、この原爆を媒介として平和を祈る運動がもりあがることを望む。(T・Y子)

3　あんなことは絶対許されないことだし、今後あってはならないことだと思うが、戦争下では相手国が悪いとばかりはいえないと思うし…。

戦争そのものを憎むし、二度とおきないようにしなければいけないと思う。(W・K子)

4　長崎の記念館で写真や遺品を見たとき、ものすごいものだと思って、内から恐怖の念がおこってくるのを感じた。絶対に、二度と使用してもらいたくない。（Y・N男）

5　原子爆弾のことについてはテレビなどを通じて知っていますが、戦争とはいえ、しかも日本が負けるのは確実であったのにおとすなんて、とても残酷だと思いました。（F・K子）

6　人間の生命を簡単に、それも最も悲惨に奪いとる原子爆弾を投下されたことは、被爆者にとってはいいようのない苦しみだろうと思うし、今後決してこんなことがあってほしくないと思う。（N・M子）

7　恐ろしい事実である。（N・K子）

8　原子爆弾が落とされたことより、戦争が行なわれたことそのものが許せない。しかし、一度落とされたことによって、その破壊力がとほうもないものだとわかった以上、たとえ、どんな事態が起こっても、二度と投下してはならないと思う。投下しないだけでなく、そのようなものを作るべきではないと思う。（N・Y子）

9　一度に多くの人を殺すような原爆は、戦争のためといっても許されない。人間の造り出したものによって、人間自身が破壊されるところまできている今、絶対に原爆は投下されてはいけないと思う。（Y・H子）

10　原爆は絶対に許せない。そのために多くの人が死に、傷つき、そして今も苦しんでいる。私達は人間として、その事を黙って放っていいものだろうか。（K・C子）

11　人類破滅への道、非人道的、戦争のざんぎゃくさ。（K・T子）

12　戦争の恐しさをまず感じたが、それにもまして、原子爆弾を投下した国に対して、口では言い表わせない憤りを感じる。

　科学の発達が人間を全滅させる事の可能になった現今、絶対に二度と行なわれてはいけない事だと思う。

（K・R子）

13　結果がどのようになるかはよく知らなかったにせよ、同じ人間でありながら、簡単に原爆投下のスイッチを押したという人間（これがもしかしたら本当の人間の姿かもしれないが）の姿に恐怖を感じる。（T・M子）

14　アメリカは有色人種を人間だと思っていないのである。原子爆弾の威力をためしたかったとき、モルモットとして日本人がちょうどよかったのだろう。

原子爆弾なんてものは、戦争に使うべきものではない。（H・S子）

15　米国はなぜドイツに落とさなかったのか、白人だからである。米国はアジア人、黄色人種の国日本を選んだ。つまり日本人を自分達と同じ人間とみなさなかったのである。何の罪もない一般的人間を集団虐殺するという、道徳的にいえば絶対あってはならないことをあえてしたのは、心の奥底に黄色人種という考え方があったからだと思う。原爆はあってはならないことだが、原因はまた要因は奥深い。（F・R子）

16　いかに多くの生命を殺すかによってしか勝敗が決まらない戦争において、原爆は米軍にとって大きな武器となった。しかし、その使用を決定した人物はどういう神経の持ち主であろうかと驚くばかりだ。（Y・A子）

17　帝国主義の下に人間よりも国家を重くみての原爆投下は許せない。人の命・生きているもの、生きることを尊重すべきである。（M・T男）

18　原爆に関する資料をみたり、長崎の文化会館などのことを思い出したりすると、そのむごたらしさにおどろき、戦争が一体何であるのかと、人間の生命がいともたやすくうばわれた事実に対して、何か考えこまずにはいられなくなる。（T・S子）

19　戦争終結のためとはいえ、原爆投下により多くの生命を奪い、今なおその痛手が残っていることは非常におそろしいが、その事実を忘れてはいけないと思う。（H・J子）

20　原爆によって現在でも苦しんでいる人がいる。大変恐ろしいものであると思う。（T・A男）

21　原子爆弾の投下によって、今もなお白血病などの病気で苦しんでいる人がいる。まだまだ原爆の影響は消えないだろう。罪のない人が病気で苦しまなければならないことにいかりを感じる。（T・F子）

22　原子爆弾投下によって何十万という人の命が奪われ、今も多くの人が後遺症で苦しんでいる。どうして原爆なんか投下しなければならなかっただろうかと怒りがこみあげてくる。そして、もう二度と原爆投下などということがあってはならないと思う。（M・T子）

23　原子爆弾の投下によって当時の多くの人が死に、傷ついて不幸になった。そしてその不幸は現在までも続いているし、これからも続くと思う。現在も何人かの人々が原爆のために死んでいっていると思うと原爆の恐ろしさが特に身にしみて感じられる。（H・N子）

24　残酷すぎる事実だと思う。目をそむけたくなる事実であるが、ほんとうの所はまったく知らないので、少しでも現実を知りたいと思う。（N・Y子）

学習したことがあると意識している者の感想

25　戦争になれば手段は選ぶ必要はない。結局戦争になれば、すべて破滅である。戦争は、してはいけないものである。（S・R男）

26　記念館でその資料など見たことがあるが、とにかくかわいそう、むごいことばかり思った。でも、その事実を聞いた時、そう思うだけで、そのことをよく考えたことがない。（Y・I子）

27　アメリカはむごいことをしたと思う。終戦直前に落とされた原子爆弾によって今でも苦しんでいる人がたくさんいるかと思うと気の毒でならない。これからの将来このような悲惨な出来事がおこらないよう全人類で注意しあわなければいけないと思う。（N・Y子）

28　長崎で原爆資料館を見学したが、実にむごいと思う。今なお原爆のための死者が毎年何千人と死んでいっているときく。知人で、このために赤ちゃんを生むのをこわがっている人がいる。おそろしいという以外わからない。米国がなぜ罰せられないのか不思議に思う。（M・M子）

29　その行為の中には、全く、人間愛がなく、たいへんひどいと思う。（T・A子）

30　原子爆弾とはあまりにもむごたらしいものであったが、もし日本がその被害にあわなければ、日本は〝世界の支配〟を目ざしてばかな戦いをくり広げ、また、日本のみならず世界の幾多の人々をも死へ追いやったことであろう。広島・長崎の被害者に我々は報いるように平和を維持しなければならない。（N・T子）

31　人間が人間に対してこのようなむごいことを行なったことに憤りを感じる。戦争が終った今もなおその影響は残っている。二度と原爆投下などあってはならない。（M・Y子）

32　おそろしいことだと思います。多くの人を一瞬に殺してしまうようなものを人間が現在でも持っている事、これからも広島のような危険性があるという事を忘れてはいけないと思います。（K・K子）

33　長崎の平和公園の噴水の所に原爆投下時の小学生ぐらいの子の作文が記念に残されているのを見た時、戦争というものがいかに無情で悲惨であるかを改めて思い知らされた。（F・Y子）

34　残酷、むごいと思いました。戦争終結のために投下したのかもしれないけれど、その威力を知っていて、落とした国に対して腹立たしい気持ちがする。（M・K子）

35　原爆投下によって日本は終戦をむかえたけれども、原爆使用は絶対に許されないことである。（S・A子）

36　戦略の一つであったとはいえ、一瞬の間に何十万もの人類の命を奪い、いまだにその子孫にも悲惨な病魔が残っている。それを考えたとき、もう二度と戦争をおこさないぞと祈るよりほかにない。（S・K子）

37　科学の進歩が戦争に悪用されるのは耐えられない。まして原子爆弾投下が戦争の結末を早める手段として

なされたことは許しがたいと思う。（M・Y子）

38　戦争という背景があるにしても、多くの人命をそこない、今だにその余波が残っているという事実に悲惨なものを感じる。（Y・A子）

39　結果的にはそれが戦争をはやく終わらせることになったが、罪もない何人もの人を一瞬に殺したり、負傷させたりし、現在もなお原爆二世その他の問題を含んでいるアメリカのこの行為に憎んでも憎みきれないものを感じる。（N・T子）

40　人間の理性や良心を麻痺させた戦争がにくく、又、ぎりぎりの所では、あれほどまでに残酷になれる人間性を疑います。（M・K子）

41　悲惨な事実だと思う。戦時中という状況であったとしても原子爆弾の威力というものがどれほど強大であるかということはわかっていたはずなのにそれをあえて投下した人間の心理がこわい。これからもこのようなことがあるかもしれない。（T・Y子）

42　昭和二十年に落とされた二つの原子爆弾のために今でも多くの人が病気に苦しみ、二世、三世にまでもその傷あとを残している悲惨さ。忘れられようとしている傾向があるけれども、今でも戦争の傷を背負って生きていることを忘れてはいけないと思う。（N・K子）

43　原爆と聞くと、広島・長崎をふっと思いうかべ、暗い、いやな気持ちで同時にいつか見た原爆の写真を思い出し、恐怖を感じる。（S・K子）

44　いろいろな資料や写真を見たことがあるが、恐ろしい悪夢であったろう。いや今でもその悪夢は続いているのであるから、たとえ戦争の早期終結をはかったものであるにしても許しがたく、それ故、二度とこんな事の起こらないように考えてゆかねばならないことであると思う。（M・I子）

45　戦争における被災者は数えきれないと思うし、その悲惨さは私達のような戦後の、いわば平隠無事の世の中で育った者には想像もつかない。しかし、その中にあって、原爆だけは絶対許すべきではないと思うのである。人間の手によってつくられたもので一瞬のうちにその人間の多くを死に追いこみ、又、生きながらえたとしても、普通の体には戻れない人々をつくり出すなど決して許せないのです。（Y・Y子）

※　一名、感想を記していなかった。

全体として、たてまえを述べたにすぎないという感想が多い。ただ、その中でも、学習した者の中に、歴史的な事実を認識した上で述べたり、実感としての感じを述べている者もいる。やはり、学習させることの必要を痛感する。

二

『あさ　八号』に、わたくしは、この春、福岡教育大学を卒業したSさんの四年生の時の姿をつぎのように記している。

子どもたちに戦争体験を継承させるにはどうすればよいか、という課題を持って『平和教育』に取り組もうとした、福岡教育大学の女子学生Sさんが、この四月に広島を訪れてすっかり自信を失なって帰ってきた。広島で何人かの人に会い、その被爆の現実の悲惨さに胸うたれ、恐ろしくさえなってふるえあがったのである。こんな恐ろしい事実を自分では語れないし、まして子どもに話してやる勇気はない、と思ったらしい。…中略…

このような難題に直面した、気だてのやさしいSさんの小さな理想主義は、いま足踏みし、消えかかっている。このSさんは、結局、彼女が直面してふるえあがった被爆の現実と真正面から向かいあって卒業していった。彼女は、被差別部落「K地区子ども会」の活動への参加の体験をふまえて、大野允子さんの『ヒロシマの少女』

の作品分析と教材化にとりくんだのである。それを彼女は卒業論文の一章として、つぎのように述べている

私はこの作品を中学生を対象に教材化した場合を考慮して、前出したような主題・思想の作品で一体、何が教えられるかを考えてみた。以下、箇条書き風に並べてみたい。

・タケノおばさんが、娘・玉代を原爆で失なった悲しさと、昌子に対する親身の愛情。

…中略…

・部落差別にめげずに、強く生きようとする光江にも、不安や悲しさがあるということ。

・原爆孤老の生活権を勝ち取ろうとデモをする長野さんの生き方を見つめ、自分たち生き残ったものは原爆と離れたところで生きていくことはできないと自覚するふさの生き方。

・戦争や部落差別に対する作者の怒りと、それらを踏まえて、作品を書くことにより、自分の生き方も問い直そうとする作者の製作態度。

・作品の持つ感動を味わわせ、豊かな感情を育てる。特に、ことばをたどり、登場人物の心情を深く読みとらせ、人生の問題等について考える契機としたい。

この教材化について語るには、『ヒロシマの少女』のストーリーの紹介が必要かと思われるが、今、それは省く。

Sさんが彼女の子ども会活動の体験と広島をたずねた時の体験とに向かいあうことをとおして得た考え方のギリギリのところが、この教材化には現われている。Sさんは、いま、熊本県のある小学校の教師をしている。彼女は、その地の子どもにふさわしい何らかの形をとって、原水爆の禁止について、部落解放について、戦争反対について、教えようとしているにちがいない。

さきにあげた大学一年生の原爆についての知識の乏しさとは反対に、Sさんのように大学時代に原爆や、部落差別について考えを深め、被爆と被差別の痛みを感じとって、その痛みをテコにして教師として生きようとしている

人々のふえつつあることを、わたくしは知っている。

三

福岡県教組は、ことしの大会で八月六日を自主的な登校日として、「原爆・戦争・憲法」について教えるという方針を全会一致で可決した。そのためのテキストもつい最近できあがった。

広島、長崎、大分につづいて、福岡でも、「原爆について」子どもたちに「ほんとうのこと」を教師たちが公然と語る日が来たのである。

（一九七三・七・三）

（山下会『あさ』第九号、一九七三年）

第四節　平和教育の展望（一九七八年）

一　はじめに

ヒロシマ・ナガサキ被爆の残虐な体験をしているにもかかわらず、人類は、いまなお皆殺し兵器である「原水爆」を作りつづけている。米ソの核弾頭の総合爆発力は、一九七六年段階ですでに広島型原爆の一三〇万発分に達したといわれている。（『世界』一九七八・六）それは、世界のあらゆる都市を七回以上も破壊できる量である。それにもかかわらず、いぜん一日三個の割でふえつづけている。アメリカが開発中の新しい移動式大陸間ミサイルＭＸ一基の費用があれば、発展途上国で栄養失調の状態にある五千万の児童に必要な栄養を与えることができ、六万五千の病院、三四万の小学校を建てることができるそうである。

この果てしない核兵器の製造競争に歯どめをかけ、さらに廃絶に追いこみ、人類の安全をどのようにして確保していくかがわたくしたち人間の課題である。人間の生命を脅やかすもの、生命を消滅させようとするものへの怒りを強くし、その根絶への行動へといざなうものが平和教育である。

二　平和教育の歴史概観

戦後の平和教育の歩みには大きな二つの段階があった。一つは一九五一年前後である。つぎは一九六九年前後である。

一九五〇年六月二五日に朝鮮戦争が勃発した。反射的に日本人は一五年戦争の暗いみじめな体験を思い出し、第三次世界大戦の現実性に戦慄したのであった。それまで、教師は平和憲法の精神と戦争放棄の条項を教えていたのであるが、その教え方の観念性に気づかされたのであった。

広島で被爆した長田新博士は、広島で被爆した少年・少女たちの悲劇の体験手記を「『平和のための教育』研究の資料として、これを整理し、且つ人類文化史上における不朽の記念碑《ドキュメント》」とするために蒐集・整理していた。「大戦終了後六年、依然として世界は不安につつまれ、またしても新たな戦争への脅威が身近かに感じられる。そこで決して二度と戦争を起させてはいけない、どうかして平和をまもり通そう」という気持ちでその体験手記を『原爆の子』（一九五一・一〇）を公刊したのであった。ヒロシマの実相をなまなましい子どもたちの記録と訴えとによって表現したこの手記は、人々に大きな感動と怒りを喚び起こし、一九五二年には原爆映画『原爆の子』が作られ、上映された。

日教組は第一回全国教研大会を一九五一年一一月、日光で三〇〇〇余名の参加者を得て開催した。その時の日教組のスローガンは「教え子を再び戦場におくるな」であった。以後毎年つづけられた教研大会の基本方針は、第二回大会「平和と独立のための教育体制の確立をめざして」、第三回「平和と日本民族の独立をめざす民主教育の確立」となり、第四回には「平和を守り真実をつらぬく民主教育の確立」となっていた。第一回から第三回までは「平和教育」分科会が設けられていたが、第四回から「平和教育はすべての分野で」ということになり、分科会は解消していった。

長田新博士は、『原爆の子』の序文で、

「子供達が皆んな揃って、平和な世の中をつくり出すような人間になってもらいたい。平和を築くことを、人間としての最高の道徳と考えるような人間になってもらいたい。」これが今日の日本の教育者達の切なる願いであるとするなら、或いは疎開児童として、或いは勤労動員によって、戦争の惨禍を身にしみて感じている児童達の前に、彼等が経験した戦争の惨禍を取り上げることを避けて、却ってこれを忘れさせようとするが如き消極的の態度ではなくて、寧ろこうした貴い体験を積極的に取り上げることによって生徒自身をしてあくまでも戦争の非人道的な残虐性を真剣に憎ませ、呪わせ、戦争の心理的原因をつくるようなあらゆる偏見を、生徒自身の心の中から抜き去って、戦争を否定する正しい知識や美しい感情や逞ましい意志を芽生えさせ、進んでこれを育成強化させなくてはならない。

と願いを述べている。

ここにわたしたちは、原初的な形で平和教育の目的と内容を読みとることができよう。長田新博士は、

（1）平和を築くことを最高の道徳と考えるような人間を育てること

（2）戦争の惨禍を避けないで取り上げ、教材とすること

（3）戦争の心理的原因をつくるようなあらゆる偏見を抜き去ること

（4）戦争を否定する正しい知識や美しい感情や逞しい意志を芽生えさせ、進んでこれを育成強化すること

の四点をあげている。ともに的確な指摘であり、現在のわれわれもこの方向に進まなければならない。ただし、当時は、戦争構造についての政治学的ならびに経済学的な面からの科学的な追求が不充分で「偏見を抜き去る」教育にまでは進められなかった。

実際には、

戦死せる教え児よ　　竹本源治
逝いて還らぬ教え児よ

私の手は血まみれだ
君を縊ったその綱の
端を私は持っていた
しかも人の子の師の名において
嗚呼!
「お互にだまされていた」の言訳が
なんでできよう
慚愧、悔恨、懺悔を重ねても
それがなんの償いになろう
逝った君はもう還らない
今ぞ私は
汚濁の手をすすぎ
涙をはらって君の墓標に誓う
「繰り返さぬぞ絶対に!」
(この詩は高知県教組の機関紙『るねさんす』(一九五二年一月三〇日発行、四号)に武田順治の名で発表された。)

という詩にこめられているような戦争責任に対する痛切な反省が平和教育を進める拠り所になっていたのである。朝鮮戦争をインパクトとして、残虐な体験を継承することと戦争責任の反省を教育実践に凝縮していくことがこの期の平和教育の特質であった。

広島市のある中学校三年生が修学旅行で長崎に行ったとき、バスガイドさんが、

「さあ長崎にきました。みなさんは広島の中学生ですね。同じく原爆により大きな被害を受けた長崎と広島を結んで、『原爆ゆるすまじ』を歌いましょう」といって歌いはじめたとき、中学生たちは一人として歌うことができなかった。」（川島孝郎「原爆と子どもたち」『未来を語りつづけて』一九六九・八・六　労働旬報社）

と、一九六八年の秋の広島の中学生について、一人の広島の教師が語っている。広島の中学生が「原爆許すまじ」を歌えないという現実に直面して、広島の教師は愕然とした。そして、その教師は、知らない生徒たちに原因があるというより、それを教えていない教師（おとな）たちに責任があることに気づき、反省させられたのであった。

さっそく同年一二月、広島で「原子爆弾（被害）に関する調査」がなされ、その調査対象と結果は、つぎのとおりであった。

調査対象　広島市を中心とした広島県内の小・中学生

小学五年生　三七三名（五校）

中学一年生　四八三名（六校）

中学二年生　五一八名（六校）

中学三年生　五八二名（七校）

1、ア　世界ではじめて原子爆弾が落とされた国名を書きなさい。

	小5		中1		中2		中3	
日本	三三七人	九〇・三%	四四四人	九一・九%	五〇七人	九七・八%	五七四人	九八・六%

その他、わからない	三六	九・七	三九	八・一	一一	二・二	八	一・四

イ　その原子爆弾を落とした国の名を書きなさい。

	小 5		中 1		中 2		中 3	
アメリカ	三三九人	九〇・九%	四四五人	九二・一%	五〇四人	九七・三%	五七一人	九八・一%
その他、わからない	三六	九・一	三八	七・九	一四	二・七	一一	一・九

ウ　それはいつのことですか
昭和（　）年（　）月（　）日（　）時（　）分

	小 5		中 1		中 2		中 3	
正答	一四六人	三九・一%	二三四人	四八・四%	三一五人	六〇・八%	四一七人	七一・六%
正答を含めて少くとも八・六はできている	二四三	六五・一	三五三	七三・一	四〇二	七七・六	五〇〇	八五・九
その他	一三〇	三四・九	一三〇	三六・九	一一六	二二・四	八二	一四・一

6、ア　原爆投下とその被害について学校で習ったか

	小 5	中 1	中 2	中 3

習った	四五人 一二・一％	二〇六人 四二・七％	一九五人 三七・七％	二四〇人 四一・三％
少し習った	一八九 五〇・七	二四七 五一・二	二三六 四五・五	二三二 四〇・〇
習っていない	一三九 二七・二	三〇 六・一	八七 一六・八	一一〇 一八・七

この調査においても、例えば、ヒロシマへの原爆投下の日時について、中学一年生の約半数が正確には知っていない事実に出会い、おどろいたのであった。

戦後二〇数年を過ぎると、戦争（被爆）体験が風化し、忘れてはならない被爆体験もほうっておけばひとりでに忘れられていく、という事実がクローズアップされた。それは、戦争体験・被爆体験を学校で教えなければならない、ということを教師たちに鋭くつきつけたのであった。

被爆体験・戦争体験を教えようという広島の教師の呼びかけに、やがて長崎の教師が、つづいて全国の教師が応えていき、平和教育が全国的な課題となっていった。

一方、一九六〇年ころから沖縄では「祖国復帰運動」が盛りあがりつつあった。「沖縄を教える」運動が展開されていき、一九六八年の熊本で行われた第一八次全国教研における、沖縄代表の「沖縄を教えるのでなく、沖縄で日本の平和と民主主義を教えて欲しい」という発言は、参加者の深い共感を呼び、「沖縄で教える」運動として全国に広がっていった。

また、一九六七年ころからベトナム戦争が激化し、世界の人々の前に、アメリカ軍によるベトナム民族抑圧の実態が明らかになりつつあったことが、教師を戦争問題に敏感にさせていった。そして、被爆体験の風化現象は、「ベトナム戦争反対」を叫ぶことだけがベトナム反戦運動なのではなくて、みずからの戦争体験・被爆体験を継承していくことがベトナム民族の独立への意志を支える運動に参加していく道でもあることに気づかせていったのである。足もとから行う、みずからの平和教育が、その本質において反戦運動にもつながっていると直感した教師たちは、戦争体験・被爆体験を継承させる教育にうちこんでいった。

一九七〇年八月、長崎の教師たちは、原爆を原点とする平和教育に取り組みはじめた。一九七五年日教組の第二四次全国教研は平和教育の特別分科会を再び持つことになった。

しかし、第二期の平和教育においては、つぎの詩に見られるように「戦争を知らずに育った」と自らを規定する若者や子どもたちを対象としなければならなかった。

戦争を知らない子供たち　　北山　修

戦争が終って僕らは生まれた
戦争を知らずに僕らは育った
大人になって歩き始める
平和の歌を口ずさみながら
僕らの名前を覚えてほしい
戦争を知らない子どもたちさ

戦争体験のない子どもたちに、ことばや文学をとおしてどのように継承させていくか、そして平和の価値を理解させていくか、わたしたちは体験継承の本質的な課題に直面したのであった。これに対しては、感性に訴える教育と知性に訴える教育とを総合して行う年間の平和教育計画が模索され、各学年の課題を明らかにしようとする平和教育内容の系統化が追求されている。

第一期の平和教育が朝鮮戦争を直接のインパクトとしていたように、第二期の盛りあがりは、沖縄の祖国復帰運動、ベトナム反戦運動を直接のインパクトとしていた。ベトナム戦争が終結し、かならずしも沖縄の自立を保障するものではなかったが一応の祖国復帰が勝ちとられた一九七〇年代後半の現在、ふたたび、平和教育は低迷期を迎えようとしているかに見受けられる。この時にあたって、わたしたちは、長田新博士の提唱した平和教育の原点に立ちかえり、わたしたちの生存と子どもたちの生存、つまり人類の生存をかけた平和教育を探求し、樹立していかなければならないのではなかろうか。

おそらく、それはどこかで戦争があるから「戦争をしない運動」をするのではないであろう。平和とは何かを根源的に問い、戦争を起こす原因と構造を追求し、平和への意志を強固にしていく教育運動であるべきであろう。それは人類絶滅のための核兵器の過剰生産の現実を直視し、その廃絶へ向って一人ひとりがどのように対応していくかという主体のありかたをきびしく点検していくことからはじまるのではなかろうか。それは核兵器の廃絶を願う諸国の人民との連帯を築いていく行動をとおして確立されていくものでもあろう。

三　わたくしの平和教育の歩み

平和教育にかかわろうとしている、わたくし自身の主体性について目を向けると、その形成はあいまいで心もとない。きわめて感性的なかかわりをしているように思われる。しかも今となっては、わたくしなりに感性的なものを拠り所にして歩む以外にないとも考えている。

一九五七年、わたくしは大学一年生として広島の学寮にはいっていた。その同室者であった工学部船舶工学科の

T君が、ある時、「僕は船舶工学をやる以上、戦艦大和のような世界一優秀な軍艦を作ってみたい。大和は装備を多くして重量が重いにもかかわらず、世界一速く、世界一転進がすばやい。あんな優秀な船はないので、ああいう戦艦を作るのが、夢だ」と言った。わたくしは、「戦艦は戦争をするために作るのだけれど、それでも…」とたずねると、彼は「何に使われるかは関係ない。とにかく大和のような優秀な軍艦をつくりたいのだ。貨物船や客船とちがって、軍艦は造船技術の粋を集めているのだ。」と言いついだ。今もその時のT君の船舶工学を専攻しようとする無邪気な顔が思い浮かぶのであるが、わたくしは、そのT君に何か危険なものを感じていた。T君のような教師にはなりたくない、としきりに考えたことを思い出している。T君は教師をめざしていたわけではないのであるが、その時の考えを今、ふりかえると、つぎのようなことであったらしい。「それが何に使われるか、目的を考えないで、単に何かをつくることだけに熱中するような人間になりたくない」と。無目的に技術をみがく教育のテクノクラートになりたくないということであったのであろう。

大学の助手をしていた時、藤井敏彦氏の紹介で、山下会という広島の婦人の学習会に参加するようになった。一九六四年のことである。

山下会とは、つぎのような会である。

この会は、広島に住む母親の学習サークルです。

一九五八年の春に勤務評定反対運動のなかで生まれたわたしたちのサークルには、はじめは名前がありませんでした。週に一回の集まりを欠かさず続けているうちに、一九六四年六月に会員の一人であった山下朝代さんが亡くなりました。積極的に活動していた彼女の生涯をしのんで、この時より、わたしたちの会を山下会と名づけました。

わたしたちは、いろんな学習を通じて子どもたちに何かをしてやりたいと考えてきました。そのことを話しあっている時、ふと気づいてみると、集まった者のほとんどは被爆者でした。そこで、まず何より戦争から子どもの生命を守りたい、戦争を未然に防ぎとめたい、と願うようになりました。わたしたちはいつ原爆症で死ぬかもしれないが、わたしたちの体験してきた、戦争について、被爆について、原水爆禁止運動について、子どもに知ってもらいたいと書きつづってきました。微力ではあるが、戦争を防ぐことにつながると信じて『あさ』の発行をつづけてきたのであります。

この会の婦人たちは、その後、十数年間にわたって、被爆体験を書きつづけ、その記録誌『あさ』を発行しつづけている。

この会に集まる婦人たちは原爆で何人かの肉親を失っていた。それぞれに原爆の被害を受けて弱い身体になっていた。その弱い身体に較べて「ふたたび原爆を使わせてはならない」という意識の強さに、わたくしは、会う度に圧倒されてきた。

この人たちの多くは、「奇跡的に○○にいたので助かった」「奇跡的に○○さんと出会ったために助かった」と語る。そんなに奇跡が多くあるのだろうかとわたくしは奇妙に思っていたが、考えてみれば原爆はみな殺しの兵器なので、奇跡でもなければ生きのびられなかった筈である。生き残った人々が「奇跡的に…」と言うのは、たしかにそうなので、奇跡がなければ助からなかった人たちばかりなのだと思い、あらためてわたくしは原爆の威力を思い知ったのであった。

この山下会の学習会に参加して、会の活動である原水爆禁止運動にわたくしは受動的にかかわっていったのであるが、その活動の一つである胎内被爆者（小頭症）の救援運動の与えた衝撃は大きかった。胎内被爆者とは、母親の胎内にいて被爆した人々のことである。放射能が胎内にいる子どもにまで影響を与えるということにわたくしは驚いたのであった。今では、被爆者の子どもにも、つまり被爆二世にも原爆放射能による何らかの影響があるのではないかということも知られているが、そのような事態をはじめて知った時、とほうもない原水爆の恐ろしさにわたくしは戦慄した。原水爆は人類にとって何といまわしいものであるかと思ったのである。

結果的には挫折したが、胎内被爆者の生活実態を世間に訴えようということで、山下会は聞き書きを行った。わたしもその一端に参加して胎内被爆者の家庭を何度か訪ねた。その訪問をとおして、それぞれの家庭に胎内被爆者が家族にいるということを隠そうとする気配があることに気づき、わたくしはつらい苦しい思いをした。胎内被爆者は小頭症で知恵おくれの症状をもっている。それは原爆が原因であると理解されない段階では、遺伝だと誤解され、その兄妹は結婚の時などに不利な立場に立たされることがあった。そうだとすれば隠そうとすることは何ら責められないことであり、当事者としては当然であったかもしれない。原爆はこのようにして無辜の人々の家庭を破壊していくのであり、人間関係を破壊しているのであった。わたくしは暗澹となる以外になかったが、同時に原水爆はぜったいに使ってはいけないという思いを強くしたのであった。

この胎内被爆者の救援問題は分裂していた原水禁運動団体の勢力争いに巻きこまれ、無残な結果になったが、山下会の婦人たちは政党レベルの抽象的な争いに引き廻されないで何とか救援運動体制を構築しようとして、胎内被爆者の家庭と連絡をとり、被爆者団体に働きかけ、マスコミと接触して、努力を重ねていた。わたくしは、このことをとおして、平和運動の難しさとその困難の中で何とか運動を続けようとする山下会の人々のねばり強い努力および知恵に感心させられた。地を這うようにしてねばりにねばって原水禁運動を持続しようとする姿は、小さなセクトの次元を越えて「人類」の次元で将来を見とおす崇高なものさえ感じさせた。その時、わたくしをつらぬいた感動が現在のわたくしの行動の根底のところで支えているように思われる。一九六九年に福岡へやってきたわたくしは、しばらくして藤吉教育問題研究所に参加し、平和教育にかかわるようになった。

一九七五年の七月、藤吉研は田川市と飯塚市において平和教育の学習会を持った。二つの集会において、しきりに戦争体験・原爆体験の継承だけによる平和教育の不充分さが指摘された。論議をとおして、戦争が起こる構造を明らかにしなければ戦争は防げないし、平和はかちとれないということが煮つめられていった。戦争について社会科学的に究明し、平和をかちとる展望を教えなければ、かえって暗いみじめな絶望感にとらわれるだけではないかということをわたしは感じた。

一九七八年現在、「武器輸出こそ起死回生の不況対策ではないか。平和国家のイメージを守るために、兵器禁輸にこだわる日本は、世界の眼には非常識に映る」（長谷川慶太郎「不況対策としての武器輸出」『文芸春秋』一九七八・五）という論調が現われている。なぜ、不況対策が武器輸出と短絡的に結びつくのか、その必然性を経済学的に明断に分析する必要があると思う。その分折がそれを短絡させない方法を明らかにしてくれるであろう。おくればせながら、戦争構造について政治学的に、経済学的にさらに追求されなければならないと強く考えるようになった。それらの成果を学んでいきたいと思っている。

わたくしのこのような社会科学的な視野の欠落を考える時、わたくしは、小学校二年生の時の女先生を思い出す。わたくしは、敗戦に小学校二年の時に出会ったのであるが、一九四五年の六月、沖縄が陥落した日、担任の先生は教壇に上がるやいなや「沖縄がアメリカにやられました。みなさん悲しくないですか、悔しくないですか。」と泣いて絶叫した。そして、しばらくしたあと、「みなさんは、日本健児として身体を鍛え、お国のために生命を捧げるのです。」という意味のことを話された。小学校二年生の時のことであるから、ことばは正確ではないが、先生の惑乱ぶりは強く印象に残っている。

この先生の姿の中に、広い社会科学的な視野を欠落させているがゆえの強さ（こわばり）と子どもを死なせる（生徒を捧げる）ために鍛える矛盾に気づかない悲しさをわたくしは見い出すのである。このような先生が戦時中はふつうの先生であったのであろうが、今のわたくしにとっては反面教師としてたえず胸中にある。

四　国連軍縮総会と平和教育

わたくしたちの平和教育は、核保有諸大国の核戦略の前ではとかく無力感にとらわれがちであるが、絶望してしまうにはまだ早い。

ことし、五月二三日から六月二八日までの一ヵ月あまりの間、国連軍縮総会が開かれている。これは国連史上最初の軍縮総会であり、まさに画期的なものである。ここでは、世界の核兵器を一定の割合において廃棄することがめざされている。そして、やがては世界の「全面軍縮」をめざしているのである。核兵器を人類の手によって廃絶することが当面の具体的な日程にのぼってきたのである。

この軍縮会議は、一九七六年八月にコロンボで開かれた非同盟諸国首脳会議の要請によるものである。この非同盟諸国の要請を支えたのが国連非政府機構（NGO）であった。経済的・軍事的に国家利益（ナショナル・インタレスト）から自由な世界の民衆が力をあわせてこの軍縮会議をかちとったのであった。

NGOは一九七五年一一月二六日の第二〇回軍縮特別委員会において、つぎのような趣旨の『核兵器に関する決議』を満場一致で採択している。

核兵器の実験継続による人間環境の破壊の危険ならびに、もし万一、核兵器がふたたび使用された場合の破壊の確実さを憂慮し、共同して、又各個につぎの措置をとることに同意する。

①核軍拡競争に終止符を打ち、世界軍縮会議を招集し、効果的な管理のともなう全般的完全軍縮協定を交渉することの緊急の必要性を強調する。

②当面の措置として、国際法のもとに、又国連憲章に合致して、核兵器使用禁止協定の締結をあらゆる可能な方

法で追求する。

③核兵器の開発、製造、実験、貯蔵を禁止し、現在貯蔵されている核兵器の解体をさだめた協定の締結を促進する。

④以上の目標にむけて世論の積極的支持を得るよう努力する。

このような決議が国連総会において議題にとりあげられているのである。

ここにわたしたちは、長年にわたる世界の民衆の平和への運動の積み上げの成果や、人類の生命を守ろうとする人間の正義と理性の実現を見ることでもあろう。

世界の民衆の地道な運動の積み上げとその成果を見きわめ、人間の理性への信頼を教育において子どもとともに確かにし、完全軍縮の運動を支えていくところに、わたくしたちの平和教育の展望は拓かれていくであろう。

（初出『平和教育の理論と実践　第五集』（藤吉教育問題研究所　一九七八年七月）後に『遠くを見る――ことば・四十年――』（教育企画コヒガシ、二〇〇一年三月）に採録。）

第五節　井伏鱒二／『黒い雨』——庶民の目で見た戦争と原爆への告発——（一九七七年）

一

井伏鱒二は、すでに一九五一年六月に、広島の原子爆弾被爆を素材にした作品『かきつばた』を発表していた。

「この村の青年たちが義勇兵といふ資格を与へられ、広島へ家屋疎開の手伝に出張していたので、それがみんな原子爆弾の被害を受けて生き残った者も手負となって帰って来た。無疵の者も得体の知れぬ苦痛を訴える。『目も当てられぬ苦しみだ。どこが痛いといふのでもなく、ただ無性に苦しがる。治療法のない新発生の病気だね。恢復の期待が持てないのだから、医術はこの病気に対して、でくの棒だね。小林哲男さんも、血だらけになって帰って来た。しかし、手当の方法がないものだから、惨怛たる苦しみで亡くなった。——それでも大怪我の身で、よく帰って来たものだ。』

田和（医師—引用者注）さんはさう云った。病名もまだ名づけられていなかったので、田和さんは仮に『義勇兵の病気』または『不思議な苦しみをする病気』または『治療法のない病気』と云ってゐた。」（『井伏鱒二全集第五巻』による。漢字表記は当用漢字に改めた。）

プレスコードがしかれ、原爆の被害について真実が知らされていなかった時期に、見聞をもとにこれだけのことを書いていたのである。八・六以後、井伏にはこの「すごい爆弾」のもたらす異様な力に対する怒りが沈澱していったようである。

二

井伏鱒二は、ある被爆者からの資料提供が『黒い雨』（一九六五年）の創作動機になったことを語っているが、作品を完成しえたのは語り手・閑間重松の創造にあった。

井伏鱒二は、庶民の目で庶民の明るさとしたたかさをリアルに描いた作家である。井伏の作品では、人物たちの気取りやうぬぼれ、ずるがしこさ、人の好さなどが肯定的に描かれているところに独得の味わいのあるユーモアが生まれている。『黒い雨』の語り手・閑間重松は、この未曽有の事実に絶望しないで真実を見きわめようとするきわめて冷静な目と、人々のいたみの感情を自己の感情として感じとりうる人間的な目とをあわせ持った人物である。

『黒い雨』では、原爆を受けたあとの、人々の居なくなった隣近所を見て廻った時の閑間重松の感懐がつぎのように語られている。

「今までは隣組の方々と熱心に防火訓練をしたものだが、今日はそれが何の役にもたっていない。バケツのリレー操法、揚げェ担架どころか見張人もいない。今までして来たことが飯事《ままごと》であったように思われて、今までの自分の生活も玩具《おもちゃ》の生活であったような気持がした。

『どうせ何もかも飯事だ。だからこそ、却って熱意を籠めなくちゃいかんのだ。いいか、よく心得て置くことだ。決して投げだしてはいかんぞ』

僕は心のなかで自分に云い聞かせ、自宅に引返して屋根瓦のずれ落ちた箇所を見てまわった。」（新潮文庫『黒い雨』八八～八九ページ　以下同書による。）

軍国政府によって強制された防火訓練の無意味さを思い知らされるとともに、無意味だからこそ努力しなければならないと思い直すのである。政府からいかに無駄なことを強制されようと日常の努力が無為に終わろうと、生活そのものは投げ出さないで生きていく庶民の一人が閑間重松なのである。このような庶民である重松とその姪を中心人物にして、重松夫妻の被爆数年後の生活と八月六日前後の広島の惨状とを重ねあわせて描くことによって人間にとっての原爆の意味を追求していったのが『黒い雨』である。

『黒い雨』は、けっしてあせらずあきらめない重松の目をとおして語られているが故に、原爆の残虐さを鋭く告発するとにもに原爆におしつぶされない庶民の生活を美しく描きえている。

三

井伏鱒二は一九一二、一三（大正一、二）年ころから作品を発表しはじめたが、長い間、注目を受けるようなことはなかった。どちらかといえば、陽の当たらぬ所でこつこつと自分の文体と文学的世界とを築きあげていった作家である。

彼が世間から華やかな注目をあびなかった理由の一つは、時代の流行に乗っていかなかったところにある。一九二一（大正一〇）年ころから昭和初年にかけては経済恐慌・貿易不振などによる経済的な混乱期であった。その混乱に拍車をかけたのが一九二三年の関東大震災であるが、しだいに資本の集中と労働者階級の増大および労働者の文化の確立をめざす動きとが顕著になって行き、知識人は動揺を重ねていった。その動揺と不安を象徴していたのが一九二三年の有島武郎の自殺であり、一九二七年の芥川竜之介の自殺であった。

当時の文学界は、理想主義をかかげた白樺派の衰退のあと、プロレタリア文学と新感覚派の時代へと移りつつあった。

井伏鱒二は、このような時代に作家として生きていこうとしていたのであるが、彼自身はどの流派にも従おうとせず自己の生き方を模索していた。

のちに、井伏は『雞肋集』（一九三六年）において、

「そのころ（一九三四―引用者注）私は同人雑誌『陣痛時代』の同人であった。早稲田の級友十数名が同人として集まって、八箇月ばかり刊行した後に私をのぞくほか全同人が左傾して、雑誌の名前も『戦闘文学』と改題した。同人諸君は私にも左傾するように極力うながして、たびたび最後の談判だといって私の下宿に直接談判に来た。しかし私は言を左右にして左傾することを拒み、『戦闘文学』が発刊される前に脱退した。この雑誌の同人諸君は後になって一同『戦旗』に合流した。

私が左傾しなかったのは主として気無精によるものである。私は非常に怠けものであった。」（『井伏鱒二全集第九巻』）と述べている。

この末文は、万感の思いをこめた自嘲と諷刺のことばであろう。彼は、流行にのめりこむことに「勤勉」でなかっただけである。作家として立つための修業に思いをひそめていたのであって、彼自身が怠惰であったわけではない。

この苦しい修業時代の心境を形象したものが処女作といわれる『幽閉』（一九三七年七月、同人雑誌『世紀』に発表された）であり、のちに全面的に書き改められて名作となった『山椒魚』（一九二九年五月、『文芸都市』に発表された）である。

『幽閉』には、流れの中で一匹の目高がよろめいて右へ寄るとみんなが右へ寄り、ある目高が左へ寄ると群のみんなが左へ寄る場面が描かれている。主体性のないこの目高たちを見て、山椒魚は、「目高達は何の理由で、間違ってよろめいて出た奴の後ばかりお手本にするんだ。」と嘲笑するのであるが、じっと動かないでいた間に山椒魚自体が大きくなって岩屋から出られなくなっていることに気づく。そして、やがてその岩屋から出られないことに腹を立てなくなっていく山椒魚が描かれているのである。

この処女作には、井伏の特徴的な世界観の二つが表われていると思われる。つまり、一つは集団に対する不信で

あり、いま一つは耐えがたい状況に生きながらもそのこと自体を肯定して生きていこうとする庶民的な明るさである。

目高たちのゆれ動く場面は、マルクス主義の真意を理解しないで、ただ流行だからという理由だけで左傾していった人々を批判しているともとれるが、かならずしもそのように限定して解釈しないで、自分の意志と自分の足で歩いていこうとしない人々の軽薄さを批判しているのであると広く解釈することもできよう。

山椒魚が目高たちを嘲笑したように、井伏には集団的な行動や組織に対する不信がある。集団や組織はとかく人間一人ひとりの心情や意志を無視し、一人ひとりの人間からその人らしさを奪い、人間らしさの欠けたことばを声高に叫ばせ、他人に動かされる奇妙に規格化された人間を作るという考え方を持っていたようである。そして、彼自身は、いかなる流派にも属しないで自己の足と自己の目でたしかめたものを支えにして歩いていこうとしている。

集団の悪がもっとも集中的に現われるのは軍隊であり、のちに触れるように『黒い雨』では規律や勅諭にこりかたまって、人間性を失ってしまった軍人が痛烈に非難されている。

いま一つのあきらめにも似た居直りの明るさは『山椒魚』ではいっそう強められており、山椒魚は岩屋の中で飢えて死んでいくのであろうが、すでに運命にさからおうとはしていない。

井伏にあっては、人生はままならぬものであり、そのままならぬ人生をそれと認めつつ生きていくのが人間なのである。そのようなままならぬ人生を精一杯生きていくのが人間の意志なのである。そのことをにがにがしい思いとともにやさしさをもって強く肯定していっている。

『幽閉』・『山椒魚』に見られた、絶望の極点において絶望してしまわないで、絶望していること自体を生きていくためのプラスのエネルギーに転化していく人生への対し方を、実は、『黒い雨』において閑間重松にさせているのである。

絶望の極点において、

「どうせ何もかも飯事《ままごと》だ。だからこそ、却って熱意を籠めなくちゃいかんのだ。いいか、よく心得て置くことだ。決して投げだしてはいかんぞ」

と自分自身に言い聞かせる精神は、たえず絶望的な生涯を生きさせられてきた日本の庶民のものであろう。

四

井伏の見た原爆の悲惨は、人間の肉体と精神とに与えた威力であった。

重松は横川駅で原爆にあい、顔を焼かれ、「両手で顔を撫でると、左の手がぬらぬらする。両の掌を見ると、左の掌いちめんに青紫色の紙縒状のものが着いている。また撫でると、またべっとり附着する」という状態であった。重松は何度か広島の焼跡にはいり、そこで彼が見たものは無数の白骨と死体であった。

「僕が六日の日に避難するときには、このあたりの道ばたの大きな防火用水タンクに、三人の女が裸体に近い恰好で入って死んでいた。水はタンクの八分目ぐらいまで溜っていたようだ。今度はそのタンクに決して目を向けないで通っていこうと思ったが、見まいとしながら、ちらっと見てしまったことは是非もない。逆さになった女の尻《しり》から大腸が長さにして三尺あまりも噴きだして、径三寸あまりの太さに脹《ふく》らんでいた。それが少し縺《もつ》れを持った輪型になって水に浮かび、風船のように風に吹かれながら右に左に揺れていた。」

井伏は冷静に広島の惨状を書きとめている。死んだ我が子を布包みにして担いでいる婦人の泣きじゃくりながらの話も書かれている。瞬時にして死へと追いやられた肉体の惨状が冷静に精細に描写されているために、読み手には吐き気を催させるほどに原爆の残虐さを訴えてくる。

原爆病のために仕事のできにくい重松たちに対して、「ピカドンにやられたのを、売りものにしておるようなのと違わんのやないか」という橋本屋の小母さんの情ない心は、原爆がなければ露わにならなかったものかもしれない。

読み進めていて、ギクリとさせられるのは、燃えている木材の下敷きになった自分を残して逃げた父のことを話す少年の姿である。遇然に助かった少年はその日に伯母さんの家で父に出会う。少年は父と話すことばを失なったという。原爆はこのようにして少年の心を引き裂いたのである。

いま一つ印象深いのは、おかみさん風の女の語る男の子についての挿話である。

「たまたま疎開先から戻って来ていた男の子が、今朝がた疎開地へ帰りがけに親父の形見の脚榻を柘榴の枝の下に据えつけた。何をするんだろうと見ていると、男の子は脚榻に登って行き、柘榴の実の一つ一つに口を近づけて、ひそひそ声で『今度、わしが戻って来るまで落ちるな』と云い聞かせていた。そのとき、光の玉が煌《きらめ》いて大きな音が轟《とどろ》いた。同時に爆風が起った。塀が倒れ、脚榻がひっくり返り、子供は塀の瓦か土かに打たれて即死した。」

原爆は柘榴に入れ智恵をした男の子の生命を奪った。これだけで一篇の短編小説となっている。不憫な話を淡々と語っているが、それだけに心を打つものがある。

さらにいたましいのは姪の矢須子の心であろう。第二次放射能をあびたために、戦後数年たって身体に変調をきたしている矢須子は縁遠いのである。原爆によって踏み荒らされた矢須子の心は癒える時がない。

原爆が人間の肉体と精神とに与えた傷は大きく深いのであるが、それとの対比において、井伏は、救援にあたる人々の姿を美しく描いている。大野浦の国民学校で看護にあたっていたタミ代さんの姿は鮮明である。しかし、原爆の残虐さがあまりにも激しすぎて、このような美しい心もかすんでいく感じがする。

井伏は、何よりも人間の生命を尊いものとしている。重松は、死体からこぼれている蛆虫を見た時の思いをつぎのように記している。死体と蛆虫を見て、ある詩人の「――おお蛆虫よ、我が友よ…」「――天よ、裂けよ。地は燃えよ。

人は、死ね死ね。何という感激だ、何という壮観だ…」という詩句を思い出したのである。

「いまいましい言葉である。蛆虫が我が友だなんて、まるで人蠅が云うようなことを云っている。馬鹿を云うにも程がある。八月六日の午前八時十五分、事実において、天は裂け、地は燃え、人は死んだ。

『許せないぞ。何が壮観だ、何が我が友だ』僕は、はっきり口に出して云った。

荷物を川のなかへ放りこんでやろうかと思った。戦争はいやだ。勝敗はどちらでもいい。早く済みさえすればいい。いわゆる正義の戦争よりも不正義の平和の方がいい。」

人間の生命を侮辱する者へ心から憤りを投げつけているのである。おそらく、このような表現に『黒い雨』のモチーフが表わされているのであろう。正義の戦争を否定し、不正義の平和を肯定するところに井伏独特の世界観が表われている。

五

「被爆の状況を語りあうために来る客には閉口だ。話しあっているうちにだんだんと実感に引きずり込まれ、頭の毛が硬直して毛根がじりじりして来るようで逃げだしたくなってくる。嫌《いや》な気持と云うか怖しいと云うか、適当な言葉が見つからないが、要するに逃げだしてしまいたくなって来る。」

と重松は記しているが、これはおそらく作者・井伏の実感であろう。あまりにも残酷であった被爆の状況をあれこれと書き写していくうちに、井伏自身が「じりじりして来るよう」に感じてたまらなくなったようである。それとともにその残酷さへの怒りがより強く、よりはっきりしてきたためであろうか、井伏は、『新潮』連載の八回目から、それまでの『姪の結婚』という題名を『黒い雨』に変更している。

これは、「姪の結婚」話から「原爆（黒い雨）」そのものを主題にして書き進めようと方向を転換したことを示している。

井伏は、のちに、

「あの出来事は空想で書けるというようなものではなかった。空前絶後の問題だったのだ。それであんなルポルタージュ風のものになった。『黒い雨』の最初の、ぼくが空想で書いためいの日記は、おじさんがつりをしながらぼくに話してくれたことをまとめたのだ。あと二回ぐらいは、めいの日記をみながら書こうと思っていたのだが、それはできなかった。日記は燃やしたというが、あるいは、めいのことを書かれたくなかったのかもしれない。被爆者のなかにはそういう気持ちがみなあるようだ。話している途中、はっと息をのみこむ人が多い。…中略…ともかく『黒い雨』を書いているうちに、だんだん軍人が憎くなっていった。保元平治の乱の昔から、戦争ぐらい庶民を苦しめるものはない。」（『赤旗』日曜版　一九七〇年八月二日）

と語っている。井伏は、「姪の結婚」を書きすすめていく間に、しだいに原爆への憤りをはげしくし、戦争を直接に遂行する軍人への憎しみを増していったのである。原爆そのものを主題にすることによって、井伏は、戦争を真正面に見すえて戦争に従う軍人たちの心の歪みを衝き、国家と国家との争いの結果としての「原爆投下」であったことを非難していくのである。

『黒い雨』では、多くの軍人が不満・批判の対象として嘲笑されている。

浅蜊の闇売をしていて焼死した小母さんの伜《せがれ》が人間魚雷になっていたことを聞いた重松は、「この死人は生前、伜が人間魚雷の学校に志願するのを引留めなかったのだろうか。戦争は人間の判断力を麻痺させてしまう。」と考えている。

また、軍の依頼で工場の倉庫にあずかっていた食糧を軍人が騙《だま》し取っていったという報告を受けた町の工場長は、軍人たちの頽廃に対して「ぴくぴくと唇を震わ」せて怒っている。

また、被爆した軍医予備員・岩竹博の手記には、つぎのように描かれている。

「教育係の吉原少尉は若冠二十二歳で、平壌医専を繰り上卒業した短期軍医である。この教育係の訓辞は、内容的に云って鷹尾軍医中佐のそれを更に凌ぐものがあった。

『ここは鬼兵舎と云われる有名な兵舎である。お前たちは今からこの兵舎に入るに当り、覚悟を更新する必要がある。甘くしたのでは貴様たちはつけあがって始末が悪い。上司の命令によって、びしびし鍛えるからそう思え。第一、貴様たちは（以下、九十一字伏）』

こんなのは訓辞をする側では『気合を入れる』と云うが、訓辞される方では暗澹《あんたん》たる気持にさせられる。」

軍隊機構の中で、吉原少尉はその人間性を失い、硬直してしまっていたのである。

このような軍人批判は、天皇崇拝で凝り固まった精神のため戦後の民主社会に適応できなくなった人物と、そのような人物を生み出した軍隊とを批判した『遙拝隊長』（一九五〇年）においてすでに現われていた。この『黒い雨』でも、おだやかなことばではあるが鋭く語られている。ここでは、軍隊という組織の中で一つの観念をたたきこまれて人間らしい感覚を失い、自分の実感をとおして考えたり、自分の足で歩くことを止めた軍人たちが、それとなく非難され揶揄されているのである。

六

重松は、被爆直後のプラットフォームを見ながら、

「あそこに転がっている、あの弁当を見てくれないかなあ。あの握飯を見たら、敵はもう空襲に来なくてもいいと思うだろう。もうこれ以上の無駄ごと、止めにしてくれんかな。僕らの気持、わかってくれんかな。」

とつぶやいている。庶民の厭戦気分をさりげなく描いているのである。弁当を見れば国力が分かるという発想は、

まさに生活者の目である。政治や戦争の推移にはくわしくない庶民にも、国力の衰えは歴然としていたのである。

被爆後、おびただしい死体を処理するために穴を掘って死体を焼いたのであるが、死体を運んでくる兵隊の様子とことばを重松はつぎのように書きとめている。

「穴ぼこに死体が多すぎて焔が下火になると、穴のほとりへどしりと死人を転がして行く。その弾《はず》みに、死体の口から蛆のかたまりが腐爛汁と共に、どろりと流れ出るものがある。穴のそばに近づけすぎた死体からは、焚火の熱気に堪えきれぬ蛆が全身からうようよ這い出して来る。…（中略）…

『この屍《むくろ》、どうにも手に負えなんだのう』

トタン板を舁《か》いて来た先棒の兵がそう云うと、

『わしらは、国家のない国に生まれたかったのう』

と相棒が云った。」

組織体のもっとも大がかりなものが国家であろう。この場面で、井伏は、集団組織の頂点としての国家に対する不信を露わにしている。「戦争をする国家」への否定が「国家」そのものの否定へと飛躍するところに戦時の実感がこめられているのであろう。一人ひとりの自立した生き方に人間のあるべき姿を見る井伏には、国家そのものへの不信も時にはよぎったようである。

このような国家否定観は、『幽閉』以来の井伏の、自己を依りどころにして生きようとする生活観から発しているのである。「正義の戦争よりも不正義の平和の方がいい」と、いわゆる正義よりも人間の生命の守られる平和に価値を置いていることと井伏の国家観とを結びつけて考えると、井伏の国家否定が生命の価値を支えとしていたことがうかがえる。

七

『黒い雨』には、被爆の死傷者たちを描いて鬼気迫るものがあるが、その悽惨な場面の合い間に、鯉・鳩・鰻などの小動物を使った、ほっと安らぎをおぼえさせる場面がある。八・一五の正午ころ、重松は、鰻の子の遡上していくのをつぎのように記している。

「『やあ、のぼるのぼる。水の匂《におい》がするようだ』

後から後から引きつづき、数限りなくのぼっていた。

このピリコは広島の川下から遙々《はるばる》と遡って来たものだろう。普通、鰻の子は五月中旬ごろ海から川に遡って来るが、川口から半里ぐらいのところあたりでは、体がまだ柳の葉のように遍平で半透明である。広島の江湾あたりの漁師はそれをシラスウナギと云っている。ここではもう、ちゃんとした鰻の姿になって、大きな鰌《どじょう》ぐらいの長さだが鰌よりもずっと細くて動きが流麗である。広島が爆撃された八月六日ごろはどのあたりを遡上していたことだろう。」

このピリコの描写は、読者に安らぎを与え、気分転換をさせる効果がある。あまりにも陰惨な原爆に耐えきれなくなって、心の救いとしてこのような場面を描いたのであろうか。作品の中では、原爆の陰惨さとつり合った形で読者の心を清々しくさせ、人間の絶望に傾く心を希望へとゆり戻す平衡運動の役割を果たしている。絶望の極点において人生肯定のエネルギーを生み出していく井伏の精神作用の具体化であろうか。

重松の願いも空しく、矢須子は原爆病の症状を現わし、症状は進行していく。『黒い雨』は、「被爆日記」清書の完了とともに終わる。作品の末尾はつぎのように描かれている。

「『今、もし、向こうの山に虹が出たら奇蹟が起る。白い虹でなくて、五彩の虹が出たら矢須子の病気が治るんだ』どうせ叶《かな》わぬことと分っていても、重松は向うの山に目を移してそう占った。」

五彩の虹はやはり出ないのであろうか。「叶わぬことと分って」いながら、占いをさせているところに、作者・井伏の願いが重ねられている。若い女性の生命を奪っていく原爆への憤りを沈めて作品を終えている。

八

井伏は、『黒い雨』において、原爆のもたらす惨状をつぶさに記録していき、原爆と人間との関係をリアルに認識した。その目は、弁当の貧しさに国力の衰えを見るような生活者のものであった。ともかく一日一日をいとおしみつつ生きぬいていこうとする庶民の目であった。庶民の目をとおして、井伏は、観念に足をすくわれて人間の真実が見えなくなった軍人たちを批判し、戦争を引き起こす国家構造に疑念を提出したのである。

井伏の組織観・国家観は、氏の実感から出発していて、きわめて文学的である。社会科学的な国家認識の欠如を指摘して井伏の限界をあげつらうことはやさしいが、それだけでは井伏を生かすことにはならないであろう。井伏は、庶民の位置に身をおいて被爆者の死を見つめ、被爆の苦しみを感じとったが故に、書きながら自らの戦争と原爆への認識を深め、原爆を烈しく否定する作家へと変身していったのである。『黒い雨』は、庶民生活の瑣事を語りつつ、その中にさりげなく原爆の怖しさを浮かび上がらせており、そのような方法で表現された原爆否定への精神は読者を心の奥深くで揺り動かしていく。

（日本平和教育研究協議会『平和教育』№5、一九七七年）

〔解説〕

幸田　国広

一　書誌解題

平和教育・原爆教育論を収めた本章は、戦後日本において平和教育運動が最も高まりをみせた一九七〇年代に発表されたものから選ばれている。各節の初出等は次のとおりである。

「第一節　戦争体験の継承」（山下会『あさ』第2号、一九六五年六月）、「第二節　被爆体験の継承と教育」（山下会『あさ』第8号、一九七二年七月）、のち『遠くを見る』（教育企画コヒガシ、二〇〇一年三月）採録。「第三節　原爆教育はひろがる」（山下会『あさ』第9号、一九七三年七月）。「第四節　平和教育の展望」（藤吉教育問題研究所『平和教育の理論と実践』第5集、一九七八年十月）、のち『遠くを見る』（教育企画コヒガシ、二〇〇一年三月）採録。「第五節　井伏鱒二／『黒い雨』　庶民の目で見た戦争と原爆の告発」（日平研『平和教育』№5、一九七七年六月）。以上の論考は、二八歳から四一歳までの間に発表されたものである。

著者、浜本純逸の平和教育へのかかわりとその歩みは、「第四節　平和教育の展望」に詳しい。それによれば、きっかけは大学助手時代の山下会との出会いにあったことがわかる。同会は一九五八年の勤務評定反対運動を契機に誕生した、広島の婦人たちの学習サークルである。そのほとんどが被爆者だったというメンバーによる被爆体験の記録誌が『あさ』だった。

同会とのかかわりについて「この山下会の学習会に参加して、会の活動である原水爆禁止運動にわたくしは受動的にかかわっていったのであるが、その活動の一つである胎内被爆者（小頭症）の救援運動の与えた衝撃は大きかった」とある（二二一頁）。この山下会との出会いから、その後の藤吉教育問題研究所への参加を経て平和教育運動への意欲と意志が次第に強く明確なものとなっていく過程がうかがえる。

二　戦後の平和教育運動の中で

戦後の平和教育運動は、朝鮮戦争を契機として謳われた「教え子を再び戦争に送るな」という日教組のスローガンに始まる。第一節で、少年時代に朝鮮戦争を知らせる号外を手にしてはじめて戦争と死をつないで考えたことが述べられているが、同じ東アジアの隣国で始まった戦争は多くの日本国民にとっても「第三次世界大戦の戦前」を予感させ、「死」を意識させたに違いない。その後、国語教育ではベトナム戦争の激化に伴って教材自主編成を求める機運が高まり、反戦平和のための新教材が次々と実践されていった。このことはこの時期の国語教育における平和教育運動の特徴でもある(1)。

平和教育運動が全国的、組織的展開を見せるのは、皮肉なことに大阪万博の年に大ヒットを記録したフォークソング「戦争を知らない子どもたち」に象徴される、「戦争の記憶」の世代間格差がはっきりと意識されるようになった時期からであった。この頃から「戦争体験の継承」だけでは平和教育の進展は望めなくなりつつあった。

まさにこうした時期に、福岡教育大学の女子学生Sさんの苦悩に著者は自らを重ねているのである。Sさんは、平和公園で出会った老婆の「ピカの恐ろしさは、ことばでは言いあらわされんよ」、広島の教師の「どのようにあなた自身が生きていくか、たたかっていくかに方向を持っていますか」といった言葉に衝撃を受ける。そして、彼女の「小さな理想主義」が「足踏みし消えかかっている」と語る著者自身もまた、「わたくし自身にも確たる答えがあるわけではなく、たえず、いくつかのことばで答えを出してみつつもいまだに迷っている」と吐露するのだった（一八一頁）。

Sさんはその後、被差別部落「K地区子ども会」の活動に参加しつつ、大野允子の「ヒロシマの少女」の教材化に取り組み、大学を卒業していく。Sさんは戦争や原爆と向き合うことをやめなかった。著者もまた、藤吉教育問題研究所の学習会にも参加し、「戦争体験・原爆体験の継承だけによる平和教育の不十分さ」（二二七頁）を痛感し、「戦争構造について、政治学的に、経済学的にさらに追求されなければならないと強く考えるようになった」（二二七頁）と展望を語るようになる。その口調には一層の力強さがうかがえる。

こうした平和教育の進むべき方向についての認識の深化は、その後の、神戸大学教育学部及び発達科学部における平和教育講義のカリキュラムづくり[2]や、次に述べる『黒い雨』の教材化によって具体化されていく。

三　文学教材と平和教育　『黒い雨』の教材化

井伏鱒二『黒い雨』の国語教科書への採録も、中学・高等学校用の国語教科書に次々と戦争平和教材が現れ始めた一九七〇年代に始まる。高校用（東京書籍、筑摩書房）には一九七三年から、中学用（学校図書）には一九七五年から開始され、その後、同作品は平和教材として定番化の道を歩むことになる。その学校図書版中学用教科書における教材化を推し進めたのは、『黒い雨』の採録開始版から編集委員に名を連ねることになった著者の意向が働いていたことが推察される[3]。

作家井伏鱒二の被爆者の現実と死を見つめ、原爆を激しく否定する作家への「変身」を指摘した「（四）井伏鱒二／『黒い雨』　庶民の目で見た戦争と原爆の告発」の前年に、藤吉教育研究所の機関誌に、その原型である「井伏鱒二と『黒い雨』」を発表している。ここには、「『黒い雨』は、けっしてあせらずあきらめない、庶民である重松の目をとおして語られているが故に、原爆の残虐さを鋭く告発するとともに原爆におしつぶされない庶民の生活を美しく描き得た」と教材価値論の輪郭が確かめられる。[4]

その三十数年後、『文学の授業づくりハンドブック』（溪水社、二〇一〇年三月）の序章で、『黒い雨』を扱った実践提案を行っている。「概念では捉えがたいものを捉える文学の方法に自覚的な読者」の育成を目標に、比喩表現の巧みさ、六人の視点人物に焦点を当てた具体的描写の仕方に着目させることによって、読者の内に表象した「原爆の悲惨」への想像力を確実なものにしようとする試みである。[5] さらに、文学の創作指導にも言及し、『黒い雨』の一場面を短歌や詩に表現させるアイデアも挙げている。圧巻は「『黒い雨』を中核学習材とする単元例」である。中学校三年生を対象に、夏休みを挟んで八時間を配当した本格的な単元学習の試案となっている。

文学教材の平和教育への利用は、ともすると登場人物の気持ち・心情を読解し感傷的・情緒的な同化にとどまる弱点を持っている。そうした実態については一九八〇年代に国語教育における平和教育の重大な課題として指摘されていた。[6] 平和の希求という価値意識は、学習者の主体的な探究によって意義のあるものとなる。表面的な言辞を弄するだけの予定調和な「平和教育」を峻拒し、『黒い雨』という文学との出会いを契機として、様々な資料も用いながら戦争や原爆の事実・真実へ多面的にアプローチするホンモノの平和教育を志向した単元学習の提案であった。

注

（1）詳細については、幸田国広「国語教科書における戦争平和教材の位相―概念の生成から任意性の湧出まで―」（国語教育史学会『国語教育史研究』第一七号、二〇一七年三月）を参照されたい。

（2）浜本純逸「「平和教育」講義の歩み」（『神戸大学教育学部五十年史』神戸大学紫陽会、二〇〇〇年十一月）、のち『遠くを見ることばと学び・四十年』（教育企画コヒガシ、二〇〇一年三月）採録。

（3）注（1）に同じ。

（4）浜本純逸「井伏鱒二と『黒い雨』」（『平和教育の理論と実践』第三集、藤吉教育問題研究所、一九七六年七月）、但し引用は、『遠くを見る　ことばと学び・四十年』（教育企画コヒガシ、二〇〇一年三月、二一五頁）による。
（5）浜本純逸「序章　文学の授業デザインのために　中・高等学校　「黒い雨」（井伏鱒二）、「舞姫」（森鴎外）、創作」（田中宏幸・坂口京子編『文学の授業づくりハンドブック第4巻　中・高等学校編』溪水社、二〇一〇年三月）
（6）大槻和夫「文学教育と平和教育」（『平和教育』№16、日本平和教育研究協議会、一九八三年二月）

第四章　ソビエト教育学に学ぶ

第一節　ウシンスキーの「母語」について（一九六八年）

一

十九世紀のロシアは、腐敗した官僚による専制政治・科学を拒否し神秘的な慣習を強いるギリシャ正教・人間を牛や馬かのごとく単なる労働力としてしか見なさない農奴制によって支配された社会であった。ウシンスキーは、そのような社会にあって、自分で自分の生活を切り開いて生きる人間の成長を期待し、みずからも、そのような人間の育成に努力した。彼は、新しい人間、つまり、新しい国民の成長と育成の道はなによりも教育であると考え、その後半生を教育に捧げたのであった。

彼は、中学校教育や女子教育などの教育問題について論じているが、新しい国民育成のためには、なかでも、初等教育を重視した。そして、その初等教育の中心教科となり基盤となるべきものが、母語（国語）の教育であると考え、論文「母語」（一八六一年）、『ロシヤ語の初等教授について』、教科書『子どもの世界』（一八六一年）、教科書『母語』（一八六四年）、教授用参考書『〈母語〉指導書』（一八六四〜一八七〇年）など、一連の国語教育関係の労作を著わした。

二

ウシンスキーは、国語は国民自身が創り出したものである、という。「国民の言語は、遠い歴史のはてから始まる国民の全精神生活のもっともすばらしい、けっして萎れることのない永遠に新しく咲き開く花である。国語のなかには全国民が、全祖国が霊化されている。[(1)―一五]」この国民の全精神生活の花は、その中に、国民の喜びや悲しみの感情を秘め、詩情を含み、自然や社会や人間に対する見方を創りあげてきたのである。「国民は自分たちの言語のなかに、何千年もの長いあいだにわたって何百万もの個人が、自分たちの思想や感情を積み重ねてきた。人間の精神に反映された国の自然や国民の歴史が、コトバに表現されているのである。人間によって作られたコトバは、国語の滅びることのない無尽蔵の宝庫のなかに残された。[(2)―五九]」国語とは、国民という歴史的有機体が創造し、鍛えあげてきた歴史的遺産である、とウシンスキーは考えていた。

コトバは、国民がものを見、考え、感じる媒体として生まれ、発達してきた。コトバは、われわれに思想や感情を伝達する手段を相続させるだけでなく、思想そのもの、感情そのものをも相続させるのである。コトバを単なるコミュニケーションの道具としてでなく、思考し感じるための媒体であり、その結果としての思想や感情の実体でもあるとウシンスキーは考えていた。

したがって、国語（母語）は、子どもたちの中に国民的なものの見方・考え方・感じ方を育て、そのことによって、次代を形成していくのである。「子どもは母語を学ぶとき、単にその音を学ぶのではない。母語の乳房から精神的生命と力とを吸いこむのである。母語は、子どもに自然について、どんな自然科学者も説明し得ないようなことを説明する。母語は、子どもの周囲の人々の性格、子どもがその中に住む社会を子どもに知らせる。また、その歴史、その社会の趨向について、どんな歴史家も知らせ得ないようなことを知らせる。母語は、子どもを国民の信仰のなかに引き入れ、どんな美学者もそのようにはなし得ないほどに、子どもを国民的詩情の世界に引き入れる。また最後に、母語は、どんな哲学者も子どもに伝えることのできないような論理的概念、哲学的見解をあたえる。[(1)―一六]」国語は、子どもたちに、自然について、社会について、歴虫について教え、国民的詩情、論理的概念を与える。このことを通して、子どもたちを、国民的思想、国民的感情、国民生活の中へ導き入れるのであり、国民にまで形成するのである。このような母語の力を指して、ウシンスキーは、「母語とは、かくも偉大な国民的教師なのだ！」[(1)―一七]という。

子どもたちの一人ひとりを内面から国民に形成していく国語は、また、国民の一人ひとりを内側から結びつける強い力でもある。「国語は、国民の過去・現在・未来の世代を一つの偉大な歴史的な生命ある全体に結びつけるもっとも生き生きした、もっとも豊かな堅固な結晶である。……中略……国民の唇から国語が死に絶えるとき、国民もまた死に絶えるのだ。」[(1)―一五～一六]ウシンスキーによれば、国語は、国民連帯の絆なのである。

このように偉大な力をもつ国語を教授する教科だから、「初等教育においては国語の教授が主要な中心的教科であり、それは、他のすべての教科に含まれると同時に、自分のなかにそれらすべての教科の結果を取り集めるものである」[(3)―九五]とウシンスキーは考えるのである。

そして、彼は、子どもの国語学習の目的として、次の三つをあげている。

「第一は、コトバの能力（способность）」とよばれる子どもの生得的な精神能力を発達させることであり、第二は、子どもを母語の宝の意識的習得に導くことであり、第三は、子どもがこの言語の論理すなわち母語の文法法則をその論理的体系において習得することである。

これら三つの目的はひとつずつ達成されるのではなく、いっしょに達成されるものである。」[(2)―五一(4)]

三

一八五九年に、ウシンスキーは、スモーリヌイ女子学院（貴族子女教育協会―当時は、初等学校がなく、いきなり中学校へ入学する制度であった）の監督をまかされたとき、入学してくる子どもたちが、ほとんど、学習に耐えられないことを知って、その原因が、一〇歳までの教育のしかた、とりわけ、母国語の学習のしかたにあることを見抜いた。「富裕な家庭の一〇歳の子どもさえが、やっと本が読めたり、すらすらと本を読めはしても、読んだことについてどのような説明もあたえることができず、ごく簡単な文さえいくらかでも正しく、大きな誤りなしにきれいな字で書くことのできないことが多かった。読んだことの内容を口頭で順序たてて話したり、単純な思想を人によくわかるように書くことのできる子どもは、まれな例外だった。(1)―八〇」

そこで、彼は、「読んだことの内容を口頭で順序たてて話したり、単純な思想を人によくわかるように書くことのできる子ども」を育てるために、教科書を編集したのである。はじめは、スモーリヌイ女子学院の教師と子どもたちのために、『子どもの世界』を作り、のちにそれを改良して、広く母親をも対象とする教科書『母語』を作成したのである。

当時のロシアには、教育学的な根拠をもつ教科書は少く、また、実際に子どもたちの能力を育てる教科書は存在しなかったといってもいいくらいであった。そのような中で、ウシンスキーは、自己の教育学的見識にもとづき、諸外国の教科書、ならびに教育の実際をも考慮に入れて、ロシアの子どもたちの成長を助ける教科書を編んだのである。したがって、この教科書には、ウシンスキーの教育学上の諸探求の成果が具体的に結実している。ここでは、われわれにも示唆するものの多い『母語』教科書編集の原理をとり出してみよう。

その第一は、子どもの世界（内面へ、外面へ）をことばを通して拡大していこうとすることである。

「子どもは、周囲の人々の精神生活のなかに国語を通してのみはいっていく。また逆に、子どもの周囲の世界も同じ媒体――国語――を通してのみ自己の精神的側面を子どものうちに反映させる。(3)―九四」とウシンスキーはいう。この考え方に立って、彼はまず、子どもたちの身のまわりの事象を教材として採りあげる。そして、子どもたちの視野を、目で見、手で触れられるものから、しだいに遠くのもの、抽象的な世界へと拡大するように教材を配列していくのである。

教科書『母語』の目次は、第一学年では、綴字教科書によって、筆記体アルファベット、活字体アルファベットを学んだあと、一　学用品とおもちゃ、二　家具と入れ物、三　食物と飲み物となっている。第二学年は、この原理がもっと典型的に貫かれている。

第一編　まわりの世界
第一章　学校と家
第二章　家畜
第三章　馬小舎、家畜小屋、鳥小屋
第四章　野菜畑と庭
第五章　街路と道
第二編　四季

第三学年は、実践的初等文法と選文読本から成っている。

ここには、教材配列にあたって、ウシンスキーが場所（学校→街路と道）を時間との広がりに配慮していることがうかがえる。子どもの知っている場所で、子どもの感じうる季節の色彩をもった時の流れの中で、起こった出来事を学習することは、子どもたちを生き生きとした観念、ことばに導き、子どもたちを実感のともなったより広い世界へと導く。

ウシンスキーによれば、「そうすれば、本で読んだり、学校で話される印象が、子どもにも生き生きしたものとなり、子ども自身の経験や感覚で確かめることも可能となろう。このようなばあいは、子どもは自分の見たり感じたりしたことを話し、そのコトバは真実に満ちることとなろう。コトバの真実性は、だんだんと発達させねばならないコトバの貴重な性質にほかならない」[(3)—二三三]のである。

第二は、教材を話しあいの資料とすることである。ウシンスキーは、教師と子どもたちとの話しあいは、学習のもっとも重要な方法であり、また、考えていること・学習したことを自分のことばで話せることが、真の理解であると考えていた。そして、自分の考えを自分のことばで話すことによって、子どもたちは自主的な人間へと成長していく。したがって、国語の学習においては、まず話しコトバの学習をすべきであると考えた。「子どもの話しコトバの発達を促進することは、疑いもなく、ロシア語教師のもっとも重要な責務の一つである。話しコトバが練習によってのみ発達するということを疑う人は、もちろんいないだろう。したがって、ロシア語教師には、于ともに話しコトバの練習をあたえ、その練習を指導する義務がある。話しコトバは書きコトバの土台をともなうものであるから、それはかれの重要な義務ともいえるだろう。(3)–九六」

まず話しコトバの能力を育てるために教科書は十分配意されているのである。「子どもの世界」には、生徒が自主的に何かを話すことができるような、まさに生徒の話のための材料が採りあげられている。「馬、羊、りんご、煉瓦の製造などについて何かを知らない子どもがいようか？　これらのものについてたとえ数行でも自主的に何かを話したり書いたりすることができないものがいようか？(3)–四九」子どもたちの既知のことをまず教材とし、子どもたちがあれこれと説明できるようなことを教科書に採り入れているのである。子どもたちの身のまわりのことからまず教材化していこうとする第一の原理は、第二の原理と同一の側面をもっていたのである。『母語』第一学年のはじめは、「学用品とおもちゃ」であった。

ウシンスキーは、子どもたちが話せる教材を採りあげただけでなく、さらに、子どもたちに話し方をも身につけさせるような学習の場を教科書に設けている。

『母語』第二学年の最初の教材は、

「兄さんが学校から家へ帰ってきました。

『お兄さんは学校で何するの？』と小さな妹がたずねました。

兄さんは、学校ですることをみんな妹に話してやりました。

……後略」

と学校ですることを詳しく話させたあと、「あなたたちの学校ではどんなことをしていますか？　お話しなさい。(6)―二〇五」と質問しているのである。子どもたちは、兄の答え方にならって話していけばよいようになっている。このようにして話し方を身につければ、その過程において自分のことばを見出し、自分のことばで話せるようになるのは易しいであろう。

ウシンスキーによれば、当時のロシアの学校は「子どもの話しコトバの訓練にはきわめてわずかな注意しか向けられていない。子どもたちは、学校では無言でいるか、暗記した課題を答えるか、あるいは教師の質問に切れ切れの取りとめのない解答をするかである。(2)―五六」専制政治の社会では、国民一人ひとりが自分の意見を自分のことばで述べることは許されないし、また、そのような国民を育てることは抑圧されるのである。国民がそれぞれの意見を表明して社会生活を営む近代民主主義社会においてこそ、この話しコトバの強調が必要であったと言えようか。話しコトバの重視を強調すること自体が抵抗の意志を必要とする時代であった。

話し方を身につけさせるばあいに、その学習の場を設けたような教材の作り方は、『母語』において、他にも多くなされている。

たとえば、正義について学ばせる場合、正義についての道学者的な定義を暗記させるのでなく、生活のある場面を教科書に採りあげている。そして、子どもたちに実際に自分で考えた意見を述べさせる場を作り、判断力を育てようとしているのである。(6)―二〇八

また、『子どもの世界』第一部第三章「祖国にかんする最初の知識」では、読み手と同年齢の子どもたちに旅行させ、その見聞記のかたちで教材化している。

「――町でわしらに何が入り用かですと？　何をどんなふうにですと？　さよう、ぼっちゃん、わしは塩を買わねばなりませんのじゃ。塩は村では手に入りませんでな。斧も入り用ですわ。わしの斧はすっかり鈍ってしまいましたでな。鎌も二つ入り用だで。刈り入れが近づいているでな。(7)―一一七」地理の解説書に書いてあるような無味乾燥な説明ではなく、子どもたちの生き生きした関心を学習の場にとりこむように教材化しているのである。教科書の教材によって学習の場を設けようとしていることが、第三の原理であるといえよう。

第四は、教科書を、教室で教材化するための資料集とみなすことである。

「この本にあるすべての文章を読む必要は必ずしもない。生徒たちの発達や学習に割り当てられた時間を考慮していくつかの文章は完全にのぞいてしまったり、ある文章の内容は教師が話してきかせるということもできる。文章を授業にしたがって配列することは、教師を煩らわせるだけだろう。なぜなら、教授の条件は教師によってすべてちがっているからである。それゆえ、私は『選文読本』を『読本』とは別にし、後者においては文章を、教師がこの本の内容を容易に認識でき、その後はこの本にある教材を自由に処理できるような体系に配列した。(8)―一一七」

わが国の文部省の講師がある講習会で「教科書は法律に依拠して作られているのであるから、その教材はすべて取り扱わなければいけない。時間などの都合がある場合は、さっと読むだけでも、一通り全部取り扱わなければいけない。」と言ったそうである。これはまったく、「法律に依拠して作られた教科書」を侮辱した話である。さっと読むなどということは読むことのうちにはいるかどうか、まして国語の学習になるといえるであろうか。教科書の教材を真の意味では学習しないでもいいというのであれば、みずからの権威の後循としている法律を彼らは踏みにじっているということになるであろう。

教科書に載せられている資料は、ウシンスキーのいうように、「生徒たちの発達や学習に割り当てられた時間」、「教授の条件」を考慮して取捨選択され、さらには補充されるべきものであろう。そうすることによって、各地域に生きる教師の教育への情熱も高まり、子どもたちの学習意欲も高まるものであろう。教育内容を教科書だけに絞ろうとするのは、法律を踏みにじるだけでなく、教師の意欲や子どもたちの成長への努力をも侮辱するものであろう。

四

ウシンスキーによれば、国語の授業では観察力、論理的思考力を育てなければならない。これらがことばの力の発達を助けるのである。

　話しコトバの教育を重視したウシンスキーは、話しコトバは思考に基礎をおくことを強調し、思考力を育てるのは、事物に即して考えさせ、その考えたことをコトバに表現させることであると主張した。それゆえに、直観教授を国語教師の義務であると考えた。

「われわれの内にある生得的な観念の力によって導かれるわれわれの全思考過程は、外界から知覚されたところの要素だけからなる。観念はわれわれの精神に属する。だが、この観念の働きならびに表現に必要な材料は、外的な、可視的な、感覚される世界があたえるもの以外の何ものでもない。[(3)―九六]」思考は感覚によって直接に知覚された形象を材料としてのみ行なわれると、ウシンスキーは思考過程のメカニズムを唯物論的に分析している。

　思考を深めるものは、外界を知覚した正しい形象如何による。正しい形象は正しい観察による。正しい観察力を育てるのが、彼によれば直観教授なのである。「直観教授とは何か?それは抽象的な表象やコトバにではなく、子どもが直接に知覚した具体的形象に基づいて構成される学習のことである。[(3)―九七]」

　抽象的な表象に基づいて行なわれる思考は、とかく論理の空転に陥る。そして、宗教的なドグマをことばの上で正しいものとして生活信条にまでしてしまう。コトバの操作のみによる思考は、実体のない観念を真理であるかのごとく見誤らせ、コトバの言いかえによって真理を把握しうるかのような錯覚を起こさせ、スコラ的な授業を生じさせる。いずれも、宗教的な迷信をはびこらせ、生活から科学を遠ざける原因となる。ウシンスキーは、ギリシャ正教の迷妄を打破する一つの窓口を直観教授によって見出していたのである。直観教授は世界を正しく認識する能力を与える。教科書『母語』には、直観教授の材料が数多くとりあげられ、『〈母語〉』指導書には、その方法が示されている。文法習得の際の音声式分析―総合法も、音声の観察からはいる直観教授の一具体例である。[(9)]

事物を各自が観察して得た形象に対して、それにふさわしいことばが与えられるとき、思考は発展する。そして、その思考はさらに新たなことばを生む。このようにして、ことばと思考は緊密な関係をもってのびていく。「言語は、思考から切り離されたものではない。反対に、言語は思考の有機的産物であり、思考に根を張り、たえず思考から成長しつつあるものである。だから、生徒に言語の能力を発達させようと思うものは、なによりもまず思考する能力を生徒に発達させねばならない。言語を思考から切り離して発達させることはできない。[(8)―一〇]」と、今から百年以上も前に、思考と言語との関係を正しく指摘していたのである。

ウシンスキーによれば、思考は論理的になされねばならない。ウシンスキーは、論理的思考力を育てる観点と順序について「子どもたちをあらかじめ、かれらの眼の前にある対象の特徴を発見し、数えあげ、順序よく叙述することに慣れさせ、ついでかれらのすでに知っている幾つかの対象を相互に比較し、それらの類似点や相違点を発見することに慣れさせねばならない。[(8)―一六]」と述べている。

このような思考力を育てるための適切な教材としてそれはまた、直観性をも具備しているもので――自然史（博物）を選んでいる。「論理性は、読み方や話し方の主要な目的を成すものである。ところで、自然の論理は、私の信ずるところによれば、子どもにとってもっとも近づきやすい、もっとも有益な論理なのである。[(8)―一四]」と彼はいう。『子どもの世界』や『母語』には、自然史についての文章が多く採られている。（この点が、当時の保守的な層から、宗教心がなく、子どもたちにニヒリズムを育て、唯物論を普及させるものとして、非難された最大の原因であった。）

『子どもの世界』の第二部第三章「論理学の初歩」には、一バラとナデシコ、二黒板と石盤、三類似点および相違点とは何か、四対象の相違点、五判断……中略……一五自然法則と道徳律の一五項が配列されている。

教科書『母語』では、第二学年第一編第二章「家畜」において、犬についての文章と図とを掲げたあと、「犬は何をしますか?図の犬とあなたたちのところにいる犬とを比較しなさい。[(6)―二一〇]」、第二編「立木のけんか」では、それぞれの木の自慢話の文章のあとに、「かしの木とりんごの木、白樺と松、松ともみを比較しなさい。[(6)―二一九]」という課題を出している。自然の事物の特徴をつかませ、その特徴を比較するという思考力を育てることをねらっているのである。

言語の論理は文法法則にあるとウシンスキーは考えていた。国民は国語の文法にしたがって外界を把え、それらに脈絡をつけ、判断を加えていく。文法には、その国民の考え方のすじみちが現われているのである。彼は、論理的思考を養うための文法の学習を重くみていた。「文法は、論理的にそれが教えられるときには、人間の自意識を、すなわちまさにそれによって人間が動物界のなかで人間となるところの能力を発達させはじめる。文法を、人間を人間らしくする科学のなかに数えいれるのは、理由のないことではない。[(3)―一五三]」

彼は、子どもを教えてみた彼自身の経験や『母語』・『子どもの世界』を教えている多くの人々の仕事の観察を踏まえて、文法学習には、学問的な文法を易しくしたものではなく、初歩の学習者に教える目的で特別に用意された入門書の必要性を痛感したのであった。そこで、彼は、『母語』の当初の計画には独立の編としての文法はなかったにもかかわらず、計画を変更して、教育用の文法体系を求めて三学年用『母語』の第一編を文法にあてたのである。そこでは、文、文章を形態論と構文論の面から学習するようになっている。

もっとも、はじめは体系的に文法のみを学習させることこそ考えていなかったが、すでに一〇歳の子どもから文法を学習させるように、教科書を作っていたのである。「教科書では、はじめに名詞の練習があり、後に動詞の練習がある。かんたんな不完全な文を子どもが習得している概念によって完成するこの練習によって、第一学年のための『母語』第一部は終わる。[(3)—一二九]」機能的に文法学習をすることを、はじめは考えていたのである。「ロシア語の初等教授」においては、彼は、「文法の系統的学習は必要だろうか？　われわれは必要だと考える。少なくとも、きわめて有益であると思う。それば、あらゆる生徒にとって有益であり、将来科学研究に進むもの、あるいはやがてみずから他人を教えるようになる生徒たちには不可欠のものであると思う。[(2)—六五～六六]」と、はっきり文法の体系的学習の必要性を説いている。

彼は、「言語の文法学習は、子どもが自分の話すことを自分自身で観察することからおこなわれねばならない。そして、この自己観察がより自主的になされればなされるほどよいのである。[(2)—一五三]」と、話しことばの観察から始めるべきことを提唱している。ことばの意識化のためには、自己のことばの観察をさせることが、もっとも適切な方法である。

また、彼は、この時期にすでに、語ではなく文を表現のひとまとまりであるとする考え方に立っている。「私たちは、私たちの文法を簡単な単文の分析からはじめ、それから徐々に拡大文に移っていく。私たちがなぜ文からはじめて、個々の単語からはじめないのかは、おのずと明らかである。文は、子どもにもより理解しやすいある全体である。人類のまた各個人の言語そのものも、個々の単語からではなく、文全体からはじまっている。[(3)—一六四]」

文を語に分解して考えないで、文全体を文法学習の対象とすることは、文の中の論理を考察するために不可欠なのである。ウシンスキーの洞察力の鋭さがうかがえる。

彼の文法教育についての意見はすべて、実践の場において述べられており、文法のための文法学習ではない。『母語』第一学年の三四「誰が何をする」では、「先生は何をする？　先生は教える。——生徒は何をする？……牧師は？……軍人は？……百姓は？……後略」と、主語に対応する述語をつけていく練習をさせている。ロシア語の文は、主語の人称、性、数に応じて述語の語尾を変化させなければならず、これだけの練習を完全にこなせる子ど

もは、相当の言語生活ができることになろう。これはまた、主語と述語からなる文型を習得する練習ともなってい
る。これらのことから考えると、文法学習は、すべての実生活において正確な文表現ができるような子どもを育て
る観点からなされていることがわかる。

文法学習において、文表現の能力を育てる方向は、読む力を育て、文章を書く力を育てることへと発展していくのである。第二学年用の『母語』では、文章の読みと文法学習のあと、「三六　すずめについて、かなりやについて書きなさい。今日あなたたちが教室でしたことを書きなさい。明日しようと考えていることを書きなさい。昨年の夏、あなたたちがしたことを書きなさい。(6)−二二二)」という作文の課題が出されている。

語・文・文章の指導は、体系的に行なうことが望まれるが、そのための実践的研究への指針となるものをウシンスキーは、現代でもなおもっている。われわれの観察力・論理的思考力をさらに高めるためには、国語の法則の習得に思いをいたすべきであろう。

五

ウシンスキーは、はじめ、貴族の中流階級に、新しい人間の生まれる可能性を期待したようであるが、晩年には、ウシンスキーの期待は、農奴・農民にかけられていった。期待する階級の移り変わりは、そのままウシンスキー自身の世界観の発展を示している。彼は、しだいにロシアのギリシャ正教に懐疑を抱くようになり、ロシア人民の位置に自己を近づけていった。

地方自治会による小学校設立とその充実に努力していたコルフにあてて、次のような書簡を送っている。「わたしが『母語』をつくったとき（一八六二年から一八六五年）、自治体学校はまだ存在せず、したがってわたしの本は都市部の学校、商人や管理や小貴族の子弟に向けられていました。そのことがわたしの本に、とくに第二部には強

く反映しています。現在は、わたしは直接に自治会の、すなわち農村の学校、しかも三年でコースが終る学校を念頭においています。この改造を私は今はじめています。しかし、もちろん本の発行は今年の末、あるいは来年のはじめより早くはならないでしょう。（(10)—一三〇）」

彼の母語教育論や教科書編集の原理は、没後七〇年から九〇年代にかけての反動の時代において、その発行禁止などの弾圧にもかかわらず、ロシアの進歩的な教育や教師の間に、あるいは励ましの源となり、あるいは活動の指針となって受け継がれた。一九一七年の革命後には、社会主義社会の教育学の中に蘇り、新しい教科書編集には、その理論と材料を提供しているのである。

わが国の国語教育は、時流に敏感である。そのことが国語教育の実質を底の浅いものにしてはいないだろうか。また、体制側が、何年かごとに、世相の変化をあたかも世界の進歩でもあるかのごとく見せかけて、国語教育の目標・内容を作りかえていく現状は、国語教育の不幸であり、国民の不幸であり、子どもたちの不幸を意味する以外の何者でもないであろう。われわれはもっと、国語の本質、その人間成長に果たす役割、国民連帯の絆としての国語の意義などについて深く考察し、その上に立って、今日の、そして明日の国語教育を位置づけ、見通すべきであろう。その時に、国民（農民）の要求に耳を傾け、みずからをも新しい国民に作りかえて行ったウシンスキーの「母語」教育に関する一連の労作は、新鮮な息吹をもって、われわれの中に蘇るであろう。

注

（1）『母語』　ウシンスキー教育学全集2　明治図書出版　一九六五年七月　該当頁は、以下（1）—〇〇として記載
（2）『ロシヤ語の初等教授について』　同前
（3）『〈母語〉指導書』　同前
（4）この三つの目的の達成方法については、つぎの拙稿を参照していただけるとありがたい。「ウシンスキーの国語教育論」（柴田義

松他訳『ウシンスキー教育学全集』２・３巻の書評）『ソビエト教育科学 №26』明治図書出版　一九六六年九月

（５）『子どもの世界』について　同前

（６）教科書『母語』同前

（７）『子どもの世界』ウシンスキー教育学全集３　明治図書出版　一九六五年四月

（８）『子どもの世界』第一版への序文

（９）同前音声式分析――総合法については、柴田義松「教科教育の理論」（ソビエト教育学研究会編『第二ソビエト教育学講話』明治図書　一九六三年一一月）に詳しく述べられている。

（10）『エヌ・ア・コロフ宛書簡』ウシンスキー教育学全集６　明治図書出版　一九六七年九月

（『教育』２２７号、国土社、一九六八年）

第二節　ソビエトにおける学び方学習の動向（一九七四年）

一

一九七〇年代にはいって、ソビエトでは、問題的教授・学習（プロブレムノエ・オブーチェーニエ）が大きな関心を呼んでいる。これは、問題解決の過程において、教師が発問や課題によって子どもたちの科学的探究の能力を高め、その方法に習熟させる教授方法《システム》である。問題的教授・学習は、問題発見と問題解決の方法とを、つまり学び方を習得させ、子どもたちを自立学習ができるようにする。マフムートフ（タタール自治共和国文部大臣）は、「問題的教授・学習は、最高の段階では科学的研究に近づき、それは自立学習の最高の形式の一つと見なすことができる」(1)と述べている。

現代科学の急速な発達にともなって、教育内容は、量的な増大と質的な高度化をますます強めている。このことに対応し、この変動を乗りきっていく子どもたちを育てるためにソビエトでは、単に受身の知識、受容の学習ではなく、創造的な思考力、自立学習ができるような能力を育てようとする実験的研究が多くなされ、その努力の中で多くの人々が問題的教授・学習に注目し、ある程度、各教科の授業実践にまで浸透しはじめている。

教育の現代化の動きの中で、一九六九年度から初等教育の年限が三年制へと移行され、一年短縮された。それにともなって新しいカリキュラムが実施され、新カリキュラムを学校教育の中に根づかせる必要からも、単なる知識の受容ではない、みずから学び方を学び、自立して学習する能力を育てる授業の研究が要請されたのである。

二

柴田義松氏は、つぎのように問題的教授・学習を簡潔に定義し、説明しておられる。

「問題解決学習というのは、教授学的には要するに、教師の発問とか認識的問題によって生徒の学習・認識過程を組織する手法や方法のことである。それによって生徒に提起される学習問題が、生徒たちの心に問題状況をひき起こす。つまり、生徒を知的な当惑状態におくと同時に、その思考活動を活発化させる。生徒がすでにもっている知識・能力・習熟と、それらの知識や能力では説明し、理解することのできない新しい事実や現象とのあいだの弁証法的矛盾をつくりだすのが学習問題である。この矛盾が、知識の創造的習得の原動力となる。(2)」

ここで説明されているように、問題的教授・学習において何よりも重要なのは「生徒たちの心に問題状況をひき起こす」ことである。

それは、根本的には、思考活動の核となるべきものである。コスチュークは、思考における問題的状況の役割について、「人間の生活において、ふつう思考はその中に不明なあいまいな側面を含んでいる問題的状況からはじまる。もし人間が状況に関心を持てば、それが自覚され、分析の対象としてすえられ、その中の既知の部分と未知の部分が析出される。問題的な状況は定式化された課題の一定のモデルとして主体にとらえられ、それは解決においても生かされる。(3)」と述べている。問題への関心、その自覚、解決への意欲―これらが成果のあがる思考活動の必要条件である。知識の習得そのものは複雑な過程であり、その過程において、思考は積極的な役割を果たすのであるが、問題的状況の創造が、子どもたちの思考を刺激し活発化させるのである。

問題的状況とは、子どもたちの既知のものでは解決できない課題を自覚させ、既知なるものと未知なるものとの矛盾を自覚する場である、教授・学習の段階としては、まず教師がその場を作り、しだいに子どもたちみずからがその場を作り出しうるようにしなければならない。

子どもたちの既に持っている認識構造と新しい課題との相互関係の発見をとおして、既有の認識構造を再構造化していくのであるから、日常問題設定にあたっては、何よりも子どもたちの日常生活や生活経験を踏まえてなされる。

生活の中からとり出された、課題や、子どもたちが持った疑問を課題として意識化させ、それを解決しなければすまされないような未知なるものと積極的に探究せざるを得ない必要の場を作り出すことがめざされなければならない。

一般に行なわれている教授・学習と問題的教授・学習の差異は、知識習得または行為習得の必要性が生徒に自覚されているか、また、知識習得の活動を生徒自らがなしているかという点にある。

そして、この学習が成立するためには、生徒の側に、問題を分析し、定式化したり、それをくずして、あらためて再定式化して問題を解決する新しい方法を自主的に発見する能力が徐々に発達していることが必要である。既有の能力をふまえて、あらたな問題の解決に立ち向かわせるのである。あくまで子どもたちの思考能力を考慮してその可能性に対応して問題は作られる。あまりに難しい問題もあまりにやさしい問題も問題は状況を喚起しない。

したがって、この教授・学習の方法《システム》は、教授・学習の個別化の方向をもはらんでいるといえよう。

学習問題は学習者の発達に応じてその思考方法に規定されるが、問いを構造化することによって科学的な認識に達することと科学的認識の方法が習得されることとが目ざされる。一般的には生徒の活動を心理的・論理的に法則化して、つぎのように活動を組織する。

1　問題的状況の分析

2　問題の定式化（設定）または自覚、教師による定式の採用

3　問題の解決

a　問題の再定式化

b　仮定の採用

c　仮説の根拠づけ（つまり、とくに正しい解決方法として仮定のうちから根拠のあるもの一つを選択する）

d　仮説の証明

e　解決の正しさの点検

問題解決の科学的な方法を習得することによって、子どもたちは、いわゆる学び方を身につけていくのである。提起される問題と問題とを関連づけるときには科学的な系統性が配慮される。たとえば、数のくらいどりから、ある仮定に立った数え方にいたるまでには、

1（0、1、2、3、4、5、6、7、8、9）

2（1、10、100、1000、10000）

3（10:1、100:10、1000:100）

4（$1=10^0$、$10=10^1$、$100=10^2$、$1000=10^3$）

5（1、0―2進法、1、2、3、4、0―4進法）

というふうに問題群を系統化するのである。

学習問題をつくる過程には、教師が作る段階、教師と生徒が作る段階、子ども自身が作る段階があるのであるが、いずれの段階においても、ソビエトでは教師の問題づくりの能力への期待は大きい。

このようにして、問題的教授・学習の過程は知識習得の過程であると同時に学び方を学習する過程でもあるのである。そして、この教授・学習の方法《システム》においては知識の総和よりも探究の方法の方がより重視されている。したがっ

て、一つの問題解決はさらに次の問題を生み、新たな探究への欲求を生みだしていくのである。

三

問題的教授・学習の実験的な研究は、各教科のレベルではどのようになされているのであろうか。その一例として、ここでは「文学」の授業を見てみよう。

ソビエトの『学校における文学』誌は、一九七〇年第四号において、エヌ・イ・クドリャーシェフの論文「文学の授業の有効性について」を掲載して討論を求めた。

それに対して一九七二年の第二号までに十余篇のおおむね肯定的な論考が寄せられている。ソビエトでは、研究者と教師たちに問題的教授・学習への関心を喚び起こし、実践への具体化を図っているのである。

クドリャーシェフは、文学教授に問題的教授・学習の方法《システム》をどのようにとり入れ、生かすかという課題に対して、(1)創造的な読みと創造的な問いの方法、(2)発見法、(3)研究法、(4)記述法の四つの方法を提案している。

(1)　創造的な読みと創造的な問いの方法

芸術作品を直観によって形象として感受し、それを表現読みによって表現したり、他の人の表現読みを聞いて感動を深めたりする。また、感受したものを感想文によってまとめたり、絵画化や脚本化、上演化したりすることである。ひとりひとりの受けとり方を大事にしていくことによって創造的な読み方は育つ。

(2)　発見法（エフリスティーチェスキー　メトード）

教師との対話によって生徒たちは文学作品を解明し、解明のしかたを学ぶ。

文学作品の全体と部分の関係、作品の主人公と作者の関係、作品の構想、文体の分析などをとおして一人よがりの読みをため直し、より正確な理解にもとづいた読みへと導くのである。教師の問いは厳密に体系的に考えられている。

その例として、ベレニキーの編集した教科書から、『大尉の娘』（プーシキン）に対する設問が紹介されている。
①　あなたの意見によれば、なぜ物語『大尉の娘』は語り手の人物描写からでなく、グリニョーフのそれからはじまっていますか。
②　プーシキンはプガチョフと農民の蜂起について、何を正しく理解し、何を理解しませんでしたか。
③、④略
⑤　つぎの文献を読んで、モラルの問題に対するプーシキンの高い関心を何が喚起したか、ということについての結論を出しなさい。（プーシキンの手紙が引用されている）
⑥　物語のエピグラフ（題詞）をどのように理解しますか。名誉について語るとき、詩人はどんな考え方をしていますか。ただ軍人の誓いへの誠実さだけですか。
⑦　遠い昔の十八世紀の事件についての物語が、なぜ、こんにち絶えない興味をもって読まれるのですか。
この設問を見て特徴的だと考えられることは、①「あなたの意見によれば」と、まず主体的な意見の形成を求めていること、②作者と作品との関係について問うていること、③作品のみではなく関連文献をも用いて、作品内容と作者のモチーフとを考察させていること、④作品のテーマについて考えるとき、観点として題詞と名誉の問題とを指摘して、考える手がかりを与えていること、などである。

これを要するに、学習者の主体性を重んじるところからはじめ、しだいに文学研究の方法を身につけさせようとしている、といえよう。
（3）研究的方法
文学作品を自立的に読みこなし、主体的に評価ができるように比較分析などをする。

○『猟人日記』（ツルゲーネフ）における作者―語り手の形象
○レールモントフとトルストイの表現における戦争
○トルストイが人間の複雑な矛盾した内面世界をいかにして伝えているか、小説場面の一つの例で示しなさい。
　このような問いによって文学研究の方法の習得が図られている。卒業後も生徒たちが自力で文学が読めるように批評（評価）の方法を習得させようとしている。

（4）　記述的方法（再生的―創造的方法）

　理解したり、調べたりしたことを文章に記述することによって文学把握を主体的化《ママ》するのである。講義の要約、調べたことのまとめ、自己の評価をまじえた感想の記述などの作業がある。文学理論、文学史の考え方などをふまえて、享受したものを再創造していくのである。

　以上の四つの方法は、それぞれ独立した文学学習の方法であり、同時にこれを主体的な感想からはいって分析を行ない、再表現へと向かう四段階と考えると、文学学習のひとつながりの学習段階を示しているとも考えられる。

　ジルベルマンは、クドリャーシェフの「論争の総括」を受けて学校教育の場での実践と定着のために「文学の授業における問題的課題」（『学校における文学』一九七三・一）を発表している。その中で、とくに「文学の授業における学習問題の特質について」考察している。

　ジルベルマンは、作品の人物と現実の人物とを安易に結びつけて考えてはいけないことを強調している。作中人物は、あくまでも作品の内的な論理にしたがって生きているのであって、フィクショナルな構成体としての作品中の人物について断片的にその行動を論じあうのは無意味であるという。

　例えば、『父と子』（ツルゲーネフ）の教授・学習をつぎのように行なっている。

長編『父と子』の学習の中で「なぜ終りにバザーロフは死ぬのでしょうか」という問いが生まれる。「病気と死」

―について生徒たちは答える。

教師―生きている人間について話しあいがなされたら答えを出せるでしょうか。バザーロフは長編小説の人物です。しかも芸術作品では筋を含めてすべての芸術的形式の要素が思想内容を展開しています。この立場に立つと「なぜ作者は終りにその主人公を破滅に向かわせたのでしょうか、偶然にそうなったのでしょうか」ということを考える必要があります。

生徒P―ツルゲーネフが未来の革命的民主主義者を信じられなかったからです。彼はバザーロフの生きられる時代ではないと考えていたのです。

生徒C―ツルゲーネフがその人物の遠い将来の勝利を知らなかったからです。

教師―バザーロフの苦しみは、単に「病気になるか死か」ではなかったのです。筋の進め方に作者の思想的立場が現われており、それは筋の転換の一つを分析することによってはっきりします。

作中人物は作者が創造したのであり、その人物をとおして作者の意図や思想を解明しようとしている。作中人物と現実の人物との関係を区別して考え、芸術作品を統一体として把握する文学研究の科学的な方法を子どもたちに理解させ、習得させようとしている。

このようにして、ジルベルマンも『父と子』の読みを深めていくと同時に文学作品の読み方を学ばせているのである。

四

一九七〇年にはいって注目を浴びた問題的教授・学習は、単なる実験的研究の域を脱し、各教科の教室実践において具体化されつつある。各教科の特質に応じた学習問題づくりがはじめられている。

今後、ソビエトにおいて子どもたちに学び方を学ばせる問題的教授の過程がどのように定式化されるか、これまでの直観教授の原理、説明的方法の原理などの教授学の諸原理とどのように調和して発展していくか、また思考過程の分節による問いの提示はプログラム学習とどのようにかかわっていくのか、この学習によって子どもたちの自立学習の能力がどのように定着していくかなど、注目していきたい。

注

（1）マフムートフ「問題的教授・学習の若干の特徴」『ソビエト教育科学』一九七〇年九月

（2）柴田義松「ソビエトにおける授業研究の新しい動き—問題解決学習をめぐって—」『授業研究』一九七三年一月　明治図書

（3）コスチューク『思考』『教育科学百科辞典』第二巻　一九六五年　モスクワ　百科辞典出版所

（『現代教育科学』第十七巻八号、一九七四年）

第三節　〔翻訳〕スホムリンスキー「少年期の教育―市民誕生―」

第七章「情緒教育と美育」〈抜萃〉（一九八一年／二〇〇八年）

感覚と知覚を育てる

情緒の教育と美育は、感覚と知覚の発達とともに始まります。働く技術を育てるために知力を発達させる手の長期の訓練が必要であるように、精神的・道徳的・情緒的・美的発達の教育には、感覚器官とりわけ視力と聴力の長期の訓練が必要です。まわりの世界や自分自身に対する繊細な感受性・感動・情緒的美的な態度は感覚と知覚の発達と深くかかわっています。感覚と知覚が鋭敏になればなるほど、まわりの世界の陰影や音の差異を見わけたり聞きわけたりすればするほど、事実・対象・現象・出来ごとについて個人の情緒的な価値判断がより適切に表現できればできるほど、人間の精神的な発達を特徴づける情緒の幅が広くなります。

思想教育の重要な要素としての情緒的美的な側面は、まわりの世界の認識と関連させて、喜び・有頂天・驚き・悲しみ・不安・恥・怒り・激怒・とまどい・良心の苛責などの感情をいかに深く感じとることができるかということに関係しています。感覚を鋭くするために、すでに幼児期から絵画や自然現象の認識にこれらの感情とその多様な陰影がともなうように、私は努力しています。少年期には、その教育の目的意識性がいっそう強化されるのです。それぞれの少年少女は、認識過程において生じて発達する感情の幅をより広くする必要があります。

私たちは、感受性を豊かにするような場所に自然への旅を行いました。春の訪れとともに私たちは毎日村の近くに出かけ、草原の丘にのぼりました。そこからは広い谷と草原が開けているのでした。毎回、私たちは春のさまざまな新しい変化を見つけました。私たちは、緑色に飾られていた木が灰色がかった冬の色合いから微妙に変化しているのを見つけました。斜面では、低い木がやわらかい青みがかった茶色になっていました。日ごとにこの色合いは変化しました。天候によって、特に春の太陽の踊りぐあい（少年がいったように）によって、明るいエメラルド色から青みがかったすみれ色に、灰色がかった青から藤色に、緑の色合いが移り変わりました。私たちは春の緑の色を二〇以上も見つけました。とくに草原の緑の色合いの移り変わりは豊かでした。

　少年たちは、喜びと感嘆とを体験しました。知覚の敏感さが感情のこまやかさを生み、これらの感情を体験する高潔な人間的な要求を発達させました。秋がその豊かなパレットを繰り広げている時に森へ旅したことは、知覚と感覚の絶好の授業となりました。秋晴れの静かな陽光に照らされた木の葉、ことに澄んだ空気が、森・庭・草原の秋の色調に新しい色づけをしている雨あがりや、夜露にぬれて輝く朝の木の葉の色合いの限りない豊かさは、伝える言葉を見つけるのがむずかしいほどです。ある少年は、赤から黄色へ、黄色から緑へ、緑から青への色合いとその変化を七〇以上も見つけ、別の少年は八〇以上も見つけました。ヴァーリャとリューダは、彼らの言葉によれば、一つのかえでの葉に九つの色合いの変化を見つけました。ミシェンコ、リューバ、コースチャは。秋まき小麦の緑色に七つの色調を見つけました。晴れた日の授業のあとは、少年たちは眺めたり楽しんだりするために、森へ、野原へ、池の岸へ行きたがりました。

　私たちの前には、まわりの世界の新しい驚くべき美――空間の美が開けたのです。朝方と夕方では色合いのニュアンスがまるで別の空間になるかのように変化することに私たちは気づきはじめ、注目し、認めました。「秋晴れ」の日曜日に私たちは少年たちが話題にしていた草原の遠景を眺めに行きました。太陽が地平線の果てに達した時、私たちはスキタイ人の高い墓にのぼりました。私たちの眼前には、少年たちが楽しい興奮なしには見ることができない、はっとするような景色がひらけました。私たちは長い間沈黙し、うっとりさせた絵が乱されるのを恐れ、その瞬間に感じた幸福な環境が乱されるのを恐れました。私たちの前には海に似て波のようにわずかに揺れる野原が横たわっていました。あたかも緑の島のような森が立っていました。谷のむこうに谷、高台のむこうに高台、波また波、墓また墓、森のむこうに森――これらがすべて遠くへ広がり、まるでうっとりさせる海の帝国の魔法にかけられた海底のように、輝く陽光に澄んでみえる水底のように、草原のもやがゆれて見はるかす大地でした。その空間は、畑や草原の上に、丘や雑木林の上に、谷間に広がっていました。まさに秋のやわらかい陽光にまどろんでいるような村の上に、暗緑色の桜の園の上に、青い池を囲んでいる緑の柳のたたずまい（「大地の上の青空の一片」と生徒はいいました）の上に十色の色合いを与えていると感じながら私たちは眺めました。うす緑から濃いすみれ色までの、やわらかい空色から濃い青色までの、いろいろな微妙な変化に見惚れました。私たちの前には、さまざまな色、さまざまの陰影が現れました。森の果ての地平線をおおっている藤色の煙が私たちを魅きつけました。次の日曜日にそこへ行ってみると、新たに遠くの風景――ドニエプル河、村と畑、ドニエプル対岸の調和のとれたポプラとちぢれた柳の列――がひらけてきました。

まわりの世界の美を見ることと体験することとは、存在の喜びや生活の美を理解し体験する重要な源泉の一つであります。それは、世界・自然・美の永遠の生命の中で自分は与えられた時間に生きているという意味の一回性と固有性を理解し体験する重要な源泉の一つであります。少年期に一人一人が自己の生活を生きることがいかに必要であるかについて深く考えることは非常に重要です。私たちには、生活を大事にする（人間を大事にし、人間を護り、生活を護る）ことを学ぶ必要があります。

静かな夏の朝、私たちが見た森のはずれの一日のはじまりと日の出を、だれも忘れることができません。少年少女たちはまるで魔法にかけられたように、朝焼けの光のたわむれから目をそらすことができませんでした。空の色合いや朝の美しさを映し出している池の鏡のような水底の色合いのきらめきが、彼らをとらえていたのです。静かでなごやかな秋の日に、晴れた空の一四の色合いを区別することを学びました。ターニャはそれらの色合いの一つを「冷たい、落ちつかない空」と名づけ、ダーニコは「おだやかな空」と名づけ、フェージャは空の色合いを識別するために「深く、そして動かない」という言葉を見つけました。

自然への旅は、さらに私たちの耳の感覚と知覚とを豊かにしました。私の生徒の心には春の草原で聞いた音楽を聞くことは、私たちに多くの楽しさ、喜び、驚きをもたらします。それは彼らの児童期から感じられていただけでなく、現在でも感知されいっそう生涯にわたって残っていました。それは彼らの児童期から感じられていただけでなく、現在でも感知されいっそう柔軟に体験されています。草原がはじめてやわらかい緑に包まれ、軽いうす緑に包まれた木に陽光が輝いている春の日に、私たちは池のほとりに行き、古いねこやなぎの木の下に坐り、春の草原の遠くからの響きに耳をかたむけました（この芸術的な表現は生徒が作ったものです）。世界は私たちのために微妙に変化する音を流していました。楽しく響く空では（これはカーチャの言葉です）、温暖な地方から帰ってきた鳥が鳴き、頭の上ではたおやかな枝がゆれ、どこか草原の彼方から時折、空の青い丸天井がひびかせているかと思われる静かな音が聞こえていました。これは心に楽しい世界を感知させる鋭敏な感覚を目ざめさせる音楽でした。人は自然と交わる喜びを体験すると、美しく、よりよくなろうとします。魅せられたリーダは、思わず「生きるということは何とすばらしいことでしょう！……」といいました。

私たちは森の音も聞きに行きました。少年たちは静かな夏の日盛りに森の音楽（ガーリャの言葉）を聞きました。明るく輝く朝の後はかならずきらきらした一日（トーリャの言葉）が始まり、赤紫色の空焼けが風の吹く冷たい一日を予言している時は風に緊張させられる（トーリャの言葉）のでした。

夏の畑の音楽もまた私たちに大きな満足をもたらしてくれました。真昼に私たちは野原に出かけ、小麦の穂の下で横になり燃える空（ラリサの言葉）を眺め、麦の穂のあるかなきかのささやき、静かさを破るうずらのさらさらという翼の音、ひばりのあかるい歌を聞きました。ひばりの歌はそのシンフォニーの第一ヴァイオリンのようでした。

「全世界に快い響きがひびいているように思われる。」と私たちの女流詩人ワーリャは話していました。

一面に灌木のはえた谷間では、私たちの前にもう一つの自然のすばらしいメロディー——森の小川の音楽が現れました。それは泉からかすかに歌うようにこころよく（女流詩人リューダの言葉）風に流れてきて。静かにささやいていました。

冬の寒い日に私たちは「夢の場所」へ行き、秘密の洞窟で火をたきました。その日は、吹雪が吹き荒れ（ミーシカの言葉）、私たちを冷たい風がたたきつけていました（スラーフスカの言葉）が、私たちはほんとうに幸せでした。

私の生徒たちは児童期から村近くの草原に連れていってもらい、楽しい時間を過ごした記憶を持っています。私たちは日没と夕方の誕生を眺め、夕方の野原の音楽に耳を傾けました。少年期にはこれらの時間は特に楽しく待ち望まれたものとなりました。私たちは小高い明るい所に坐り、夕暮れの薄明りがどのように野原や村を包む（セルゲイコの言葉）かを眺め、どのように昼の音が消えて行き、新しい音楽——夏の夜の音楽——が生まれるかを聞きました。

まわりの世界の微妙なニュアンスを知覚することによって目ざめた感覚は、鋭い視力、心の鋭敏さ、感じやすさを育てました。森・野原・池の岸から帰るたびに、私は少年や少女が自然の美だけでなくあらゆる人間的なことへも広く目を開いて、生き生きと話している姿を見ました。彼らはお互いの心の動きに感じやすくなり、さらには、友人やつながりのない人にも感じやすくなっていました。少年と少女は本質的な存在すなわち、悲しみのわかる、深く考える存在に近づいていたのです。言葉を一言もいわなくても、その瞬間には少年の精神生活に複雑な現象が起こっていきました。

この数年、少年たちは人々のための庭園とぶどう園を作っていました。男の子や女の子には、かなりつらい労働が心からの要求となっていました。こういうことは、もし美への感動がなければ、感覚と知覚をたがやす訓育の配慮がなければ、仕上げることができなかったでしょう。少年少女の感覚と知覚をたがやす訓育には、心を冷やかにする危険をはらんでいるまわりの家庭が特に大きな意義を持っています。コーリャとトーリャが二、三日家に居て、学校の集団と交わらなかったことがありました。彼らの心はまるで薄情のよろいを着たように、荒々しく、いらだちやすくなりました。とくにトーリャがそうでした。このよろいは、自然の美しさ、思想と主義の美しさ、他者の精神世界への感受性の目ざめによって一掃することができました。興奮し、怒り、警戒しているトーリャを私は庭園や草地につれて行きました。そのような場で人間がまわりの美を感じるように、彼の前に人間性、やさしさの新しい面が開かれるように努力しました。少年が興奮し、怒り、強情になっている時こそ、教師の方から少年を受けとめることが重要です。私は、トーリャに、人々のために美や喜びを作り出している人の話をしました。腹立ちによって心の中に冷淡さ・怨み・薄情の種子を落としている人が、何か人間的なものを見出したり、感じはじめたりすることは何と大切なことでしょう。若い心の中で一片の氷がしだいに解けていき、目がうるむのを私は見ました。私たちは森の中や草原の遠くへはいっていきました。やがて、私たちの前に美しい世界が開けました。その瞬間に少年が美しさの微妙な違いを感知することに私は成功したのでした。つけ加えていえば、若い心の敏感さの訓育のために美が何よりも重要なのであります。

言葉と情緒の発達

ここで、私たちは、まったく研究されていない、訓育の不思議な面にはいっていきましょう。言葉は教師の方では教（訓）育の重要な手段としているのに、生徒の方では地獄の苦しみになっているのでしょうか。

人は言葉によって育てられないという主張にはどうしても同意できないのではないでしょうか。言葉による教育―これは「片寄った」教育であるという「理論」は、多くの損失をもたらしたし、現にもたらしています。教育の手段としての言葉を信じている教師がいますが、珍しくなっていることに注目する必要があります。重要なのは規律・労働・点検であるというのです。

これらの意見や主張には訓育過程についての素朴な観念が反映しています。訓育においては、人間の精神的な世界に影響を与える単一の普遍的な手段はありえません。労働が大きな教（訓）育的な力であることは自明の理であります。しかし、この力は、もし人間の心の感じやすい一角に人間教育の鋭敏な器具――言葉――が触れなければ眠れる巨人のようなものであります。言葉の軽視、言葉への不信は教育学的な無教養と原始性を生み出します。「もし、『言葉による教（訓）育』の概念自体に何か非難すべきことがあるならば、何のためにこの問題の探求や創造にわずらわされなければならないのだろうか」と何人かの教師は考えています。

多くの学校での教師と生徒の関係を、まるで教育学的舌足らずであると私は呼んでいました。ただ一つ（別のものに似ているのではなく）人間的な心情へ道をつけるために必要なぴったりした言葉を、教師が言語の宝庫から発見しえないというところに大きな不幸があります。教育学的な舌足らずは、教師の心に浮かんだ――つまり偶然の言葉に止まることです。それらはのれんに腕押しで、生徒の意識からは落ちてしまいます。生徒は教師の言葉を聞かず、彼らの心には言葉が聞こえないのと同じです。

言葉は明確に理解することにおいては訓育の唯一の手段です。このことは、思想、諸原理、一般的な真理を認識する年齢――少年期には特に関係があります。複雑な現象と関係をとらえたいという願望は、言葉とそのニュアンスに対する強い敏感さを求めています。少年の道徳教育・情緒教育・美育は、人々の思考と感情のニュアンスを感じる能力を彼らの中に育成することなしには考えられません。この敏感さは、言葉の役割つまり言葉に内包されている意味の豊かさ、情緒的なニュアンスを人が理解し感じた時に育つのです。

言葉とそのニュアンスへの敏感さの教育は、個性の調和的な発達の前提条件です。言葉の教育と情緒の教育から道徳的感情と道徳的関係の教育へ――知識と道徳性の調和的な教育の道すじはこのようになっています。国語の教師と（クラス担任の）教師との協力に、私はこの調和を生み出すためのよい条件を見出していました。感覚と知覚の高い訓練は、言葉の情緒的な陰影や働きのニュアンスへの感受性の教育の手段でした。私は、少年少女たちがニュアンスに陰影とひびきを与えるような定義の手本を偶然でなく示しました。母国語の宝庫から少年少女によって見出されたそれぞれの言葉は、知的ならびに情緒的な力の大きな緊張を要求しました。言葉は感情の自己教育面にそって少年少女の大きな内面の活動を表現しました。まわりの世界への人間のこの知的な参入は、大きな情緒的な発達、言葉の所有者となることを要求しています。

教師の言葉が、教育的であるためには、それが生徒の心の中に生きなければなりません。私は生徒に共産主義思想の美しさについて、祖国の自由と自立のための闘いについて、人間の精神の力について話します。もし生徒の心から私が言葉への鋭い感受性を引き出さなかったら、もし一つ一つの私の言葉が彼らに内面的情緒的な反応を呼び起こさなかったならば、私の言葉は空しいひびきであったのです。言葉で教育するためには、若い心に言葉の精神的な豊かさを創り出さなければなりません。もし、それがなかったならば、教育的な舌足らずが始まります。

少年の訓育の多くの困難さは、少年の世界への知的な参入が、情緒的―美的な教養と言葉の感受力の育成に関する教師の柔軟な働きかけをともなってなされていないということにひそんでいると私は確信しています。

少年期における思考と言葉の泉へのわれわれの旅はつづけられていきました。すでに、新しい語彙を積極的にたくわえること、その道徳的―美的な陰影を明らかにすることだけにとどまらず、少年の自主的な創作の中に、精神的な相互関係の中に自己を表現する情緒的な教養を与えることも目的にしていました。私は、思考と言葉の源泉への旅によって明らかになった、言葉やニュアンスならびに情緒的―美的な陰影が生徒の心の中でその生命を持ち始めるように努力しました。

私たちはそばの花の満開の野が好きです。そこで二度と繰返されないみつばちの羽音の竪琴を聞き、言葉の微妙さを理解します。そのような機会に低年齢の子どもたちは集団創作を始め、子どもたちは作文や詩を書きました。今や春のインスピレーションはより自立的、個性的な性格をおびてきました。男の子と女の子は仲間の居あわせるところで自分の感情を表現することを恥ずかしがりました。個性的な創作が始まったのです。それぞれは自然についての小さなお話や詩を作りました。少年期には文字どおりすべての子が作詩に夢中になりました。これは情緒的―美的な発達の重要な段階でした。ときどき私たちは詩創作の夕べを開きました。感動の瞬間に生まれたものを、男の子や女の子たちは集団で分かち合うことを望んだのでした。詩が記憶の中に持続されたことが、生徒の精神世界に言葉が生きていることを証明しました。

ほとんどの詩が自由詩でした。その中である程度私の影響が現われました。つまり、私は子どもたちが形式だけでなく思想内容、まわりの世界の感知する特徴をまで借用するような、そんな詩をしばしば作りました。私は、私の男の子や女の子が作った十以上の詩を書きとめました。次の詩が私たちの詩人ワーリャの詩の一つです。

ひばりの歌

雨が青空を洗った。
青い空になった。
まるで歌のようなこころよいひびきと楽しさ、
麦の穂に雨のしずく、

そのしずくに小さな太陽がおどっている。
草原は静か。
穂と雨のしずくは大地へとかたむく。
私は草の中を歩き、
草原の静けさを乱すのをおそれる。
古代スキタイ人の墓にあがって、
頭上高く手をのばして
夕立ちのにおいを吸いこむ。
私は立ちどまり静けさに耳をかたむける。
とつぜん、夜明けの雨で洗われた
空の奥が深いところから
太陽の方から
静かでなごやかな音が流れてくる。
澄んだ鐘の上に、青空の丸天井に
まるでだれかが黄金の粒を撒いたようである。
鐘はふるえ、うたい、遊んでいる。
私はるり色の空を眺め、
小さな丸いものがふるえているのを見る。
それは太陽に会っているひばりだ。

春の鳥についてのすばらしい話がある。
暗い空に花火が落ち、
太陽から花火が落ち、
地上では丸いものが生きかえり、
空に向かって小鳥が飛び立つ……
ひばりは、母なる暖かい大地について歌い、
輝く太陽について歌い、
どこか小麦畑の巣の中で
あまい眠りについているひなどりたち、
わが子について歌う。

言葉の美しさにほれこむと、人は自分のまわりの美的ならびに道徳的な生活環境に対して敏感になり、きびしくなります。言葉やその陰影の豊かさへの敏感さが鋭くなればなるほど、道徳的な教訓への、少年の精神世界に影響する微妙な方法――教師の言葉やあらゆる人間的な美しさ――への若い心の感受性は深くなります。この感受性の教（訓）育における大きな意義は思想世界への旅にあります。つまり、精神の力、思想的な勇敢さ、悪への非妥協性、困難克服の不屈さ、高い理想への人間の献身の偉大さと美しさについての対話。具体的な事実・事件・現象から出発して真理や原則に近づくことが、これらの対話の特質であります。少年少女たちは、このような対話に大きな必要性を感じています。彼らは議論がしたいのです。思想の世界を知ること――これは少年期の特質であります。だが、思想が育てられるためには、少年少女はその美しさを感じなければなりませんし、経験しなければなりません。

このことは人間を高め、高潔にします。

（中略）

自然と美

自然の美は精神的な豊かさの教育に大きな役割を果たします。自然は少年の心に事物・現象・心の動きの微妙さ・陰影を感じとり感知する能力を育てます。

自然は善の源泉であります。その美は、若い心が高い人間的な美――美・真実・人間性・思いやり・悪との非妥協性――によって高められている時にのみ人間の精神に影響を与えます。心の中で善の感情を鈍らせ、よくなろうとする誠実な希望を持たない児童や少年は無情に冷淡に生物の「臓物を抜きとる人」、自然の美の薄情な浪費者になることを長年の経験から確信することができます。人間的な感情の麻痺は、人間に自然の美を見失わせます。情緒教育・美育・道徳教育の手段としての自然の美は、人格に精神的な影響を与えるすべての手段の全体的な調和の中でのみ感動を与えます。少年にとって、それは何よりもまず美的な感受性を育てる学校であります。自然の美は、細やかな感情を育て、人間の美しさを感じとることを助けます。私は、自己の訓育課題を次のことに見出していました。それは、児童期に自然との触れあいの過程で獲得された情緒的―美的な豊かさが少年期には深い人間的な要求の一つとして精神生活にはいっていくこと、児童期よりも深い自然美の認識が自己のより美しくより高いものの認識を。可能にし人間の長所の認識を可能にすることであります。自然美の陰影を認識しながら、少年少女たちは喜びにあふれた精神力の充実を体験し、美的な豊かさのすべての新しいものと新しい源泉とを知ろうとしました。

少年期には、人は、他のどの時期よりも道徳的・知的・情緒的ならびに美的な成長が大きく、まわりの世界を、情緒的―美的な面で細やかに、深く、率直に感受しようとします。科学的な真理と合法則性の論理的な認識は、感情的思考を高尚にします。この高尚化の源泉の一つは自然の美であります。なぜなら、少年にとって思考・認識・真理解明の源泉もまた自然の世界であるからです。少年期には世界の美的な性質の感知は、自然の存在や現実に対する深い論理的な認識、思考による洞察と融合します。論理的な認識が深くきめ細かければ細かいほど、また、彼らの知的な意欲とよりはっきりと結びついていればいるほど、少年の精神世界に対する自然の美的な性質の影響は顕著になります。少年が人々を集中して深く見つめ、人間性を見出し、自己の内的な世界を感じる源泉は、論理的認識と美的認識の統一にあり、知的情動と美的情動との融合にあります。

少年期には、物質の不滅、宇宙の無限性、ある物質から他の物質へのエネルギーの移行、生物と無生物との統一というような科学的な真理が開かれてきます。これらの真理の本質の洞察は少年にとって強烈な意外な発見であり、少年は大量の知識を深く考えるだけでなく、感じとる必要性に気づきます。もしそれがなければ、論理的な認識の過程は——知の威力に対する驚嘆の感情、この感情の中にこそ知識を渇望する源泉がある——心を失います。これらの真理を体験し感じとることは、その偉大さに肝をつぶしたり狼狽したりしないために、少年にとっては必要なことであります。

自然の美は、重要な世界観にかかわる真理の体験のための環境であり、背景です。少年の意識に真理と合法則性の論理的な側面が開かれてきた時、私は彼らを森に、庭に、池の岸に、野原につれていきました。そこには、プーシキンの言葉によれば「無頓着な自然が永遠の美しさに輝いている」のでした。認識していく過程で生じる興奮のために、少年は、世界を情緒的—美的に見る力が鋭くなります。自然が冬の眠りから目ざめ始めた日に、私は意図的に、物質の永遠性や不滅の思想についての考えを初めて少年に明かしました。私たちは偉大な思想に興奮し感動して草原を歩きました。少年少女たちは春の自然をあらためて見ました。彼らの知的・情緒的世界で、生命の美しさが物質の永遠性や不滅の思想と一つになりました。よく知られたごく普通の事物が、少年や少女にいかに思いがけない印象をもたらすかということを私は知りました。

トーリャ、ダニコ、コーリャが、夕陽にぱっと照らされたねこやなぎを大きく見開いた感動の目で見つめていたことを、私はけっして忘れません。赤みがかった灌木が春の最初の着色を見せ、その色あいは太陽の光に踊り、あふれていました。「生命はまわりにわきたっている」とダニコがいいましたが、この言葉の中に児童期の美に対する感動とはまったく違う新しいものを私は感じました。そこには新しく情緒的―美的な色づけのされた思いがありました。

生命の目ざめの時（早春）、開花の盛んな生命のプロセスの絶頂の時（夏のさなか）、そしてひっそりと静かになる時（秋）における自然との出会いは、少年少女にとって必要な美となりました。無限の多様な生命について考えることは美的な感受性を深めました。少年少女たちは、そのつど森の秋の飾りの広がりを見つけ、秋の陽光の新しい陰影に気づきました。彼らは、裸になった森だけがもっている美しさに初めて気づき、味わい、生命現象の多様な色あいに気づきました。まさに物質の永遠性と不滅性についての観念、生命の限りない多様性についての観念をとおして、彼らは、寒い、凍った（これは秋の色あいの変化に感嘆した少女の言葉）池の中に霜におおわれた野原に、しおれたねこやなぎとポプラに生命を見出しました。生命が完全に静まりかえっているかのように思われる冬ですら、自然の美にふれたいという思いが、少年少女たちを森に、草原に、野原に誘いました。彼らは一月の酷寒の中ですら、森で生命を感じ、見つけました。

特に星空が大きく動く秋のある晴れた日に、私は意図的に子どもたちを果てしない宇宙の観念に導きました。八月と九月には私たちの地球はその軌道で隕石と出会いそのころの夜空は「降る星で」輝くのです。宇宙の無限性の観念以上に思考をかき乱すものはありません。九月末の暗い星の夜、私たちは香りのよい干し草に坐り、深い空を見上げ、無限というものについての想像をしてみました。少年少女たちは、朝焼け、夕焼け、青い空などの美しさへの感受性がより敏感になっていました。空が灰色の雲におおわれた陰うつな秋の日にも、彼らはどこかにるり色の一角を見つけ出そうと楽しみながら夢中になって空を見つめていました。

今では少年少女たちは太陽の美しさを新しく感じるようになりました。太陽が、児童期には、地平線に隠れ、魔法の庭にはいっていき、そして静かに眠りにはいるかまたは明日の仕事にそなえている巨人のかじ屋であったとすれば、今はその美しさはまったく別のものとして現われたのです。太陽は、地上のすべての生物の源泉である不思議な強力な世界として、感嘆と好奇のまなざしの前に現われたのです。この意外な新発見は、まわりの世界についての新しい考え方を鮮烈な美的感情でいろどりました。少年少女たちは朝焼けや夕焼けの光のきらめきを見つめ、虹の色あいを見つめ、鏡のような池の表面にうつった空の丸天井のやわらかい色あいをじっと見つめました。美は、知的な力を目ざめさせ、知的好奇心を鋭くしました。夕焼けを見つめ、自然の音楽に耳を傾けている静かな夏の夕べに、少年少女たちは、何と複雑で思いがけない疑問を出したことでしょう。

児童期には、自然は何よりもまず鮮明で心を揺り動かすお話として彼らの意識に映ります。つまり、ファンタジーの翼が子どもの好奇心を遠い世界へ運ぶのです。

つめたい去年の葉の下からまつゆき草のやわらかい花がやっと伸びてきたのを見た時、自然のこの感動的で偉大な現象——花の誕生——は、すばらしいお話として子どもたちの意識に映りました。たとえば、お日さまが木の上の雪を溶かし、あたたまったしずくが地上に落ち、氷のかぶとを解かし、土地を暖め、そして、しずくが落ちた所で花が育ち、お日さまと明るい空を見、さらに驚きをもってつくづくとまわりを眺めて「世界は何とすばらしいのでしょう！」といいました、というふうな。

児童期はそうでした。お話の時代は今も過ぎ去ってはいませんが、ファンタジーの翼は別の世界へと導きました。つまり、美と醜の話、善と悪の話が作られたのです。少年少女たちは、遠い星の世界について、宇宙飛行について、未知の人間の生活形式や新しい理性的な存在について、ファンタジーを作りました。自然とその美しさの認識は、今やおとぎ話としてではなく、思考の賢明さとして輝くのであります。リューダが次のような作文を書いています。

朝やけ

わたしは太陽を出迎えるのが好きです。昇るずっと前から太陽はその目ざめを知らせます。その光で夜空を明るくし、星を消していきます。空の赤さはきらめき、ゆらめきます。地上は暗く、真赤な帯ができます。遠くがオレンジ色にそまり、そのあと、バラ色、空色、すみれ色、紺色になります。太陽のどれ位奥深くからこの美しさが生れるのでしょうか。そこでは何が起こっているのでしょうか。どのようにして地上の生命に火がともされるのでしょうか。太陽はいつも輝いているのでしょうか。もし火が消えたら、地上に何が住むのでしょうか。

ほらほら、太陽が森のむこうから現われ出てきます。色つきの帯が燃えあがり、空がバラ色になり、まるで雨に洗われた花のようになります。陽の光はすでに木の上を黄金色に染めていますが、太陽はまだ見えません。ほら地平線に火花がのぞきました。それが大きくなって、かがり火があかあかと燃えているようです。東の空が明るくなり、草の上の一滴の露にぱっと火がともります。すべてのものが目ざめ、太陽を出迎えます。大きな百歳の樫の木も出迎えます。樫を雨がぬらし、春の風がやさしくなでていきます。雨も太陽を出迎えます。凧も、草のやわらかい茎も、そして、石炭も、暖かい牛乳も——すべてこれらのものは、太陽が作ったのです。

ここにはもっとも大切な知りたがる心があります。美を感知することが深ければ深いほど、思考はより強く飛翔し、自分の考えを把握しようとする意志はより大きくなります。

少年期の多面的な精神生活は、自然が知的な興味の付属物や背景となるのではなく、生活環境の本質そのものとなることを要求しています。少年期の生徒は自然とたえず交流していることが必要であり、彼の生活は自然の中にあるのです。特に知的な世界や労働、自然の有機的な統一が重要です。少年期における自然の美的な認識・把握は、児童期とは比較にならないほど複雑になります。児童がまわりの美しさを単純に好んだとすれば、少年はさらにその美しさの源泉を考えたり好奇心による理解をしたりせずには感嘆しません。私は、少年の知的な発達は自然との交わりにおいて実現するという教育の課題を見出しました。少年の精神生活を完全にするためには、自然と交わる時の創造的なやり方が重要です。少年が自分の手で何かを作るのは、その物が必要であるからだけでなく、作るというそのことが必要であるからなのです。自然は精神力を注ぐ対象にならなければなりません。毎年私たちは朝から夕方まで「太陽の森」──すばらしい一角──で過ごしました。そこでは、比喩的にいえば、それぞれの若い魂と美との接触は、知ること・認識すること・考えることの欲求を生みだしました。思春期に毎日自然と交流していると、子どもたちは新しいものを求め、新しい発見をしようとします。私は、生徒が自然と接触する際に、生命の神秘的な源泉の発見が美的な感受性を鋭くし、知性・科学・思考力に対する誇りの感情を喚起するような触れあいとなるように努力しました。

美育と情緒の教育においては、教訓を与えることや美へのわざとらしい感動は容認できません。美に対する教師の心からの感激のみが、少年少女の心に美的な感情の火をつけることができるのです。生徒が美とさし向かいでいることができる時にのみ、自然との接触はすべての美的な可能性を開きます。私は、一人一人の少年や少女が自然の中で精神生活の個性的な世界を持つように努めました。少年少女が自然との交流を好きになるためには巨大な力を欠くことができませんでした。それぞれの少年は、家に自分の美のコーナーを作りました。私は、そのコーナーで本を読んだり考えたりすることを教えました。やがて、それぞれの少年少女たちが自然の中で好きなものを持つようになることに成功しました。つまり、ガーリャは井戸のそばに枝の多いねこやなぎを持っており、サーシャは野生のぶどうにおおわれたあずまやを持っており、ジーナのところには桜の木で囲われた青々とした畑があり、リュージャのところにはなしの木の下に巣箱が二つあるみつばち飼育場があり、リューバとリーダはぶどう畑を持っているのです。

芸術

芸術――それは人間の精神の美が生きている時間と空間であります。体育が肉体をまっすぐに伸ばすように、芸術は精神をまっすぐに伸ばします。芸術の価値を認識したとき、人は人の中に人間的なものを認め、すばらしいところにまで自己を高め、楽しさを味わいます。人間的な精神の生活――これはわが共産主義教育学の最高の訓育目標であります。知識・習熟・労働・創造――すべてこれらのことは最高の目標達成の手段にすぎません。「ところで、問題を出してみましょう。幸福は、地上のどこにあるのでしょうか。――K・スタニスラフスキーは話しました。――認識することの中に、芸術と労働の中に、それらに習熟することの中にあるのです。自身で芸術を知るために、自然を、世界の生命を、人生の意味を認識し、魂――内にあるものを認識しましょう。それ以上の幸福はありません。」

もし学校の訓育を共産主義建設の一環と見なすならば、新しい世界の精神的な価値の創造における重要な課題は、人間的な幸福の確立であります。教育もその一つである人間研究の基礎に、本質的な幸福の創造があります。その創造には芸術が大きな役割を果たしています。

少年期の人間形成にとって芸術は特別な意義を持っています。少年は自分が幸福な人間にならなければならないと認識すると、芸術的な創造の価値がわかるようになります。それは認識領域の中にすべての美を認めるようになると可能です。芸術の認識は――広く多面的な内容を持っています。教師の問いに答え、評価を受けるというような知的理解や知識のよせ集めと結びつけてはいけません。

自己の精神生活の豊かさにとってすばらしいものを理解すること、芸術的な生活に生きること、この上なく美しいものへの渇きを感じること、そこから、真の芸術の認識が始まります。複雑で微妙な訓育の課題を、私は、芸術の価値が少年の精神的な要求となること、精神のおどる労作――この上なく美しいものの会得――や幸福によって自由時間を満たそうとするようになることに見出しました。

少年の精神世界での芸術とのふれあいは、言葉の美の認識から始まります。もっとも近づきやすくて同時にもっとも強力な芸術―それは文学です。言葉の美の認識はこの上なく美しい世界への、最初にして重要な歩みであります。言葉――それはこまやかな感情をみがきあげ育てていく強力な手段です。重要な教育学的課題は、すでに児童期から、その多面的で陽気で高潔な美をもつ言葉が、美の認識の尽きぬ源泉となり手段となるということにあります。

また、同時にその言葉が内面的精神的な富となり、その富の表現の手段となるということにあります。もし私が訓育の大きな力を信じたとすれば、その信頼の主要な源泉の一つは、人間の英知によって数世紀にわたってきたえられてきた言葉のもつ詩情の美しさであります。

私は子どもたちと、母国語の源泉にむかって旅をしました。もっとも豊かで人間に近づきやすい言葉の世界にはいっていくために、私たちは朝焼けを見に行き、ひばりの歌とみつばちのうなり声を聞きに行きました。少年期には、この旅は深い意義をもちました。母国語の源泉への旅なしには、私は少年の美的・情緒的・道徳的に完全な訓育を紹介できません。言葉の美の認識は少年の心に、人間の長所である高潔な誇りの感情を生みます。言葉の美を理解しながら少年はあらゆる醜いもの、悪なるものへの憎悪を経験しはじめます。悪への非妥協性と不寛容性もまた、言葉の美によって育てられます。少年を母国語の源泉に導き、彼らにその神秘的な美しさをひらくこと――私の考えでは、その中に美的—情緒的教育の微妙で高潔な課題の一つがあります。

明るい陽ざしのある日、私たちはみつばちのハーブの響きを聞きながら、そばの畑に坐っていました。見ているものについて少年少女たちに話したとき、言葉の美しさはその瞬間において何よりも私の精神が求めているものでした。言葉は私の心の中で生きており、ふるえていました。そして、おそらくそれゆえに生徒の心の世界にはいっていったことでしょう。

私たちの旅は少年少女に大きな満足をもたらしました。暗い夏の夜、夜明けのずっと前に、私たちは野菜畑や小麦畑（最初、少女の一人から発せられたこれらの言葉は、母国語の色あいの複雑で情緒的な陰影を持っていました）を通り、朝焼けの美しさにただうっとりとなって歩いていきました。母国語の源泉は、まるでつれだっているかのように現われましたが、それらとの触れあいは、少年たちのすべての心や思いを惹きつけました。私の記憶にも生徒の記憶にも四季の旅は永遠に残りました。畑の二度と見られないような美しさや果てしない空の青さが私たちをうっとりさせました。「もし、今日、この畑を通らなかったら、私たちは世界にこんな美しさのあることを知ることができなかったでしょう。」と、最初の旅の時、リューダがいいました。まわりの世界の美しさに感動し魅せられた少年少女たちは、この美しさの微妙さ・色あい・色調の変化を見たがりました。このような瞬間に人は、自分の気持ちを表現すること、つまり、他の人と交流し、自分の驚きや歓喜を伝えるための言葉を見つけることを願います。少年少女の心にこの願いが熟したことを見とどけた時にのみ、私は彼らに言葉の美しさを開いてやります。

少年少女たちは感動的で詩的な物語を聞きます——私は、私たちが見、聞き、感じ、味わっていることが充満している形象を情緒的に表現します。

太陽が昇ってくる時の明るい空の色のきらめき以上にすばらしいものが何かあるでしょうか。しかも露におおわれた麦畑もきらめいています。その露の数億のしずくは空の色のきらめきを映しています。地上では穂が静かに傾いています。風が麦の上を吹いていきます。このにおいは比べるものがない位で。麦粒の熟れたにおいと同じにおいは他にありません。太陽はそのエネルギーを、生命・熱・喜びの貯蔵庫である麦に注ぎこみました。熟れた麦粒の匂いは、夏の日の炎熱と森の涼しさ、コンバインの音、夕食前の娘たちの歌のひびき、大型丸パンを焼く香ばしさ……を思い出させます。こんなことなどが小麦畑で起こります。

草原の静けさに耳を傾けましょう。はじめのうち、草原は果てしない原野のように思われます。だが、草原はすでに目ざめ、太陽は生まれています。きりぎりすがどんな声で鳴くか聞いてごらんなさい。きりぎりすは、まもなく露の上で太陽の光がきらめき始めるのを楽しみに、どこかの麦の穂の下に坐ってかわいいヴァイオリンを弾いています。私たちにとって星の空間がそうであるように、彼らには畑が無限の世界のように思われるのでしょう。そこでこおろぎは彼の宇宙の果てしなさについて歌うことができるのです。かすかなふるえが聞こえますか。あれはひばりが目ざめたのです。翼を持ちあげ羽ばたきしました。私たちの声を聞いているのです。つづけて鳴きながら警戒しています。かさこそと鳴るのが聞こえますか。あれはひばりが小麦の間を走ったのです。ひばりは、巣から離れた所から飛び立ちます。ほら、ごらん！もう空にいます。見てごらんなさい、灰色の小さなかたまりが上がっていきます。赤くなりました。太陽と出会っているのです。黄金の光は、もう高い所で輝いています。ひばりはすでに太陽と出会い、太陽の歌を歌っているのです。

私たちは美を楽しみ、好みます。私の言葉は、少年少女が理解し、感じ、体験したがっていたことを理解し、感じ、体験することの助けとなります。訓育の微妙な現象の一つ——言葉の情緒的なニュアンスの会得——が起こります。やがて言葉が心に生きるであろうことを、私は知っています。コーリャが、「草原の朝」、「朝やけ」、「日の出」

という言葉を聞いたり読んだりすると、これらの言葉は彼にこの朝を思い出させます。言葉は心の感情的な秘められた部分に感情――人間的な喜び、言葉の楽しさ――を目ざめさせます。

「森の薄明」の旅はけっして忘れられないでしょう。暑い七月のある日、私たちは森に行き、人間の足が踏みこんだとは思われない一角を見つけました。嵐で倒れこけにおおわれた大木、木でおおわれた神秘的な谷間、谷底のどこかから静かにかすかに聞こえる小川のせせらぎ、森の奥からの山鳩の歌とかっこうの「くうーくう」と鳴く声、木のかさこそと鳴る音、日中は薄暗い所に隠れていてわたしたちをびっくりさせた夜鳥の翼のばさばさと鳴る音――これらのすべてを少年少女たちは息を殺して聞きます。彼らは、見ること、感じること、体験することを望みます。そこで私は、森の泉について、泉の水について、森の神秘的な生命について話します。――すると、少年の心に、情緒の記憶に国民のはかりしれない精神的な富――言葉がはいっていきます。それは単にまわりの世界をよりよく見ること、思うこと、認識することを助けるだけではありません。それは人間にインスピレーションを与え、人間が感じ、体験し、考えるということに喜びや誇りの感情を喚起します。

言葉の情緒的な違いがわかったということは、単に芸術への入口だけでなく、少年少女が豊かな価値の高い知的な生活への入口に立ったということでもあります。「言葉がインスピレーションを与える」という意味に私はこのことを含めています。人が言葉の情緒的な含みの微妙な色合い、匂いを感じ、体験する時、彼はまるでまどろんでいた理性の力を目ざめさせているかのようになります。ペトリクにとって言葉以前の未知の何かが彼を驚かし、感動させた時、彼ののろのろとした無気力なまるでぐずな思考が一変したことに私は何度か気づきました。つまり、少年は注意深くなり好奇心を発揮するようになり、以前は気づかなかったものを見つめ、以前は頭の中をよぎりもしなかったものを考えたのです。言葉の認識は思考のエネルギーをもたらします。言葉の会得――それは文学作品の読みへの準備です。読むことが精神的な要求となった時にのみ、言葉は論理的にも情緒的にも記憶の中に積み重なっていきます。少年に本を渡す前に、H・ネチュイーレヴィツキーの『ミコリャ　ジューリャ』、H・ゴーゴリの『タラス　ブーリバ』またはB・コロレンコの『目の見えない音楽師』を話してやりましょう。そして、芸術の入口へと導くことが必要になった時に本を渡し、「読みなさい」といいます。母国語の源泉への旅とともに、私は芸術的な物語に大きな意義を認めていました。芸術の入口にこのようにしてはいらなければ、言葉の音楽を読むことと聞くこととは少年の精神的な要求になりません。芸術的な物語は教師の高い情緒的—美的な発達を必要としています。しかし、そこでは芸術的な情緒過剰、華美な言葉にそれていく危険が待ち伏せていることがまれではありません。

ときどき私は、美のコーナー、「お話の部屋」または別の美の部屋に子どもたちを集め、芸術作品を話してやりました。この集まりは、ウクライナ、ロシアおよび外国文学のすぐれた作品にあてられました。たとえば、私たちが若い心の奥深い所にまで思想を伝える必要があった時、また、すぐれた行為・ヒロイズム・献身の偉大な高潔さを説明する必要があった時には、私は芸術的な物語を頼りにしました。

芸術的な物語が語られる場は、私たちを親しくさせ、心をくつろがせ、私たちの集まりに詩的な特徴を与えました。私たちの間の芸術的な物語が（他の集団からの）「借り物」であることを望みませんでした。冬の夕方のたそがれ時に芸術的な物語を聞くことが望まれました。私たちは静かな夏も秋の夕方も好きでした。芸術的な物語としてとりあげられたものはすべて善と悪の闘い、人間性の勝利、公正、道徳的な清潔さと勇敢さ、人間的な感情の高潔さに満ちていました。作品をとおして、高い目的に向かって進む人間の誠実さの思想へ、労働する国民の理想へ導くように努力しました。道徳的な美しさが深く個人のものになり、高く厳然として理想になるように努力しました。道徳的な美の体験は少年少女を偉大さへと高めます。彼らの一人一人はいつもより大きなものによって人間的なものを実感したのでした。

少年少女たちがゴーリキーの昔話『イゼルギーリ婆さん』を初めて聞いた一二月の早朝の薄明りは忘れられません。ダンゴの人物像は少年少女に深い驚きを呼び起こしました。私は彼らの眼に、思考・不安・動揺の微妙な色合いを認めました。

特別な関心をもって、しかし気づかれないように、私はトーリャを観察しました。その数日の間、彼の家族に悲しみがふりかかっていたこと、つまり母親が棄てられるという思いに苦しんでいたことを私は知っていました。トーリャはその年齢にしてはあまりにも多く見たり聞いたりしていて、母親を悲しませている人間のくだらなさが彼を怒らせていました。悪が勝つという思いが少年の心を危くしていました。そのような時、あのダンコのあかあかと燃える心が少年からつらい思いと感じを一掃しました。感動的な無限の献身に、少年は人間の喜びを感じとったのでした。実際、悪は勝ちえないという真実が彼に明らかになりました。善の勝利は、悪への非妥協性と高い理性への限りない貢献とを求めています。

内なる炎で光り、燃えているニーナの目を私は見ます。母親の苦しみが彼女の元気を失わせています。最近彼女と話して、若い魂がまるで母の死を願っているような考えをもって困惑していることに唖然としました。私は、彼女を慰め困惑を追いはらうための一言すら見つけることができませんでした。もし彼女がすべては母の死からはじまるということをより強く確信するならば、彼女は善への信頼を失い、恨みを抱くにいたるだろうという不安が私の心から瞬時も去りませんでした。不公正感・孤独感・無力感・絶望と一体となった憤り――これは若い魂にとっては危険な状態です。ましてや自分の肉親を強く愛している少女にとっては、道徳的な高潔さの影響を受けて、少女は世界を新しく見るようになりました。つまり、喜ばしい新発見――善は存在し、勝利する――の体験が彼女の目に見えてきたのでした。

芸術的な物語は、悪・不正・人生の暗い面に対する若者の心の敏感さにみがきをかけ、理想に反するすべてのことへのはげしい抵抗、非妥協性を呼びさましました。道徳的な美しさの感動の時間を生きた高潔な感情の勝利はまわりの世界の諸現象に心で反応する能力を鋭くするということを私は確信しました。まさに、少年少女たちがゴーリキーの話に出てくる大物たちの感化を強く受けて、彼らは人間の冷淡さとエゴイズムに激昂しました。彼らは、男の子が溺れかけていた時に立ち上がりもせず助けようともしないで魚を釣っていた四十男について、興奮し軽蔑して話しました。池のそばを通りかかったトラクターの運転手が水にとびこみ、男の子を助けました。私の生徒たちはいつまでもこのことを覚えていて、その時薄情であった人は彼らを感動させませんでした。彼らはこのような行為を新しい視点から見るようになり、「心を持たない人が、どうして静かに地上を歩き、静かに眠れるのだろうか、どうして誠実な人が呼吸するのと同じように呼吸できるのだろうか」と憤激しながら話していました。

芸術的な物語をとおして少年少女たちに作品の言外の意味、哲学的な側面――それらはほとんどが言葉で表現されていないが心を揺り動かすに違いないもの――が明らかになりました。作品の思想的な深さや情緒的な感化力がしばしば行間にこめられています。ツルゲーネフの作品『ベージンの野』を聞くと、子どもたちは偉大な芸術家が描いたと同じようなすばらしい自然の一角で過ごしたがります。彼らは喜ばしい興奮の感情を体験したのです。つまり、作品のすばらしいところを指摘したり言葉で言ったりはしませんが、何よりもまず作品に感動したのです。これは、いたるところで出会い、それに無意識に慣れ親しんでいて、何一つ明白には分らない美への喜ばしい熱中でした。

一四歳の少年にチェーホフの『六号室』を話しました。搾取体制下における残酷な精神的奴隷化、人間の頼りなさ――すべてこれらのことが私の生徒の心を揺り動かしました。話し終わると彼らは野原に行くことを希望しました。

芸術的な物語の中で私はすぐれた人の生活と闘いを重視しました。道徳的な美しさと秀抜さについてのこの物語は一人一人の少年少女たちの内面世界への直接的な呼びかけとなりました。ヴォロージャの意志薄弱について直接文字に書いたり話したりはせず、何よりもまず私は彼のためにフェリクス・ジェルジンスキーの話をしました。少年が思想的な不屈さ、勇敢さに感嘆する体験を持つことの中に、訓育の困難な領域でのいくらかの成功を見ていたからです。これは自分自身を見る必須の条件です。何らかの手段を用いずには容易な成功は期待できないので、私は道徳的な美しさを芸術的に明らかにすることを重視しました。道徳的な偉大さ、高潔さを心で感じないことには、敏感な良心や自己教育についての説教もありえないのです。

叙情詩と詩的な散文が感情の教育の手段として唯一のものではない――ということを私は経験の中で確信しました。情緒的―美的教育の方法の領域において、叙情詩（狭い意味での）は叙事詩と音楽の中間に位置しています。情緒的な内容の豊かさ、言葉の色合いの微妙さと多様性――すべてこれらのことは、叙情詩を音楽に近づけています。

叙情的な作品や詩的な散文を理解しないことには人は音楽を味わうことができず、無感動になります。

私は、生徒たちが詩の言葉の音楽的なひびきを感じることを学ぶことを重視しました。少年の感情の豊かさと高潔さは、人類の精神的な富と精神的な達成そのものである人間的な心の微妙な動きを共体験することなくてはありえません。すぐれた世界の詩作品に具象化されている感情・体験について話をします。

微妙な陰影をもっている詩の言葉は、少年に明るくすばらしいものに親しみ、人類のこの上ない富に親しむ喜びを呼びさまします。あらすじが書かれているものではなく、作者の思想と感情があって、まわりの世界への凝縮した見方があらわれている芸術的表現の数行を読みたい、しかも繰返し読みたいという願望が彼らに生まれました。このことから書物の世界での生活が始まります。

詩への愛、読みへの心の欲求、詩的な言葉の体験は、教師の心に言葉が生きている時にのみ育てることができます。叙情的な詩をわたしはいつも暗唱しました。これは子どもの精神世界へ直接に呼びかける方法の一つでありま す。「お母さんにはやさしくしなさい。その仕事を軽くしてあげなさい。お母さんの生活を守ってあげなさい。」と一人一人の生徒にいう必要があります。感じ方を学ぶことは感情の言語に頼ることによってのみ可能であり、しかもその言語は詩的な言語から生まれています。私は、シェチェンコの『雇われ人』、ネクラーソフの詩『戦争の恐ろしさに耳を傾けよう……』を読みました。それらの詩においては、詩的な感動の強い力で生活の創造者——母親——への愛が表現されていました。母性の偉大さと美しさを表現したゴーリキーの作品の詩的で英知にあふれた部分も読みました。

森の中で、川や池の岸辺で、庭で、草原でわが国の自然の美しさや祖国への愛の高邁な感情をうたった叙情的な作品を読みました。これらの詩は少年少女たちにわが国の遠くの地についての、果てしなく広々としたわが国土についての夢を育みました。愛国心教育のために不可欠のデリケートな現象の一つ——祖国の詩的・芸術的な認識——が起こりました。郷土の村のある目立たない小さな一角——池に身を投げかけているねこやなぎ、山すその桜の庭、かがやく秋の装いをつけている大きなかしの木、灌木でおおわれた窪地——が祖国の一部として感知されたのです。

私は、人間の内的世界の叙情詩を読むことを重視しました。感情世界の認識——それは微妙で、心を揺り動かす認識です。そして、誇りを与え、高め、高潔にします。楽天的な世界観の反映している、プーシキン、レールモントフ、ネクラーソフ、シェフチェンコ、レーシ、ウクラインク、エセーニン、プリーソフの詩は、いかなる説明もなされなかった心の一角について、とらえがたい心のしくみについて、少年たちに明らかにしました。

ドニエプルの岸辺のかしの森の荘重で雄大な静かさをけっして忘れることができません。その時、私たちは秋の光にあふれた草原に坐っていて、私たちの上では深い、雨で洗い清められた（リューバの言葉）空が青く澄んでいて、夕方の前の暖かい空気の中でこおろぎが歌い、鶴が鳴いていました。その時私はプーシキンの詩『騒がしい街路をさまよい歩く』を読みました。それは私の生徒に深い感動を与えました。彼らは、人間の感情の偉大さ、美しさ、その喜びと悲しみ、世界と自分自身を知りたいという人間の願望を感じとり体験しました。詩はその場で記憶されました。それなくしては人間の教養が情動的にも美的にもなりえないような感情の言語として、偉大な詩人の作品の豊かな思考と感情の一つが少年少女たちの内面にはいっていきました。このような言葉を次々と生徒の心に注ぎ入れながら、私は、柔軟さ・優美さ、心からの思いやりを育てていることに、うれしく気づいたのでした。

愛・誠実さ・献身に関する詩的な言葉は若い魂を高潔にする大きな力であります。私の生徒たちが、男性または女性として誕生する神秘的な段階になった時、私は彼らにプーシキンの『私は不思議な瞬間を憶えている』、ネクラーソフの『夜暗い街路を歩けば』、シェフチェンコの物語詩『腐敗せるもの』、他の作家の散文的な作品からの詩句や抜萃を読んでやりました。いかに鋭い説教や説明も、詩的な言葉ほど人間的な美への愛の美しい感情を青年の心に運ぶものはありません。愛の美しさの認識は、人間が――カール・マルクスが述べているように――女性・母性・人間誕生というこの世界におけるきわめて清らかで奥深いものに対して敬虔な気持ちになる時にのみ可能でありま す。この認識なくしては、人間は人間的な教養を理解することも身につけることもできません。もし、私たち教師が学校から無思慮で無教養な者を出さないようにしたいならば、思春期――人間に男性と女性が生れる、まさにその時――に、私たちはこの認識を生徒に与えなければなりません。

（B・A・スホムリンスキー、十枝修・森重彰・浜本純逸訳『少年期の教育―市民誕生―』明治図書、一九八一年、第七章からの抜萃）

第四節　文学読みの提唱と深化
――ルイブニコワの文学教育論――〈抜萃〉（一九八四年／二〇〇八年）

マリア・アレクサンドローブナ・ルイブニコワ Мария Александровна Рыбникова[1]（一八八五～一九五二）は、一九一七年の社会主義革命前後に教育思想を形成し、革命後の教育界の動揺と混乱の中で社会主義社会における文学教育を方向づけた。一九二三年から一九三〇年までに実施された「コンプレックス・システム」による教育課程が、文学教育を社会認識の手段にとどめて文学教育の独自性を認めないことに抗議し、自らのプログラム（教授要目）を提示して彼女の主張を展開した。

一九三一年に、プロジェクト・メソッドを否定して系統的な教育課程の追究を鮮明にした教育方針「小学校と中学校について[2]」が出されて以降、ルイブニコワの文学教育論はソビエト教育界に受け入れられ、当時のいま一人の指導者のB・ゴループコフ（一八八〇～一九六八）とならんで、ソビエト社会における文学教育を理論と実践の両面において確立したのであった。その後のソビエトの文学教育はルイブニコワとゴループコフの方向づけの延長線上にある。

一　文学教育の構想

文学史教育の否定　ルイブニコワの文学教育論を貫いているものは、文学史教育の否定である。それは革命前の暗記物としての文学史教育、革命後の唯物史観の機械的適用としての文学史教育を否定するものであった。

文学は人生について、つまり人間の生き方について学ぶものであると考えていた彼女にとって、年代順を墨守する教材の文学史的配列が原因となって結局は一八世紀から一九世紀前半の文学にしか触れ得ないようにしているのは許しがたいことであった。一九二二年の論文「学校における文学＝語学教師の仕事 Работа словесника в школе」において、当時の文学教材の扱われ方について、次のように指摘している。「文学＝語学教師大会（一九一六～一九一七）から始められた現在の教授要目は、モノマフ、ドモストロイ、ラジーシチェフの教訓書を切り落として可能なかぎり古代文学を短縮しています。しかもなお、ほとんどの教師はロモノーソフとデルジャービンにたっぷりと時間をかけ、その結果、生徒たちとチェーホフ、ドストエーフスキー、ブロークを読むまでに至っていません。[(3)]」彼女は、生徒と近い時代の作家、すなわちオストロフスキー、ツルゲーネフ、トルストイ、ドストエーフスキー、チェーホフ、バリモント、ブロークなどに出会わせたいと願っていたのである。

　彼女が文学史的な教育を否定する根拠には、一〇歳から一六歳の少年には一七世紀や一八世紀の生活についての知識も乏しく、作品を歴史的に位置づけて客観的に把握することは難しく、またそれを好まないという経験に根ざした考え方があった。「一六歳の少年には八世紀も一八世紀も同じであるということを私は知っています。われわれの悪名高い歴史的客観主義はずっと遅くわれわれの身につくのであって、それを一〇歳から導入しようとすることはまったく無駄なことです。歴史にそれを採り入れることは必要ですが、文学に採り入れることは許せないのです。[(4)―一八二]」少年期には作品に没入するのであって、歴史的な把握はできないというのである。この点は、文学史教育を否定せんがためのやや強引な主張のように思われるが、実践から出発した理論家らしい発想が見られて興味深い。教育実践に立脚し、子どもの心理的発達を考慮して理論化していこうとする実証的研究の姿勢を見ることができるからである。

　彼女は、「必要なのは歴史的なものでなく永遠なものであります。[(9)―一八二]」と言い、教材としては時間を超越した記念碑的な文学だけが必要なのであると考えていた。ゴーゴリやトルストイなどにある「永遠なもの」に出会わせるべきであると主張したのであった。ここに、少年期の学習者に、すぐれた文学作品のみを与え、すぐれた文学者と出会わせて彼らの感受性を揺り動かし、目ざめさせ高めようとする彼女の文学教育観を見ることができよう。すぐれた作家や作品に出会わせようとする彼女は、同論文で、文学教育の目的について次のように述べている。

教育の目的は、調和的で鮮明な感受性をもった若者の魂を成長させることにあります。この感受性は、一九世紀と二〇世紀の生きいきした文学の大きな力によって与えられます。わたしは生徒に『エフゲーニィ・オネーギン』を読ませます。彼はそれを読んで、私と一緒に読み方を学びます。もし、彼がツルゲーネフやトルストイをたくさん読んだ後、古典文学への趣味を持つようになり、ヴェルビッキーに時間を徒費することを嫌うようになれば、さらに、もし新しい本が彼自身にとってすばらしいものであるかつまらないものであるかを、批評の助けを借りずに感じとるようになれば、私は勤めを立派に果たしたのであります。つまり、教師の課題は芸術的な本の読み方を教えることであり、文学を思想的にも形式的にもすぐれている芸術として評価する仕方を教えることであります[(5)一八〇～一八一]。

文学教育の目的は若者たちの感受性を育てることにあるとし、教師の課題を「芸術的な本の読み方を教えること」であり、文学を思想的にも形式的にもすぐれている芸術として評価する仕方を教えること」に見いだしている。つまり、文学の「自立した読み手」を育てることを目的としていたのである。そのための方法は作者が生きたように作品の世界を生きることにあると考えていた。

文学教育の構想　ルイブニコワは、文学史の教育を否定して作品の読み方の指導を強調したが、その読み方を支える拠り所を文学理論に求めたのであった。ルイブニコワとゴループコフは、一九二八年に共著『第二楷梯学校の文学学習Изучение Литературы в школе II ступени』を出版している。そこに掲載された指導計画（三〇五頁表、六学年）は、ソビエトの文学教育史研究者Я・A・ロトコヴィッチによれば、M・ルイブニコワの作成によ

六学年の課題プラン⑤

章	教材	テーマ	教授法の例
Ⅰ	トルストイ『ハジームラート』 レールモントフ『議論』	『ハジームラート』の基本的なテーマとしての専横。 トルストイとレールモントフの戦争描写。	問題に口頭で答える準備、テーマに関するものの抜き書き。原典とテキストとの比較。 異なった方法で問題を解決している同一テーマの作品の比較。
Ⅱ	トルストイ『舞踏会のあと』 プーシキン『なだれ』『コーカサス』 レールモントフ『ヴァレリーク』 ネクラーソフ『オリーナ――兵士の母』	ニコライ皇帝時代の戦争方法。 ロシアの詩におけるコーカサス。 作詩法。	作品のテーマにおける類似性の比較。 形容語句の学習。
Ⅲ	ネクラーソフ『鉄道の道』『玄関わきでの思い』『天候について』	作者にとってのテーマの特色（階級的矛盾）。	表現読みを通しての感知と分析。
Ⅳ	レールモントフ『逃亡者』『ムツィリ』『帆』『松』	レールモントフ作品の主人公。詩の叙事性と叙情性、その関係。	固有の創作体験を通して、作品への参入。
Ⅴ	レールモントフ『詩人の死』『商人カラシニコフの歌』	創造的な変貌における現代詩人の活動	伝記の解説と集団読み。
Ⅵ	プーシキン『アンチャール』 レールモントフ『飛行船』『三つのしゅろ』	バラードと詩。 バラードとその伝説との関係	バラードとの比較によって現代の伝説に引き寄せる。異なった作家たちの、同一ジャンルの作品の比較。
Ⅶ	オストロフスキー『貧困は罪悪ではない』	エピソードとドラマの構造、オストロフスキーの喜劇における商人。	中心となるエピソードを通して――ドラマ全体の分析へ。
Ⅷ	ゴーゴリ『検察官』	喜劇の主人公の性格。喜劇の場面ごとの展開。ゴーゴリの喜劇の風刺的な意味。作家と階級。	その作家による作品の典型の複雑化。エピソードの置き換えの実践（喜劇のダイナミズムの解明のために）。
Ⅸ	プーシキン『大尉の娘』	物語の構造。そのテーマ。事件の語り手としてのグリニョフ。『大尉の娘』は貴族生活の年代記である。	挿入的部分の分析、エピグラフに対する学習、ある人物から別の人物への語り手の交替、物語をドラマ化する。
Ⅹ	チェーホフ『音楽師』	チェーホフが光をあてた音楽師。作品のテーマと思想。	人物を守ることと告発すること、各章のお話化、つくりかえの実験。
Ⅺ	チェーホフ『新しい別荘』『悪漢』『下士官プリシベーエフ』	人物の性格の構造。チェーホフの人物の社会的本質。	作家の創作への個人的な観察の作成をとして、物語分析の方法としての役割ごとの分析読み。
Ⅻ	ゴーリキー『幼年時代』『1月9日』『うみつばめ』『イタリア物語』	『幼年時代』の中心人物たち、その階級的イデオロギー、対照性。 階級闘争の詩情。文学における新しい労働者。	一章の考察をとおして物語全体の分析へ。性格比較の一覧表作成。 シュプレヒコール。グループによる集団表現。

るものである。

このプランの「テーマ」は学習課題を意味している。テーマの欄を見ると、文学理論が学習課題となっていることが分かる。Ⅰでトルストイのあとにレールモントフが置かれているように、文学史的な教材編成の原理はとられていない。「戦争描写」のような内容（素材）と作詩法のような文学理論が教材編成の原理となっている。さらに詳しく見ると学習課題としては、

Ⅰ　テーマ
Ⅱ　作詩法
Ⅲ　テーマの特色
Ⅳ　叙事性と叙情性
Ⅵ　バラードと詩
Ⅶ　ドラマの構造
Ⅸ　物語の構造
Ⅹ　テーマと思想
Ⅺ　人物の性格の構造
Ⅻ　人物・イデオロギーの対照性

などが配当されている。文学理論の中の作家研究、作品研究の観点の習得が学習課題となっている。

ロトコヴィッチは、この指導計画の特色について次のように述べている。

著者たちの独自のアプローチは、テーマ、ジャンル、個性的な文体に応じてそれぞれの作品を考察しているところにある。テキストの独自性から出発して、その理解のカギを見いだす《内側から》の可能性を探求して

いる。したがって、彼らが一つの作品の分析に用いた方法のシステムは、別の作品にはほとんど用いていない。それと同時に、一つひとつの作品に応じて使用した方法の間には継承的な関連がある。それらは段階的に発展しており、深められている基本的なものから複雑なものへ。[(6)—二七八]

ロトコヴィッチは、①それぞれの作品に応じて理解の観点を示していること、②歴史的背景や成立事情にではなく、作品の内部に理解のカギを求めていること、③しかもそれぞれの方法の観点は継承的にそして発展的に提出されていること、などにこのプランの特色を見いだしている。このような課題の学習をとおして、ルイブニコワは、文学教育の目的である作品の読み方と評価の方法とを身につけさせようとしているのである。[(6)]

二　文学理論の教育

一九二〇年代の後半から三〇年代において文学史的教育を否定することは、歴史的にも社会的にも文学教育のオーソリティ（正統派）を否定することであり、ルイブニコワの文学教育論は論議の的となっていた。この時期の内容論と方法論の集大成が、主著となった『文学読みの教授法概説Очерки по методике литературного чтения』（一九四一年）である。

その書は、目次によって概観すると、次のような内容であった。

第一章　教育方法の基礎
第二章　文学読み
第三章　教材と教育方法
第四章　授業
第五章　授業の教授学的基礎

第六章　表現読み
第七章　5～7学年の文学理論
第八章　構成の学習
第九章　言語の課題の体系
第十章　作文指導の体系

文学教育の基本的な問題のすべてについて考察し、実践的な提案をしている。

本書において、彼女は、「文学――それは世界・人間生活・社会の認識であります。文学――それは世界観の学校であります。文学――それは感情の教育であり、意志の充電であります。」[(6)―二八]と述べ、また、「文学作品は人間研究のすばらしい学校であります。そして作家は人間像を創造するが故に、読者を訓育するが故に『人間の魂の技師』であるとわれわれは考えています。」[(8)―一九二]とも文学の本質について述べている。「世界観の学校」「魂の技師」とは、人間の生き方についての認識を広げ豊かにする文学の機能を端的に言いあてたことばである。

彼女は、この考え方を基盤にして「文学読み Литературное чтение」を提唱した。それは、（1）フォルマリズムの批判、（2）コンプレックス・システムの克服、（3）文学史教育の批判と定位、をとおして生み出されていった。「文学読み」の方法を自覚的に把握させようとするのが「文学理論の教育」であった。彼女は、それに教授学の面から考察を加えて文学教育の方法論を実践的に示したのであった。

ルイブニコワは、「一九一七年の文学教師大会は『社会学派』と『フォルマリスト』の戦いを特徴としていた。」[(6)―一七九]と回想している。フォルマリズムとは、一九一〇年代、二〇年代に活躍したソビエトにおけるヤーコブソン、トマシェフスキー、エイヘンバウム等の言語研究・文学研究の運動である。一九一四年に出版されたシクロフスキー В.Шкловский（一八九三～一九八四）の『言葉の復活』が、その最初の理論的綱領であると言われている。⑦言語のフォルム（形式）と意味作用との関係に注目し、形式（フォルム）に文学の価値を見いだし、文学の自立性を主張し、「文体の科学」の確立を志向した。「言語と社会の関係」、「言語と人間の関係」「記号学」などに根源的な光をあてようとした世界で最初の運動として、近年、再評価されつつある。

ルイブニコワは、「われわれの一〇年代、二〇年代のフォルマリズムへの熱中に関して言えば、それは言語と文学の教授法に影響しないわけにはいきませんでした。(6)―一七九」と、フォルマリズムが、文学教育にも強く影響した事実を認めている。そして、「当時広く用いられた、トマシェフスキーの『文学理論』（一九二三年）は作品の形式の側面に注意を向けたが、同時に形式と内容の統一には関心を示さなかった。わたしの著書『母語の学習』（ミンスク、一九二三年）と『構成の問題によせて』（モスクワ、一九二四年）は、言語の表現方法や作品の構造への注目を強調し、しかもその作家の内面的な課題やその言語や構造を描いている作者への適切な配慮はなしでした。わたしの最初の教授法書『学校における文学＝語学教師の仕事』（一九二三年）は実践的研究でしたが、その実践は必要な原則的な基礎に立つものではありませんでした。(6)―一七九」とフォルマリズムの形式主義のみに陥っていたことを自己批判している。文学の内容と形式を統一的に把握できなかったことを反省しているのである。内容とは、「作家の内面的な課題」や素材や主題のことである。

フォルマリズムは形式をとおして意味内容へ迫ろうとする方法であるが、ルイブニコワはフォルマリズムの内容への道すじを捨象して形式主義であると割り切った上で、文学の形式と内容を統一して把握する読み方として「文学読み」を構想していったのである。具体的なその試みの一つが、例えば、「作者の伝記を学習する場合、作者の育った社会環境と読んでいる作品との結びつけを行ないます。そのことによって作品を歴史的に解明するのであり、作品の将来におけるより深い完全な歴史的理解のための基礎となるように解明するのです。(6)―一八一」と、作者の育った社会環境への目くばりの必要性を説いている。ここには、作品の内部徴表のみによって作品を理解しようとしていた、一九二八年の著作『第二階梯学校の文学学習』とは異なる、作品の成立過程をも考慮していく歴史主義をも含みこんだひろやかな作品理解の方法論を見ることができる。

コンプレックス・システムの克服　ルイブニコワの「文学読み」は、形式面からのそれではなかったが、芸術としての独自性を強調する読み方であった。それは、一九二〇年代から三〇年代にかけての教育状況においては、コンプレックス・システムを克服するための主張でもあった。

国家学術会議ГУС（グース）の設置した、クルプスカヤを責任者とする教育科学局は第二楷梯学校の教授要目（プログラム）――のちに、グース・プログラムと呼ばれた――を発表した。このプログラムは、従来の教科別の教育課程をブルジョワ社会のそれであるとして否定し、生活のテーマ（単元）を中心に学習を組織するものであった。「教育と生活との結合」の観点から総合した、いわゆるコンプレックス（総合）・システムを採用したのである。具体的には、「自然と人間」「労働」「社会」の三つの領域を相互に連関させつつ素材を配列するものであった。

このシステムにおいては、文学教育は「社会系列」に入れられ、社会認識の手段として文学教材が位置づけられた。社会認識が上位目標となり、文学作品はそれに従属させられたのである。たとえば、ゴループコフによれば、6学年のシステムは「都市と農村の結びつき」から始まり、〈穀物の加工〉、〈市場の内と外〉〈商品取引所および銀行の意義〉などの学習内容と並列して、テーマ〈いろいろな作家の作品の中の都市〉が設定されていた。このテーマの学習のための教材として、プーシキン「青銅の騎士」、ブリューソフ「夜の上げ潮」、ゴーリキー「黄色い悪魔の町」「幼年時代」「人々の中で」、ポレターエフ「崩れた塀」などの作品が例示されていた。(9) 文学作品がその独自の芸術的な価値において教材化されるのではなく、都市と農村について理解させるためのサンプルとして扱われている。

したがって、作品の芸術的な質の高さは問題にされず、古典は顧みられない傾向があった。このような傾向は、一九三一年に改訂された新しいプロジェクト（構案法）・プログラムにおいていっそう増幅されていた。

教育課程における、このような一九二〇年代の文学教育の位置づけを批判して、ルイブニコワは、芸術作品としての文学に出会わせる「文学読み」を強調したのであった。

「文学読み」の具体的な内容は、構成と言語・文体の観点から作品分析をして、作品をよりよく理解することである。ルイブニコワは、「構成композицияの問題は、文学読みの派生的な問題ではなく本質的に重要な問題であります。構造化されたпостроеныものとしての物語、戯曲、詩その構造は理解されなければなりません。それは、単にわれわれがプランと呼んでいるものではなく、内的なプランであり、形象と場面との呼応の複雑な相互関係である。[(8)―三〇]」と述べている。言語については、「思想表現としての、作者の感情と思考の担い手としての芸術作品の言語」「内容を生きいきと理解し共感し、そのように生きいきと表現されていることばを学ぶ[(8)―三〇]」と述べている。それらを把握する方法として、「表現読みや話しかえによって、発問に答えることによって、暗誦したりする方法によって作者のことばを再創造воспроизводитьすること[(6)―三〇]」をあげている。

ルイブニコワの「文学読み」の特色は、思想―主題を解明していく手掛かりとして言語と構成に着目していくところにある。

「文学読み」の目的と性格について、「このような種類の作業のすべては、生徒が教材を把握し実感することを可能にし、そのことをとおして思想的に言語的に豊かにします。正しく設定された文学読みは、見方、考え方、そしてことばの学校であります。文学読み――それはおそらく、それ自身の教科としては実在しない美育のユニークな教科でしょう。[(8)―三〇]」と述べている。「文学読み」は、作品を実感させることをとおして、見方・考え方・ことばに働きかけ、訓育的な目的を達成する独特の美育であると主張しているのである。芸術としての文学に出会わせるのが文学教育独自の機能であって、それを成立させるのが文学科固有の目的であって社会認識のための僕ではないことを強調したのであった。

一九三一年八月の党決定『小学校と中学校について』によって、コンプレックス・システムから教科中心の教育課程へと大転換が指示されて以後、教科の独自性を生かそうとする方向にそって、文学の独自性を生かして「文学科」を自立させようとするルイブニコワの「文学読み」の理論は、ソビエトの文学教育の主流へと迎えられていった。

文学理論の定位と文学教育の批判　コンプレックス・システムを否定して新しい文学教育の独自の論理を構築するにあたって、年代後半から一九三〇年代にかけて多くの研究者たちは、ふたたびコンプレックス以前のロシア・ソビエトの文学教育で伝統的に行われていた「文学史の論理」に依拠しようとした。それに対して、ルイブニコワは、一九二〇年代の後半に、「文学読み」を具体化するための「文学理論」を原理とする課程を5～7学年で学習させるべきであるとし、文学史は8～10学年（第三階梯学校）において教えるべきであると定位した。しかし、この「文学理論」による構造化は容易には理解されず、一九三〇年代においても論議は続いていた。ルイブニコワは、彼女への批判を次のように要約している。

文学史の授業において生徒に歴史的に教えることの問題これはまさに現在やかましく議議されている問題であります。すぐれた教育方法研究者たちが8～10学年の文学の授業に関して、文学読みの授業と連続すべきであるが、そうすると文学史的プロセスの知識を与えることができない、と警鐘を乱打しています。わたしたちの生徒の力に十分な課程をどのように作るのか、彼らに史的唯物論の基礎をどのように保障するのか、文学領域の諸現象における史的唯物論をどのように教えるのかと。(8)―(二)

その論点の第一は、8～10学年で文学史を教えるためには5～7学年から既に文学史的に教えるべきであるという批判である。その第二は、社会主義社会の哲学である唯物史観を短絡させたものである。文学教育においても歴史的な発展をたどって史的唯物論を教えるべきであるとする新しい意味での文学手段説である。

ルイブニコワは、第一の論点に対しては教授学に依拠して反論した。彼女は四つの教授学の原則をあげている。

第一の原則　教授＝学習は、生徒の知覚のあらゆる面に、あらゆる感覚器官に、意識の全側面に働きかけなければなりません。（いわゆる教授＝学習における「直観性」の原則）

第二の原則　教師によって提起される課題は生徒が明確に理解できるものでなければなりません。このことが教師に要求しているもの課題解決への教師の参加、教室学習の特色とその全体学習における一人ひとりの責任の諸段階への配慮。（自発性、集団学習と個別学習）

第三の原則　教師の技術は、複雑なものは単純なものの中で教えられ、新しいものは既知のものの中で教えられるが、古いものの中では新しいものは決して理解されない、というところから導かれるべきであります。

第四の原則　帰納法と演繹法の弁証法的統一。教師は、知識の整合性と体系性を保障し、そのことによって生活に意識的に取り組ませ、理論と実践を統一する力を育てます[(8)―二三・二四]。

ルイブニコワによれば、古い時代の作品は内容や言語において学習者には難しく、文学史的な教材配列ではその難かしいものから始めなければならず、また古い時代の作品の内容は生徒の直観に訴えることが少なく、第一の原則に反するのである。古いものから始める文学史教育では新しい社会の世界観は教えられず第三の原則に反するのである。このように教授学の原則から考えると5～7学年生に文学史的な教育をすることは適切ではない、と反論したのであった。この論理は、三節ですでに考察したように、一九二二年論文「学校における文学＝語学教師の仕事」に見られるのであるが、このたびは、子どもの側からの発想をいっそう進めて、科学としての教授学の原則に基づいて考察し、より説得力あるものとしたのであった。付言しておくと、このルイブニコワの四原則は、その後のソビエトにおける文学教育の内容を構造化したり系統性を考えたりする拠りどころとなったことで有名である。

第二の論点に対しては、文学理論を軸にして文学の内容と形式を統一して教えれば、唯物的なものの見方も十分に教えることができると反論した。

文学読みの教授法において、わたしは、読み・プラン作り・話しかえを助ける、作品のテーマ・登場人物・場面の変化・その言語と構成（文学読みのあらゆる内的な部分）に対する研究能力を教師に育てることを課題にしています。われわれの研究は、それらの結びつき・変化・区分の研究の多様な方法を明らかにしています。いつもあらゆるところで作品の形式と内容を統一する文学理解は、思想的＝主題的な豊かさを強調しています。[(6)―二二]

ロシア・ソビエトの作品は、それぞれに社会悪に対する批判と戦いを主題としており、内容と形式を統一的に理解してゆけば唯物的なものの見方が育つというのである。ルイブニコワによれば、文学教育においては内容と形式を統一して理解していく読み方こそが重要であり、唯物的なものの見方が育つのは、文学理論を駆使した文学読みの結果なのである。

一九三九年の文学科プログラム――文学理論と教材――文学読みの教育論は、一九三〇年代になってしだいにソビエトの教師たちに支持されるようになり、ルイブニコワは、一九三九年に教育人民委員部から出された5～7学年用文学科プログラム（教授要目）の作成に指導的な役割を果たしたのであった。

その「文学理論」の内容は、ルイブニコワによれば、四つの課題を基本としていた。

（1）作者の社会的な本質、文学の政治的な意義、文学の認識的な意義。テーマ、思想、典型。

（2）文学の言語、表現手段としての言語。作者の内的な意図の表われとしての芸術のことば。

（3）作品の構造。テーマ展開の方法としての構成。作品における事件の進展。人物形象。作品における形象のシステム。

（4）文学の基本的な種類と形。その思想的芸術的な特徴。[(8)―一八〇]

文学理論の基本的な問題が四つに整理され、構造化されている。すなわち、（1）主題と思想、（2）芸術の言語、（3）作品の構造、（4）ジャンルと形式、である。四つの問題は、（1）から（2）へというふうに段階的に提出されるのではなく、それぞれが各学年において繰り返し学習され、教材となる作品との関連に応じて理論は単純なものから複雑なものへと進められていく。7学年で一つの完結をするのである。この構造の枠組みは、文学教育における内容としての「文学理論」となって、以後のソビエトに継承されていった。

ルイブニコワは、文学理論と読む力・書く力・論理的思考力および訓育との関係について、

　われわれは生きいきした人生、その有機的な姿を学び、文学の中に一連の社会的―政治的諸現象を見、作品をその複雑な統一において、その内的な力動性において考察するのです。理論的に学習させることによって、われわれは生徒の論理的な能力を育てるだけでなく、その感情や意志や意識に全体として影響を及ぼします。文学理論によって、同時にわたしたちは生徒に読む力を育て、言語創造の力を育てるのです。(6)―一九二)

と述べている。ルイブニコワによれば、文学理論を中核として学習させることによって、作者や作品と感動をとおして出会わせることが可能となり、読みの原理に習熟させ、作者や作品を社会的に、歴史的に、道徳的に、そして美的に評価する方法を身につけた自立した読者を育てることができる。さらには、作文力（言語創造力）や論理的思考力を身につけさせることができ、人間の感情や意志を豊かにしていくことができる。したがって、ルイブニコワにとっては、文学理論を学習させることが文学科固有の課題なのである。

一九三九年プログラムで採りあげられた主要教材は、『文学読みの教授法概』に拠れば、次のとおりである。

　第5学年――民話、なぞなぞ、ことわざ
　　プーシキン「死せる女王の話」、「イリヤ・ムーロメッツの物語」、「偉大なアラブ・ペートル」
　　コロレンコ「地下室の子どもたち」
　　詩「朝」（ニキーチン）、「夕べ」（アクサーコフ）
　第6学年――単元「秋」（プーシキンとチュッチェフの詩）

プーシキン「オレーグ公の歌」「ドゥブロフスキー」、チェーホフ「小役人の死」
フールマノフ「チャパーエフ物語」
第7学年——トルストイ「舞踏会のあと」
ゴーゴリ「検察官」
ゴーリキー「母」「海つばめの歌」「チェルカッシュ」

三　文学読みの授業

ルイブニコワは、授業の実際に即して教育方法を科学的に解明しようとし、授業の法則を究めようとした。彼女は、「教育方法Методика——それは自問を大切にする方法であり、生徒の力を賢明に生かす方法であり、教材の中で基礎的なものと重要なものを見つける方法であり、教室の集団的な活動を組織する方法であり、それは多様な一人ひとりの生徒に働きかけることを考えつくしたシステムであります。（（6）―四八）」と教育方法について、その本質を述べている。

文学の教育方法を支える要素としては、

（1）文学についての深い理解
（2）生徒の発達に即した指導計画
（3）子どもの興味・関心

をあげている。

ソビエトにおける文学教育の基盤を確立していく時期に、ルイブニコワは、まず（1）教師に文学についての知識を豊かにすることを呼びかけ、その上で子どもを念頭においた教材研究の必要性を説いた。そして、（2）文学の授業内容を系統的に教えるための中核として、「文学理論」を提唱したのであった。（3）教育学的なアプローチは「（その必要性から）教育方法研究者は教師の活動の偶然性、非体系性、無自覚と戦っています。教育学的な対応策がありさえすれば、教科は、子どもにとって理解できる、好きな、有益なものになります。[(6)一七]」と述べ、また、一人ひとりの生徒の文学に対する心理発達の研究を要請し、「現在の児童心理学においても、われわれはまだ生徒の文学的興味や関心についての章を書いてはいません。[(6)一八]」とやや批判的に述べている。

このように教育方法学への理解と関心を示していたルイブニコワは、多くの課題を残しておりながらも革命後の実証的な教育方法研究の一応の成果をふまえて、一九三九年プログラムの主要教材を使って授業のあり方を示している。

それでは、ルイブニコワの構想していた「文学読み」の授業の実際はどのようなものであろうか。（中略）

『検察官』（ゴーゴリ）の授業

ルイブニコワは、教室で『検察官』を読んだあと、生徒と一緒に劇場に行き、演劇を鑑賞した後で話しあいをし、最後に、次のような学習内容をノートさせている。

1　第一幕における役人の登場――導入部である。
2　若い役人についての報告――喜劇の発端である。
3　第二幕の初めにおけるオーシップとフレスターコフの登場――第二の導入部
4　フレスターコフと市長との出会い――事件の展開。
5　フレスターコフのうそ――喜劇における事件の頂点（クライマックス）

6　フレスターコフへのわいろ——準大づめへの準備
7　フレスターコフの求婚——「検察官」の準大づめ
8　トリャピチキンへの手紙の朗読——「検察官」の大づめ
9　憲兵の登場——喜劇の終末。(6)—一八九

1の導入部を理解させる授業は次のように行なわれた。

「喜劇の発端はどこにありますか。」すると教室は議論になりました。一人が第一幕の冒頭のことば「諸君、わしが諸君をお呼びしたのは外でもない」と言い、別の者が「そうではありません。検察官がやってきてホテルに泊まっているということをボブチンスキーとドブチンスキーが信じて駆け込んできた所です」と言います。これは興味深い授業の動因Моментです。「どこが発端ですか。」すぐさま冒頭部分の手紙の読みが喜劇の発端ではないことを子どもたちは理解しました。なぜなら喜劇はフレスターコフを中心に組み立てられており、そのフレスターコフがまだ登場していないのですから。ボブチンスキーとドブチンスキーが検察官について話した時から市長とフレスターコフの相互関係は始まります。それでは、喜劇の冒頭——諸君、わたしがみなさんをお招きした」は、どんな意味があるのでしょうか。子どもたちは、そこはわれわれが事件の進行を理解しやすくするための用意であると解明しました。わたしが発音すると彼らもくり返します。——「導入部экспозицияです」と。「導入部——それは発端に先行し、だれが、どこで、いつ、なぜ?に作者が答える作品の部分です。」と話します。「小さな都市で検察官を迎えるためにこのように役人たちが集まっていたということなどです。これが導入部です。(6)—一八八

5、6、7、8は次のように実践された。

「それでは、この喜劇の頂点、クライマックスはどこでしょうか」「クライマックスはうそをつく場面です」

とある生徒が言い、別の生徒は「フレスターコフが求婚する場面です。」と言う。教室は議論にわきましたが、フレスターコフの恐れが頂点に達し、性格が強く表われるという意味で、うそをつく場面が喜劇のクライマックスであるという結論にわれわれは至りました。ここがクライマックスであります。「それでは、フレスターコフの求婚はどうでしょうか」わたしは、「それは準大づめです」と答えます。わたしは、ゴーゴリが観衆の注意を惹くために大づめであるかのようにしているのだと理解しています。役人たちも同じです。彼らはわいろを贈った時、すべてがうまく行くと笑みを浮かべていました。

そのあと、第五幕について話しました。これは恐ろしい奈落への跳躍であります。郵便局長が持ってきた手紙――これが真の大づめです。ここで喜劇は終わりでしょうか。いいえ、そのあとに憲兵が現われます。「勅命によって」。わたしは、「この終末部はどの部分と呼応していますか」と発問します。終末部は導入部と呼応しています。そこでは検察官が出発していることが告げられ、ここでは到着したのです。それは喜劇の順序ではなく、そこに喜劇を入れる枠組みであります。喜劇は終わりますが、そこでわたしたちは喜劇の順序とは異なる事件の動きを感じます。[(6)一八九]

文学理論の概念（観点）である「導入部」「発端」「クライマックス」「大づめ」「終末部」などの指導が『検察官』を読み深めることと並行して進められている。文学理論の概念を理解させることが作品の読みを深めるようになっている。ここで、このような概念を理解させておけば他作品の読みにおいても応用されるのである。転移しうる学力としてルイブニコワが「文学理論」を考えていたことが肯かれる。読みを経験させながら、そのような学力を育てることによって、自分で作品や作者を評価できる自立した読者を育てようとしたのである。（後略）

注

（1）ルイブニコワの略歴

一八八五年二月八日　リャザン県で生まれた。
一八九四年　モスクワ・マリン学校の寄宿学校生となる。
一九〇三年　同校卒業
一九〇四年　モスクワ高等女学院歴史文献学部入学。
一九〇九年　同学院卒業。ヴァジマ女子ギムナジアの教師となる。
一九一六年一二月～一九一七年一月　全ロシア文学＝語学教師人会に参加。「中学校の教師」を発表した。
一九一七年　処女論文「民衆の遊び、歌および昔ばなしを脚色する教育実践」（『教育通報』一九一七年、№3）。生徒といっしょに民謡を集めたこととそれらを課外の教育活動に生かしたことについて楽しく語っている。十月社会主義革命
一九一八年　モスクワ近郊のマラホフスキー実験模範学校に移る。
一九二一年　文学＝語学の教師大会に参加、「学校における文学＝語学教師の仕事」（プーシキン・ゴーゴリ・トルストイの生活の研究）発表。
一九二二年　『学校における文学＝語学教師の仕事』出版。
一九二三年一一月　プロフィンテルン記念教育技術学校の教師として　モスクワに移る。同校には、I・シンビリョーフ、E・メディンスキー、B・ベイクシャン等の教育学片がいた。
一九二四年　第二モスクワ国立大学（のち、レーニン記念モスクワ国立教育大学となる）専任教師となる。
一九二七年　教育科学研究所のプログラム教授法研究員となる。
　『ロシア文学　その問題・主題・課題』
一九二八年　B・ゴループコフと共著『第一階梯学校の文学教育』
一九三〇年　「教授学の対象としての創造的作文」（『芸術と子ども』一九三〇年、№8～9）、
　『文学教授法』
一九三一年八月　全ソ連邦共産党（ボ）中央委員会決定「小学校と中学校について」
一九三二年　『なぞなぞ』
一九三三年二月　全ソ連邦共産党（ボ）中央委員会決定「小学校と中学校の教科書について」→国定教科書の作成を求める。

　　教科書の調査検討（ロシア共和国人民委員会）
　　観点、①イデオロギー、②科学的かつ理論的であるか、③用語と文体、④装丁と製本。
一九三七年　『文体論入門』
一九三八〜三九年　五〜七学年用文学新教授要目（プログラム）の作成に参加。
一九四〇年　「作品の中の人物と事件」（『学校における文学』、一九四〇年、№5）
一九四一年　『文学読みの教授法概説』一九四五年二版、一九六三年三版。
　　「高学年の文学科における作文学習」（『学校における文学』、一九四一年、№3）
　　七月　第二次世界大戦始まる。人民委員会の委嘱により教育研究所の指導のためチュメニに移る。
一九四二年六月三日　没（五七歳）。
一九五八年　『ルイブニコワ教育著作選集』

（2）一九三一年八月二五日、全ソ連邦共産党（ボ）中央委員会決定「小学校と中学校について」『決定』は、「学校の基本的任務」について、次のように述べている。

ソビエト学校では、社会主義建設への自発的かつ積極的な参加者の育成を促進できるさまざまな新しい教授法をとりいれるとともに、いわゆる『プロジェクト・メソッド』を採用した場合に、最近では特にはっきりと露呈されている点であるが、軽率な実現不可能な現場指導計画や事前に実践的な検証をへていない教授法の広範な宣伝普及に対しては、断乎とした闘いを展開していかなければならない。いわゆる『プロジェクト・メソッド』を学校教育のすべての幕礎にしようとする試みは、『学校死滅論』という反レーニン主義的理論から生れてきたものであって、それは事実上は学校の破壊をもたらしてしまったのである。

（3）Сост. Я. А. Роткович. Методика преподавания литературы Всоветской школе. 1969. 《Просве щение》. 一八〇

（4）Я. А. Роткович. История преподавания литературы в советской школе. 1976. 《Просвещение》二七八―二七九

（5）このプランでは、作品（テキスト）の言語と内部構造に着目して作品理解を進めようとしている。この方法には、一九二〇年代にソビエトの芸術運動の主流となっていたフォルマリズム運動の影響を認めることができよう。

（6）М. А. Рыбникова. Очрки по методике литературного чтения. 『文学読み教授法概説』1963. 《УЧПЕДГИЗ》.

（7）桑野隆著『ソ連言語理論小史―ボードアン・ド・クルトネからロシア・フォルマリズムへ―』一九七五年五月三一日、三一書房、

六二

（8）この二〇年代の教育課程の試行については、次の二書に詳しい考察がある。
矢川徳光著『ソビエト教育学の展開』一九五〇年一二月五日春秋社
村山士郎著『ロシア革命と教育改革』一九八〇年五月二五日労働旬報社

（9）В. В. Голубков. Методика преподавания литературы. 『文学教授法』1962.《УЧПЕДГИЗ》. стр56.

（博士論文「ロシア・ソビエトにおける文学教育の成立と発展に関する研究」（一九八四年）を公刊した『ロシア・ソビエト文学教育史研究』（溪水社、二〇〇八年）第四章「社会主義体制確立期の文学教育」第三節「文学読みの提唱と深化――ルイブニコワの文学教育論――」からの抜萃）

〔解説〕

藤原　顕

第四章「ソビエト教育学に学ぶ」には、浜本の三つの論文と翻訳を担当された訳書の一章が所載されている。後述するように、これらの文献で示されている諸論点には、浜本が提起する「国語科新単元学習論」[1]との関連性を看て取ることができる。

一　ウシンスキーの「母語」について（一九六八年）

本章第一節でその「母語」の教育論が検討されている、コンスタンチン・ドミトリエヴィチ・ウシンスキー（一八二四〜一八七〇年）は「一九世紀ロシア最大の古典的教育学者」と見なされている[2]。日本におけるウシンスキー研究は、一九五〇年代後半から開始され『ウシンスキー教育学全集』全六巻（柴田義松ほか訳、明治図書、一九六五〜一九六七年）の翻訳・刊行も行われているものの、研究の蓄積自体はかならずしも顕著とは言いがたい（国会図書館オンライン検索に基づく管見の限りでは今日まで二一件）。その意味で、浜本の論考は貴重なものと言えよう。

ウシンスキーの「母語」の教育論に関わって、浜本はその「『母語』教科書編集の原理」を巡り、およそ次のような論点を指摘されている。すなわち、「子どもたちの身のまわりの事象を教材」とすること、「教材を話しあいの資料とする」こと、「話し方をも身につけさせるような学習の場」を設けること、したがって「事物に即して考えさせ、その考えたことをコトバに表現させる」という「直観教授」こそが「国語教師の義務」になることである。

こうした子どもの生活に即した身近な教材の準備、教材を巡る「話しあい」＝協働学習の組織、そこにおける「話し方」＝学び方の習得といった点は、国語科新単元学習の構成方法の基本として知られているものである。したがって、ウシンスキーの「母語」の教育論の中に、国語科新単元学習論の骨格を見出せると言えよう。

二　ソビエトにおける学び方学習の動向（一九七四年）

第二節で検討されている「問題的教授・学習」が七〇年代のソビエト教育界で提起された背景には、浜本も触れているように、教育内容の現代化、すなわち学問・文化の最先端の内容を教育内容化していこうとする試みがある。この試みは、一面では学校の教育内容を量的に増加させていくことにもつながる。そうした状況の中で、知識の詰め込みではなく、知識の「学び方を学習させる」ような「教授法の改善」の模索が行われていたのが、当時のソビエト教育界の動向であった。(3)

「問題的教授・学習」に関わって、浜本はおよそ次のような論点を指摘している。すなわち、「問題的教授・学習」では「生徒たちの心に問題状況をひき起こす」のが「何よりも重要」であること、「問題設定」は「子どもたちの日常生活や生活経験を踏まえてなされる」べきであること、この学習は「教授・学習の個別化の方向をもはらんでいる」こと、そして「問題解決」を通して子どもは「学び方を身につけていく」こと、である。

こうした自身の生活と関連付けつつ設定された問題を、子どもたちが個々にあるいはグループで探究していく活動の組織は、国語科新単元学習の基本的な過程と軌を一にする。とりわけ、「学び方」の学習の重視は、国語科新単元学習の構成原理と言えるものである。教育内容の現代化は、たとえばＩＣＴの教育を考えれば依然として今日的な教育課題であり、そうした課題に応える手掛かりを「問題的教授・学習」に、さらにはそれと関連付けられる国語科新単元学習の中に見出せることになろう。

三　スホムリンスキー「少年期の教育―市民誕生―」第七章「情緒教育と美育」〈抜萃〉（一九八一年）

ワシリー・アレクサンドロヴィチ・スホムリンスキー（一九一八〜一九七〇年）は、ウクライナ共和国のパヴルィシ中学校（七〜一七歳の子どもが在校する一〇年制学校）で一九四八年からその死まで校長を務めつつ自身も実践を行いながら、数多くの著書を公にした高名な「教育実践家・理論家」である。浜本が翻訳を担当した『少年期の教育』（原書は一九七一年刊）[5]は、日本でも一〇冊以上の訳書が刊行されているスホムリンスキーの著書の一つである。ここで言う「少年期」には、おおむね小学校五年生から中学校二年生の子どもが相当し、男女とも含むので正確に表現すれば少年少女期となる。スホムリンスキーは、先行する著書『教育の仕事―まごころを子どもたちに捧げる―』（笹尾道子訳、新読書社、一九七一年）で一〜四年生を巡る自身の実践について論じており、したがって『市民誕生』はその続編の位置を占める。[6]

スホムリンスキーの実践記録でありかつ教育論が示されている『市民誕生』の第七章「情緒教育と美育」では、子どもたちが、とりわけ「自然の美」に触れつつ言葉を紡いでいく学習の意味が、具体的な実践の様子を交えつつ論じられている。すなわち、「見、聞き、感じ、味わっている」自然の「形象」を言葉で「情緒的に表現」することは「言葉の情緒的な陰影や働きのニュアンスへの感受性」を育てるのだと、スホムリンスキーは言う。

こうした物事との出会いによって言葉が生み出され、生み出された言葉自体が物事との関連の中でさらに練られていくという考え方は、言語テクストだけではなく体験そのものや映像等、多様な物事を学習材化していくという国語科新単元学習論の志向性と重なっていくであろう。この点に、本書『初期論集』の中に、スホムリンスキーの翻訳を位置付けられた浜本の意図を読み取ることができるように思える。

四　文学読みの提唱と深化
──ルイブニコワの文学教育論──（一九八四年／二〇〇八年）

第四節で検討の対象となっているルイブニコワの文学教育論は「文学の授業内容を系統的に教えるための中核」（傍点筆者）に「文学理論」を措いたとされている点から、一見するとこれまで述べてきたような国語科新単元学習論との関連性が希薄なようにも思える。教育内容の逐次的な教授に基づく系統学習と子どもの経験や興味・関心を軸とする単元学習の対立という常識的な図式からは、そのように捉えられるであろう。

しかしながら、ルイブニコワの文学教育論に関わって、浜本はおよそ次のような論点を指摘している。すなわち、ルイブニコワの提起する「文学読み」は「構成と言語・文体の観点」＝「文学理論」による「作品分析」に基づいた作品理解を目指すこと、そうした「文学理論」の活用は作品の「読み方」＝学び方の学習を促すこと、したがって「文学読み」は「自分で作品や作者を評価できる自立した読者を育てよう」（傍点筆者）とする試みと言えること、である。これらを踏まえつつ、本節末尾で引用されている『検察官』（ゴーゴリ作）の授業実践（作品の読み→その観劇→「文学理論」を観点とした話し合い＝協働学習）を見ると、ルイブニコワの文学教育論と国語科新単元学習論を関連付けるのは、さほど無理なことではないと考えられよう。

国語科新単元学習論の基軸は、学習が活動主義に陥らないために、形成すべき学力の明確化に意を尽くす点にある[7]。そういう点から、文学作品を学習材とした単元学習で育てる学力を構想する際、「文学理論」＝「読み方」に基づいて「作品の読みを深める」ことを目標とするルイブニコワの文学教育論は、その手掛かりを与えてくれるものと言える。

注

（1）浜本純逸『国語科新単元学習論』明治図書、一九九七年
（2）柴田義松「ウシンスキー，K．Д．」、安彦忠彦ほか編『新版現代学校教育大事典1』ぎょうせい、二〇〇二年、一五五頁
（3）柴田義松『ソビエトの教授理論』明治図書、一九八二年、六一頁
（4）森重義彰「スホムリンスキー，B．A．」、安彦忠彦ほか編『新版現代学校教育大事典4』ぎょうせい、二〇〇二年、二六九頁
（5）スホムリンスキー、B．A．、十枝修、森重義彰、浜本純逸訳『少年期の教育―市民誕生―』明治図書、一九八一年
（6）十枝修「解説」、スホムリンスキー、前掲書
（7）浜本、前掲書、三八―三九頁

（附録１）

火焚きの翁

――清水文雄先生に捧げる――

先生は大股に歩まれる。
何か未知なるものの壁に向って全身をぶち当てるかのように
両肩を張ってまっすぐに歩まれる。
先生はみずからを火焚きの翁といわれる。
われら若き者の憂いと悲しみの心に火をともされる。
それは、小さな一枝一枝をていねいに折り、
そして一枝ごとに積み重ねることから始まる。
先生は一心にほだを積まれる。
しばらく、ふうっと胸内の空気を送られる。
われらは息を吸う。
先生の胸内より吹きかけられる呼気を吸う。

清水文雄先生はやよい三月花の蕾のふくらむころ
去って行かれる。

先生は語られる。

「壁があるんだ。
何かを真剣に追求していると壁にぶつかるんだよ。そんなとき山野を跋渉するんだね。
ただやみくもに歩くんだよ、
すると心が晴れるんだ。」
眼を細くして語られる。
自然に癒やされる心のなごみを。

先生は心の奥底に燃える「遠くを見る心」を語られる。
はんごうを囲んでこげ飯をつつきあったとき、
笹の葉のそよぎが聞えていたとき。
「木の緑を呆けるように眺めるんだね。
湧きてつきない流れに手を触れてみるんだ。
鮮烈なものが心にさあっとひろがるんだ。」
いつか恐羅漢の山々の上に星がちりばめられていた。

清水文雄先生はやよい三月広島の空のもっとも美しいころ
去って行かれる。
先生はつつましく語られた。
「人の世のあはれを知り初めたのは和泉さんに出会ったときです。」
先生は遠く平安朝女性の心に「もののあはれをしる」貴《たか》き心を読みとられた。
「より高き文化を守る心の豊かさは、同じき豊かな心と呼びあう」と言われる。

先生はより高きものへとあこがれる心に、
人と人とをつなぐ連帯のモラルを見出された。

どうしてか、
先生の幾人かの教え子たちが、
自らの生命をつづけて絶っていかれたことがあった。
YさんやIくん。
ふれあえぬぬこの宿命への憤ろしさに、
胸うちふるわせておられた。
雨降る中、別れの真近き人を前に
はげしく黙しておられた。
先生の手は、
せきあげる人の子の師の最大の悲しみを
こらえていらっしゃった。
「若くして生命を絶った教え子たちのお墓に在職中にお参りしたい。」
とあるときおっしゃられた。
その想いは遠く天翔っていらっしゃった。
清水文雄先生はやよい三月広島の空のもっとも美しいころ
去って行かれる。

小さき枝々は折り重ねられ、
ほだは積み重ねられた。
いま、松の葉にかすかにはぜる火は、
そこここに運ばれている。
おのがじし、いぶり、くすぶり、けぶり吹きあげ、
空高く燃えあがるであろう。
そこここに運ばれて、
やがて、燎原にひろがる火となるであろう。
われらが心に小さき火はともされた。

清水文雄先生はやよい三月花の蕾ふくらむころ
去って行かれる。

（これは、昭和四十二年三月二日、国語科在学生の清水文雄先生謝恩送別会の席上、先生に捧げられたものの再録である。）

（広島大学教育学部光葉会『国語教育研究』第十四号、一九六八年）

（附録2）　竹本千万吉先生を読む

一九八〇（昭和五五）年五月の初めに、竹本先生が神戸の拙宅へ訪ねて来られた。私はなつかしさのあまり、浮き浮きした気持ちでお迎えしたのであるが、竹本先生はいきなり、高校教師を、なぜ定年を前にして辞めたか、ということを話し始められ、私の浮かれた気分はふっとんでしまった。

「今の教育は絶望だ。これまでは教育界の多くのことには絶望していたが、組合にあつまる教師には期待していた。しかし、今は、その組合に集まる教師たちにも期待がもてなくなったので、教師を辞めるしかなかった。吾、敗れたりである。」と切り出されたのには、驚くとともに、その鋭い状況把握と決断に尊敬の思いを強くした。そして、「研究所のようなものを創設して、人びとと一緒に考えていきたい。考える場を提供するとともに考える人を育てたい」という抱負を語られた。先生は、「ついては、どのような組織にして、どのように活動したらよいか、意見を聞かせて欲しい」と言われた。けれども、私には申し上げるべき格別の意見はなかった。酒を酌み交わしながら、「文章はあまり書けませんが、会員にはなります。」などと言ったに過ぎなかった。六十歳を前に職を辞してまで研究所を設立されようとする先生の情熱に圧倒され、見上げるような思いを抱きながら先生を見送った。

竹本千万吉先生と私との出会いは、一九五四（昭和二九）年の今治西高校での「日本史」の時間であった。二年生の私には、魅きつけられる教科も深く理解できる教科もなかった。その中で、ただ竹本千万吉先生の授業だけは違っていた。よく分かったとは言えないが、他の先生の解説風の授業とは異なっていた。問題点を明確にして、「なぜ、そうなったか」と真実を探究しているように思われて、迫力を感じていた。とくに明治維新あたりを講義されていた折の「北村透谷」と「地租改正」という言葉が今でも耳に残っている。

北村透谷に関しては、先生が「内部生命論」、「心内の秘宮」などの言葉を話された。私は先生の話を通して、この世の中には外側に現れた事実に対してそれを生じさせた「真実」なるものがあり、その真実こそが大事なのであることを理解したように思っている。「地租改正」については、明治政府による、物納から金納への地租の改正が、そのねらいに反して、いっそう農民を貧しくすることになった、という話だったかと思う。歴史的な事象に即して、結果に至る原因を見い出そうとする追及の仕方に魅せられたのであろう。その歴史の中に「正・反・合」の弁証法があるのだという説明を、鮮やかに今でも憶えている。

日本史の授業に触れたためか、私は二年の半ばに、竹本先生が顧問をされていた史学部にはいった。昭和三十年の夏に行われた「西高（今治中学時代からの）設立五十周年記念行事」で、今治周辺の古代文化の調査に加わったことも忘れがたい。竹本先生に連れられて近くの郷土史家を訪ね、古老から「土師器」についての説明を聞いた。

文化祭の展示では、部員の新田君や成瀬君たちと、借りてきた土器などに説明をつけて展示の工夫をすることに夢中になった。

私が、学者になり、現象よりもその内にひそむ真実に魅かれ、物事の歴史的な追及に傾きがちなのは、高校で竹本先生の日本史の講義を受けたことに遠因の一つがあると思っている。

今治総合文化研究所を創設されてからの竹本千万吉先生は、①林芙美子研究、②徳冨蘆花研究、③織田が浜を守る運動、④田中正造研究、⑤サイパン体験の追及…等々のお仕事をなさり、その多彩さと精力的な展開は目を見張らせるものがあった。

竹本先生の文章は、大体において、結びに二つの型を持っていた。

一つは、「世界一の人件費を抑制して世界一の物価高を引き下げる。私は真剣にそのことを考えている。」（「「公共料金の凍結」に思う」『今研通信　一五七号』一九九四年六月一日　九頁）という、自分への課題提示による結びである。

いま一つは、「消費税15%ぐらいは、まさに歴史の必然なのである。太古以来の税制の歴史を概見すれば、そのことがよくわかると思う。ここに私が概見したことを参考にして、そもそも現在における消費税とは何であるかということを、自分でよく勉強してみてもらいたいと思う。」（「消費税論議」「今研通信　一五八号」一九九四年七月一日　四頁）という、読者への呼びかけによる結びであった。竹本先生の文章は、すべてが自らへの激しい問いかけであると同時に、日本人に向かって考えることを促した檄文であった。

私は、この小文を書くにあたって竹本先生の遺された文章のいくつかを読み返し、これまで私が理解していなかった一面を見い出したと思った。サイパンにおいて死に直面して生き残った若き軍人としての竹本先生が浮かび上がってきたのである。竹本先生は、サイパン再訪で出会ったアントニオさんが「日本時代の方が現在の、金を出すだけで、島民の生活には全く無関心のアメリカよりよかった。」と言った言葉をとらえて、「八紘一宇」の精神の善き面を見い出し、しかもそれが結果として悪業となった事実に目を向けて「日本人の善意が、なぜ、悪業につながったかということ、そのこと自体を追求しなくてはならないのである。」（二つの旅）『燧3号』一九八二年十一月一日刊　二九九頁）と述べ、それを追求することを通して、将来の日本のあり方を見い出そうとされた。日本のために生命を捧げようとした若き竹本連隊旗手の心情ならびに論理は、戦後の日本のよき発展に尽くそうとした教師および今研代表幹事としての竹本先生の心情ならびに論理に一貫していた、と私には思われた。行動において清廉であることと思考において憂国の情を貫くことをされていたのである。

　日本の将来を憂えられた竹本先生の行動と思考について、私はいくたびも読み返し、考え続けたいと思っている。

（竹本千万吉先生追悼集刊行会『燧《ひうち》の光芒《かがやき》—竹本千万吉先生追悼集』一九九五年八月）

おわりに

村上　呂里

「初期随筆集を編む」というのが当初のミッションであった。送られてきた原稿をもとに編集作業を進めていくうちに、戦争体験を問いながら、一歩、また一歩と「戦後」を歩み拓いていった国語教育研究者の足跡が見えてきた。編集委員会で話し合いながら、「戦後国語教育を歩み拓く」という題名へと形を結んでいった。

浜本国語教育学の形成過程とその意義については、「はじめに」で松崎正治が、第一「戦争と人間の真実の問題、あるべき社会の希求としての国語教育」、第二「学問としての国語教育学樹立への努力」という二つの志向性からみごとに描き出している。また各章の解説においては、幾田伸司（第一章「文学教育論の源流」）、田中宏幸（第二章「国語教育の源流」）、幸田国広（第三章「平和教育論の希求」）、藤原　顕（第四章「ソビエト教育学に学ぶ」）の各氏が、それぞれの専門性に根ざし、書誌的事項を踏まえ、浜本国語教育学の位置づけと意義について厚みのある記述をしている。これらは今後の国語教育学研究への指針ともなるであろう。さいごに蛇足となるが、編集過程の折節を想い起こしながら、各章を関連づけ、「戦後国語教育」の「戦後」にこめられた意味を中心に学んだことを書かせていただきたい。

ようやく編集作業も山場を過ぎたかと思われた頃のこと、青インクの手書き文字で刻まれたガリ版刷りの冊子『あさ』第二号（特集「わたくしの戦争体験」、一九六五年七月一日刊、編集・印刷・発行　広島市榎町松田ビル内原田方山下会。

山下会については二二四、二二五頁参照）が届いた。その巻頭論文が「戦争体験の継承」という論考（本書第三章第一節）である。表紙に手書きサインがされ、わら半紙は黄ばんでいる。この冊子の編集後記（注　「荒川」という署名がある）には、つぎのように記されている。

（前略）他人《ひと》の体験を聞くときは、日ごろ気丈の人たちが幾度も絶句し、涙ぐんだこともありました。「一人で家で書くのは怖い、もういや。」と、はては投げだしそうになる人もありました。（中略）

書き上げられたものは、体験のほんの一部でピカのむごさ、非道さはつらくて書きつくせなかったようです。人間が引き起こした「ピカ」（原爆）の惨劇でありながら、その非道さを前に「言葉」化しえない――「言葉」の無力さに打ちひしがれながら、なおこの惨劇を繰り返すまいとの思いに突き動かされて「言葉」の可能性を求める――そんな山下会のメンバーの方々の思いがひしひしと伝わってくる。

本書には掲載できなかったが、浜本自身の被爆者への聞き書き体験（二二六頁参照）を詳細に述べた文章がある（「高校国語（現国）教育ノート　心のなかの対話・きき書きをする」（学校図書、森崎和江さんとの共著））。一九六四年九月に山下会の中心的なメンバーである山下朝代さんが、原爆の後遺症により二児を残して亡くなられた。それを悼む文集作りに参加する過程で、胎内被爆者の娘（当時二一歳）を持つ父Hさんに行った「きき書き」（あえて「きく」の漢字を固定せずに平仮名書きしたのであろう）についての文章である。Hさんの戦後二十数年の体験をきき書きする中で、「被爆者の戦後をあらためて『生きつづけている』」感覚に陥り、世界史に「参画していると感じて、『厳粛さ』に身のひきしまる思いをした」と述べている。

このように他者の戦争・原爆体験をきき、書くという、人間性の極限で「言葉」と向き合う〈現場〉から、「戦後国語教育」の一つの姿が立ち上がっていったのである。

浜本自身は、「戦争体験の継承」のなかで福岡県在住時代の少年期を振り返ってつぎのように述べている。

わたくしたち腕白坊主が「美しい」ものとしてはしゃぎながら眺めた飛行機の一つが、あの長崎へあの原子爆弾を運んだかもしれないということは知るよしもなかった。

山下会への参加を通して「知るよしもなかった」自らをおそらく何度も何度も省みたに違いない。「無自覚なうちに戦争や原爆の惨禍に加担していたかもしれない少年の自分」を省みる思いは、多くの同世代者に共有する思いであったろう。その思いは一方で梅崎春生や武田泰淳などの戦後文学論へ（第一章第三節）、そして一方で自ら平和運動にも参加し（第三章第四節）、若い学生を励まし育て（同第二・三節）、さらには後に井伏鱒二「黒い雨」を素材とする単元学習論へと展開されていく（第三章「解説」（幸田国広）参照）。

本書第一章第三節「武田泰淳小論」では、戦時下にあって、誰に命令されることもなく、より添って座っていた罪もない老人夫婦を殺してしまう人間としての「真空状態」と文学の方法の関係について論じている。すなわち認識する立場ではなく、超えることを志向する立場に立ってこそ文学創造の意味があり、そのためには写実の方法によるのではなく、「ある生を抽象して作品世界を形象していく」虚構の方法によると説かれている。日常を良き市井人として暮らす同じ人間が、戦場では罪のない他者を殺してしまう――そんな人間としての「真空状態」を超える方法として「虚構の方法」が意味づけられているのである。

山下会のメンバーが直面した、語りえない戦争と原爆の実相の言葉による継承の困難に対して、後に「概念では捉えがたいものを捉える文学の方法」が見出されていく。井伏鱒二「黒い雨」においては、比喩や人物描写（形象）によって像《イメージ》的世界の創造がなされる、読み手は、その言葉（形象）を手がかりに像《イメージ》的世界を立ち上げていく。こうした形象による「文学の方法」に自覚的になることによって、読み手は想像力を働かせ、「原爆の真実」を認識していくこととなる。それゆえ「文学の方法」に自覚的な読み手を育てることが、文学の授業の重要な課題となる。(1)

浜本は文学的認識力について語る際、よく「イタイイタイ病」という名づけの例を出す。たとえば第二章第四節「国語教育と言語観」においても、「『イタイイタイ病』というように形象的なものごとの把握は重要な意義をもってくると思われます」と述べている。「イタイイタイ病」という、まざまざと人間の痛苦の共感覚を呼び起こす名づけによって、広く公害被害は人類全体にとって克服すべき課題として認識されていくこととなった。「概念では捉えがたいものを捉える文学の方法」が、現実を批評し、そのことによって現実の矛盾をのり超え、新たな世界を創造していく原動力となっていったのである。第二章「解説」（田中宏幸）は、浜本国語教育論においては、言葉の働きとしてとりわけ「認識」と「想像」に重きを置いて説明し、それが文学教育と作文教育に力を注ぐことにつながっていったと指摘している。文学の授業論は、「文学の方法」の習得を介して、鑑賞指導にとどまらず、「認識」と「想像」の力を読み手自身のものとするための創作指導へと必然的に一体化していく。本書第二章所収論文に小中高生の創作が多く掲載されていることにも浜本国語教育論の特色が表れている。そこには「文学の方法」「虚構の方法」によって自己や他者の存在、関係性を照らし出すことによって、新たな〈生〉を生きる＝「再誕」のありようが示されている。

戦争体験という原点を踏まえるとき「戦後国語教育」のメインストリームは、人間を非人間化する「真空状態」を見つめ、批評し、超える文学的認識力および「文学の方法」の発見を核とする文学教育論であったといえるかもしれない。だが時代状況と向き合う文学教育論には流行廃りの影がつきまとう。第一章「解説」（幾田伸司）が丁寧に説いているように、浜本文学教育論が、本居宣長「古典理解の方法―本文批判・注釈・解釈―」（第一章第一節）を基盤として「資料をして語らしめる」史的検証と一体となって形成されことの意味を、後継の私たちはあらためて自覚的に学んでいかなければならないだろう。ちなみに、本書（附録2）に収めた高校時代の恩師（日本史担当）を偲ぶエッセイ「竹本千万吉先生を読む」のコピーには「歴史の研究に仮説を立てて研究せよ。竹本語録」という手書きメモが記されている。浜本の歴史研究への志向は高校時代にひらかれていたのである。

こうしてふりかえるとき、文学的認識力というキーワードおよび「文学の方法」の発見と、そこから導き出される目標論・方法論の提唱が、今日、きちんと継承発展させられているか、自問される。文学的認識力や虚構の方法による文学的思考の衰退は、人間を非人間化する「真空地帯」に対する洞察力や、現実を批評し、想像＝創造力によってのり超えようとする言葉の力の衰退へとつながる。ひいては、次の戦争へとつながりかねない。幾田は、浜本における、作家への関心から読者論へと基軸を転換させた文学教育論の展開を示している。今日の「自立した読み手の育成」という課題のなかに、現実を批評し、想像＝創造によって超える文学的認識力・文学的思考力の育成をどう継承発展させていくか、後継に課せられた課題の一つとなろう。文学教育論をめぐっては、スホムリンスキーの文学教育論（第四章第三節所収）で示されている「悲しみのわかる、深く考える存在」（二七八頁）へと育む芸術教育としての本質もあらためて見つめ直したい。

編集作業がようやく終盤にさしかかった頃、ロシアによるウクライナへの侵攻の惨劇が日々メディアを介して伝えられる事態となった。スホムリンスキーがウクライナ共和国（当時）の教育者であったことにも様々な感慨が湧いてくる。報道の過程では、外務省による地名のロシア語発音による表記から公用語であるウクライナ語発音による表記への変更（同三月三十一日外務省発表）とそれに伴うマスコミでの表記の一斉変更など、日本社会内部では見えにくくされている言語と地域・民族・国家をめぐる諸葛藤が可視化された。そしてこうした言語および言語教育の諸葛藤と戦争とがつながっていることもあらためて意識させられた。ナポレオンのロシア侵攻を背景とする「ウシンスキーの『母語』について」（一九六八年）（第四章第一節）のさらにその背景には、こうした複雑なロシア・東欧圏の歴史的な言語状況が存在していたのである。

「国語教育」として展開された近代言語教育の歩みには、〈光〉と〈影〉がある。「国語教育と言語観」（一九七四年）（第二章第四節）は、「国語科を性格づけていく」「大きな基軸」として、「民族精神の継承」としての国語教育思想と、「合理的な自然認識、社会認識のための民衆の言語すなわち母国語」として位置づけていく国語教育思想とがあることを対比的に明らかにしている。本居宣長研究を基盤に前近代から近代言語教育へと歴史を見通す縦軸と、ソビエト教育学を中心に比較教育学によってグローバルに見渡す横軸との両軸から「国語教育」の〈光〉と〈影〉が照らし出され、〈光〉を切り拓く道として、「国語」あるいは「日本語」という視野を「言語」という視野へひらくことが提唱される。

きわめてマクロな視野からではありますが、以上のように母国語教育の思想・言語観の歴史をみてきた、わたくしは、これからの国語教育の言語観として、国語科の国語を民族のレベルで「国語」と見なすより、人間が成長し発達していくために「言語」を習得していくというような、人間のレベルで「言語」と見なした方がいいのではないかと考えます。

人間のレベルでの「言語」の教育に視野をひらく提唱の先駆性は、グローバル化・多言語社会化が進む今日、ますます際立っている。浜本は「国語科」の成り立ちや「国語科」という名称をめぐる議論に関心を寄せつづけている。その源に、前近代から近代への歴史の縦軸とグローバルな視野に立つ横軸の双方からの洞察があることをあらためて確認しておきたい。

そしてそれに先立つ一九七一年の論考「国語科教育の課題と新しい一つの方向」（第二章第二節）において既に、言語の役割・機能へのメタ認知を育む「『言葉について考える』教授＝学習」についての小中学校の系統的な教材構造が示されていることは瞠目に値する。半世紀を経てなお、こうした志向は十分具現されているとはいえない。全ての教科で「言語活動の充実」が取り組まれ、国語科の存立基盤そのものが問われる今日、さらに多言語社会や情報社会、バーチャル世界の生活への浸透を背景とする時代に、言語の役割・機能へのメタ認知を育む「言葉について考える」教授＝学習の探究と実践は喫緊に継承発展させるべき課題といえるだろう。

こうした人間にとっての「言語の教育」の提唱は、さらにソシュール言語学におけるランガージュ概念を拠り所とする「言語化能力」を根底に据えた国語科教育の構造論へと発展していく（第二章第八節「言語化能力の教育」（一九八七年））。西尾実の言語活動主義と言語生活教育の提唱を踏まえた上で、ランガージュの訳語として従来の「言語活動」「言語生活」から「人類に普遍な、言語を生み出し、運用する根源的な能力」である「言語化能力」としてとらえ直していくことを求めたのである。そこから「ことばが生まれる場に学習者を立たせ、言語化能力をめざめさせ、豊かにしていく」学習が唱えられる。「言語化能力」への視野がひらかれることによって、言葉の学びはどれほど豊かで魅力的なものになるであろうか。広く人間にとっての言語化能力にめざめ、意識化するレッスンを重ねることによって、自他の言語文化の奥深さと魅力に目がひらかれ、異文化を尊重し、対話する姿勢も育まれるだろう。一人ひとりがスマートホンで容易に世界へ発信でき、それゆえに言葉が軽くなって傷つけ合うことも増えたSNS社会において、「言語化能力」を根底に据えた「言語の教育」の系統的学習はますます切実な課題となっているのではないだろうか。

一九三七（昭和一二）年「文芸主義と言語活動主義」という論考で提唱された西尾実による言語活動主義は、二十一世紀の教室で当たり前に定着しつつある。「言語化能力」を根底に据えた言葉の学びを、日々の実践を通して当たり前に定着させていきたいと願う。

「国語教育」の〈光〉を求め切り拓くもう一つの柱は、主権者＝市民としての生きて働く言葉の力を育む新単元学習論への展開である。新単元学習の目標においては、言語化能力や自己学習力の育成が位置づけられている。(2) 第四章「解説」（藤原　顕）は、この章に収められたいずれの論考にも新単元学習論の骨格や志向性を見出せることを指摘している。たとえば「ソビエトにおける学び方学習の動向」は、ソビエトの学習論の動向を伝え、「知識の総和よりも探究の方法の方がより重視されている」と述べる。大村はま国語教室をはじめとする内発的な単元学習を照射する上でも、こうしたソビエトにおける自己学習力育成の論は一つの指針になったのではあるまいか。ソビエト教育学に関する論考は、新単元学習論の一つの源流として、また今日の探究学習論の源流として示唆深い。

なお本書に収められた論考には、『遠くを見る――ことばと学び・四十年』（二〇〇一年、教育企画コヒガシ）や『国語科教育総論』（二〇一一年、溪水社）等と重なるものもある。今回、「戦後国語教育を歩み拓く」というテーマのもとに位置づけて採録した。

「戦後と言葉、そして教育」への問いは尽きない。本書所収論文は、近代の産物である「国語教育」を、戦争体験を経て未来へと拓く足場となるだろう。歴史の縦軸とグローバルな横軸の双方から「遠くを見」て「国語教育」の〈光〉を求めて「戦後」を歩み拓いてきた道のりに思いを馳せ、後継の私たちは〈光〉を求めて一歩ずつ歩まねばと思う。新しい戦前に決してならぬよう…。松崎が「はじめに」で述べるように、本書が「世代間のリレーの書」として若い研究者の方々にも広く読まれたならこの上なく幸せである。そうなることを心より願う。

注

（1）浜本純逸「序章　文学の授業デザインのために　中・高等学校――『黒い雨』（井伏鱒二）、『舞姫』（森鷗外）、創作――」田中宏幸・坂口京子編『文学の授業づくりハンドブック　第4巻中・高等学校編』（溪水社、二〇一〇年）

（2）浜本純逸「単元学習の新生」浜本純逸・井上一郎編『国語科新単元学習の構想と授業改革』上巻（明治図書、一九九四年）

跋　研究以前

本書には、私の初期の論考を対象にした四編の個体史的解説が収められている。それぞれの補助線を切り口として鋭く解剖していただいている。

私は、その折々に気づいたことを書きつけていたのであるが、それらが普遍的な言葉で掬い上げられ、まとめられており、「私が言いたかったのは、こういうことだったのか」と思い当たることしきりである。


私の四〇歳ころまでは模索と彷徨の時代であった。私が何者であるか、自分が何をしたいか、わかっていなかった。たまたま出会った出来事や先生方の教えに惹かれてさまよっていたように思う。

学部三年生（一九五八〈昭和三三〉）の秋、中四国教育系学生ゼミナールに参加し、「人間形成と文学教育」というテーマで発表した。このテーマを温めて二十年後に稔ったのが『戦後文学教育方法論史』（明治図書、一九七八年）である。

一九五九年の卒業論文は、「古典教材研究」であった。「平家物語」を教材分析した。修士論文は「本居宣長の古典教育研究」とした。清水文雄先生のご指導を得て平安文学の「もののあはれを知る」を学び、『源氏物語』を読んだ。

修士課程を終えた一九六六（昭和四一）年三月に山根安太郎先生の労作『国語教育史研究――近代国語科教育の形成――』が公刊された。その校正のお手伝いをさせていただいて、「資料に語らせる」確かな説述に感銘した。

修士課程を終えた頃からロシア語の独学を始めた。トルストイの『戦争と平和』を原文で読みたい、という思いがあった。啄木の「ヴ　ナロード」にそそのかされた一面もあった。特に一九六一年四月にソビエトが人間衛星ヴォストーク打ち上げに成功したことに刺激され、その教育的背景を知りたいという気持ちが働いていた。その後、博士課程在学中に教養部開講の「ロシア語初級」を受講し、夏休みには上京して代々木の専門学校でロシア語の発音・文法を学んだ。

野地潤家先生は一九七四（昭和四九）年に『世界の作文教育』（文化評論社）を、一九七六（昭和五一）年に『作文・

綴り方教育史　上・下』（桜楓社）を編集・刊行された。これは、一九六〇年代におこなわれた大学院野地教室の演習と共同研究の成果である。この二冊は当時の国語教育研究を先導する役割を果たした。

私は、それぞれの書の一章を分担して報告した。この演習と共同研究への参加は、国語教育の歴史研究と比較研究への視野を広げることになった。併せて国語科教育の本質を考える場となった。漠然とながら「（国語ではなく言語について考える教育・メタ言語教育」の着想を得た。

一九六九（昭和四四）年、福岡教育大学に赴任した。小・中・高の学校に招かれて授業を対象にした研究をする機会が多くなった。各地域の実践記録や授業に国語科教育の事実があり、真実が光る「時」があることに目覚めた。その光を凝縮して普遍化したものが「理論」であろう。現場の先生方や卒業生の協力を得て一九八〇（昭和五五）年にまとめた書が『福岡県国語教育史研究』（渓水社）であった。

私は、ソ連邦を三度訪ねた。最初は一九七八年、タシケント・キエフ・モスクワであった。キエフは京都を思わせる美しい旧都であった。国立ウクライナ教育大学の学生寮に泊まった。二度目の同校訪問ではマカレンコ記念研究室とスホムリンスキー記念研究室を訪ねた。

三回目は、トルストイの別荘ヤースナヤ　ポリャーナ（Ясная Поляна）である。私のお目当てはトルストイのお墓であった。お墓はタテ三メートル・ハバ一メートルの質素な土葬であった。苔に覆われたみどりのお墓に、私は粛々と手を合わせた。トルストイが耕していたと言われる畑（ポーレ）をめぐったあと屋敷に入ってお茶をいただいた。

この屋敷には世界の各地から、各国の文化人や政治家が訪ねてきて一週間あまり泊まって帰った。時には食事目当てのならず者がやって来ることもあったという。徳冨蘆花が一週間あまり泊まったことはよく知られている。宿泊者のことで口論が絶えなかったためにソフィヤ夫人は、「天下の三悪妻」と言われたりするが、私は「それはないだろう」と考えた。寝具のセットや食事の用意など休みなく続く接待の事が思われた。疲れが重なる日もあったであろう。ついでながら書き添えると、私はプーシキンやツルゲーネフに親しみ、トルストイは尊敬している。

ロシア語が少し読めるようになり、練習を兼ねてソビエトの小学校国語教科書「ラドナーヤ・レーチ　**Родная Речь**」の全訳を試み、一九八一年四月~翌年の二月に「ソビエトの国語教育」（児童言語研究会・一光社）を概説した。

ロシア・ソビエトの国語教育の文献を読んでいったとき三つの壁にうちあたったことを覚えている。

一つは、ロシア語に「ことば」という単語〈Word〉が三つあったことである。**Язык**、**Речь**、**Слово**である。

Язык〈ヤズィク〉——言語（ロシア語・イタリア語、東北弁・山の手ことば、など）ある地域・職域のことばの総体を指す。

中等学校の国語教科目は、**Русский Язык**（ルースキー　ヤズィク）である。**Язык**のなかに**литература**（文学）と**Речь**（はなし言葉）は含まれる。**литература**（文学）と**Речь**（はなし言葉）は、**Язык**の下位概念である。

Речь〈リェーチ〉——ことば、話しことば、講演、会話、生活語。英語の「パロール」の意に近い。

初等教育の国語教科書名は、**Родная Речь**（ラドナーヤ　リェーチ）である。

Слово〈スローバ〉——単語、語彙、ことば、言語などの意。「辞書」という単語は**Словарь**〈スラワーリ〉である。

厳密に言えば、それぞれの語に対応する日本語は見いだせない。日本語でこれらの語意を捉えようとすると曖昧にならざるを得ない。ことばを分節する概念が違うのである。これらの語句がソシュールのランゲージ・パロール・ワードの三語の意味の差異に近いと気づいたあとは、訳読は進んだが日本語に翻訳するのはタジタジであった。

二つめの壁は、使用した文献に動詞のнужно〈ヌージュナ〉という述語が頻用されていることである。はじめは「……するべきである」と訳してみたが、同じ文末を繰り返す命令口調の単調な文章になり、なじめなかった。「……するべきである。」「……する必要がある。」「……しなければならない。」「……することが求められている。」「……するのがよいでしょう。」などと置き換えてみたが、上から目線の文章になることが多くて困った。

三つめは、ソビエトの研究者の名前の日本語表記法の問題である（例のウクライナ首都はキエフかキーフか？という問題）。私の博士論文の予備審査において一人の審査委員から「名前Буслаевの日本語表記、ブスラーエフはブスラエフに改めるべきでしょう」という発言があった。糸綴じされた五冊の申請本の訂正をしたことは言うまでもない。

研究者の卵の時代は、出会うもの・ことの全てが新鮮で輝いて見えた。今回、四人の解説を読み、その輝きのあれこれに心奪われてさまよっていたことがよく分かった。八十五歳になった今年、「私は、いつ私になったのか」という問いが天から降ってきた。編者の村上呂里さん・松崎正治さん、執筆の幾田伸司さん、田中宏幸さん、幸田国広さん、藤原　顕さんに心から感謝申し上げる。

争いに揺れる不安定な現代に出版を引き受けてくださった木村逸司氏に厚くお礼を申し上げる。

二〇二二年

浜本　純逸

索引（事項）

索引（人名）

【や行】

【ら行】

【わ行】

著者　浜本純逸
1937年、愛媛県今治市生まれ。神戸大学名誉教授。教育学博士。
広島大学教育学部卒、1967年同大学院博士課程満期退学。
福岡教育大学助教授、神戸大学発達科学部教授、鳥取大学教育地域科学部教授を経て、早稲田大学大学院特任教授。

<主な著書>

『戦後文学教育方法論史』（明治図書、1978年）
『国語科新単元学習論』（明治図書、1997年）
『文学教育の歩みと理論』（東洋館出版社、2001年）
『本居宣長の国語教育―「もののあはれをしる」心を育てる―』（溪水社、2004年）
『国語科教育の未来へ―国語科・日本語科・言語科』（溪水社、2008年）
『ロシア・ソビエト文学教育史研究』（溪水社、2008年）
『国語科教育総論』（溪水社、2011年）

<編著書>

『文学の授業づくりハンドブック―授業実践史をふまえて』全４巻（溪水社、2010年）
『ことばの授業づくりハンドブック』シリーズ（溪水社、2014~2020年）他多数

編者　浜本純逸初期論集編集委員会
松崎正治（「はじめに」執筆）同志社女子大学教授
幾田伸司（第一章「解説」執筆）鳴門教育大学大学院教授
田中宏幸（第二章「解説」執筆）広島大学名誉教授・安田女子大学教授
幸田国広（第三章「解説」執筆）早稲田大学教授
藤原　顕（第四章「解説」執筆）福山市立大学教授
村上呂里（「おわりに」執筆・編集世話人）琉球大学教授

戦後国語教育を歩み拓く
――浜本純逸初期論集――

令和５年１月８日　初版発行

著　者　浜　本　純　逸
編　者　村上呂里（代表）
発行所　株式会社　溪水社
広島市中区小町１－４（〒730-0041）
電話　０８２－２４６－７９０９
FAX　０８２－２４６－７８７６
E-mail contact@keisui.co.jp

ISBN978-4-86327-614-7　C3081